天津社会科学院 2014 年度重点研究课题
天津社会科学院 2018 年度学术著作出版基金资助项目

天津社会科学院学者文库

日本住宅保障与住宅政策研究

周建高 著

RESEARCH ON
HOUSING SECURITY AND
HOUSING POLICY IN JAPAN

社会科学文献出版社
SOCIAL SCIENCES ACADEMIC PRESS (CHINA)

摘　要

改革开放以来，伴随着工业化的进展，中国进入城市化快速发展时期，2011年城市人口占总人口的一半，标志中国迈入了城市社会。城市化带来经济、社会等各个方面的巨大变革，人口向城市集中，人民日常生活更多依赖市场交换。房地产业成为国民经济的支柱产业，在促进住宅建设、改善百姓居住条件方面发挥了积极作用。但是住宅价格过高、上涨速度过快，住宅建设数量在各地差异很大，过剩与不足并存；住宅资产在不同群体中分配差异极大，扩大了贫富差距。房地产市场忽冷忽热，住房保障不足、政策缺乏稳定性。如何恰当运用市场机制和公共政策，建立经济社会综合利益最大的、可持续的住宅制度体系，既使各种资源高效利用，又能维护社会公平正义，是当代中国面临的重大课题。日本在工业化城市化过程中较好地解决了国民的居住问题，研究日本住房保障和住房政策，可以为中国解决自己的问题提供借鉴和参考。

近代以来的社会保障和住宅政策，是工人阶级捍卫自身权益的斗争、人权观念的普及、国家从维护整体利益出发进行资源再分配的结果。当代日本的住宅保障和住宅政策建立于"二战"后初期，并且因应经济发展、社会变迁不断进行改革。本书研究了日本利用公共资源保障、支援国民解决居住问题的住宅保障制度和住宅政策。住宅保障制度主要是对低收入住房困难家庭提供居住保障的公营住宅制度，对中产阶级解决居住问题进行支援的制度包括公库住宅、公团住宅、公社住宅、公务员宿舍等多种制度，还有公共租赁住宅政策、老龄住宅政策、灾害损毁住宅的援助制度等。本书对每种制度和政策都说明了产生背景、制度或政策的内容、不同时期的变迁、实行取得的成就,分析了制度和政策的意义,指出了存在的问题。本书还以日本住宅统计调查制度为例,分析了住宅政策的形成过程和特点,并且简要说明各种制度和政策对于中国的启发和借鉴价值。

本书是我国学界首部系统研究日本住宅保障和住宅政策的专著。

目 录

绪 论 ………………………………………………………………… 1

第一章 战后日本住宅政策的形成 …………………………………… 1
 第一节 战后初期的住宅困难 ……………………………………… 2
 第二节 国际人权思想的影响 ……………………………………… 4
 第三节 国内社会运动的压力 ……………………………………… 6
 第四节 住宅纳入生活保护范围 …………………………………… 7

第二章 对低收入者的居住保障：公营住宅 ………………………… 9
 第一节 社会保障制度的源流 ……………………………………… 9
 第二节 公营住宅立法与建设 ……………………………………… 12
 第三节 公营住宅的入住条件与程序 ……………………………… 15
 第四节 公营住宅的优势 …………………………………………… 19
 第五节 居住者的责任 ……………………………………………… 23
 第六节 对公营住宅的评价 ………………………………………… 24

第三章 支援中间层住宅政策之一：公库住宅 ……………………… 30
 第一节 住宅金融公库的建立 ……………………………………… 30
 第二节 住宅金融公库的业务 ……………………………………… 32
 第三节 公库融资的规则 …………………………………………… 34

1

第四节　公库的业绩 ………………………………………… 36

　　第五节　住宅金融公库的作用 ……………………………… 39

　　第六节　21世纪的改革 ……………………………………… 41

第四章　支援中间层住宅政策之二：公团住宅 ……………… 43

　　第一节　住宅公团的成立背景与事业范围 ………………… 43

　　第二节　公团的住宅建设成就 ……………………………… 47

　　第三节　公团住宅的作用 …………………………………… 52

　　第四节　住宅政策的必要性 ………………………………… 58

第五章　支援中间层住宅政策之三：公社住宅 ……………… 64

　　第一节　公社住宅制度建立的背景 ………………………… 64

　　第二节　住宅公社制度的创立与建设成就 ………………… 67

　　第三节　公社住宅的作用 …………………………………… 74

第六章　支援中间层住宅政策之四：公务员宿舍制度 ……… 79

　　第一节　日本公务员的分类 ………………………………… 79

　　第二节　公务员宿舍制度的性质 …………………………… 81

　　第三节　公务员宿舍现状 …………………………………… 83

　　第四节　公务员宿舍存在的问题 …………………………… 85

　　第五节　关于公务员宿舍去留的争议 ……………………… 88

第七章　老龄住宅政策 ………………………………………… 96

　　第一节　老龄化及其对住宅的影响 ………………………… 97

　　第二节　老年人生活保障的理念与住宅的关系 …………… 99

　　第三节　公营住宅的应对 …………………………………… 101

　　第四节　长辈住宅制度 ……………………………………… 110

　　第五节　高龄者优良赁贷住宅制度（高优赁） …………… 111

第六节　信息提供与债务担保
　　　　——高圆赁与高专赁 ·· 113
第七节　安心长期居住的契约保护
　　　　——建筑物终身租借制度 ·· 115
第八节　结语 ··· 116

第八章　集合住宅的问题与对策 ·· 118
第一节　日本集合住宅发展轨迹 ·· 119
第二节　当代集合住宅的特征 ··· 121
第三节　集合住宅存在的问题 ··· 123
第四节　集合住宅问题的应对及其启示 ·································· 129

第九章　灾害中受损住宅的认定与救助 ···································· 133
第一节　日本的灾害忧患意识与防备 ···································· 133
第二节　对灾害损坏住宅的认定与评估 ·································· 135
第三节　对住宅受损灾民的多种援助制度 ······························· 140
第四节　灾害救助与国家的作用 ·· 148

第十章　住宅统计调查与住宅计划 ··· 151
第一节　住宅统计调查 ··· 151
第二节　住宅建设计划的制定与实行 ···································· 162
第三节　住宅相关法律、规划的修改 ···································· 165

第十一章　住宅政策改革：从重视数量到重视质量 ···················· 169
第一节　日本住宅情况现状 ··· 170
第二节　住宅政策存在的问题 ··· 173
第三节　住宅政策的改革 ·· 177

第十二章　住宅问题中的市场与国家 …………………………	180
第一节　国家介入住宅问题的理由 ………………………………	180
第二节　住宅问题与社会政策 ……………………………………	183
第三节　日本住宅政策的经验 ……………………………………	185
第四节　关于中国住宅问题的思考 ………………………………	190
后　　记 …………………………………………………………	198

绪 论

一 中国城市化中的住房问题

城市化是当代中国最大的社会变迁。迄2016年末，在中国大陆的总人口13.8亿人中，城镇常住人口为7.9亿人，占总人口比重（常住人口城镇化率）为57.35%。户籍人口城镇化率为41.2%。全国人户分离的人口为2.92亿人，其中流动人口2.45亿人。[①] 早在2011年底，我国城镇人口就已达到6.91亿人，占总人口的51.27%。中国结束了以乡村型社会为主体的时代，开始进入以城市型社会为主体的新时代。从此，中国的经济社会结构和空间布局发生深刻的变化，并呈现新的特点，所面临的问题和挑战也与此前具有较大差异。乡村型社会是指以乡村人口为主体，人口和经济活动在乡村分散布局，乡村生活方式占主导地位的社会形态。城市型社会是指以城镇人口为主体，人口和经济活动在城镇集中布局，城市生活方式占主导地位的社会形态。

城市型社会的基本特征如下。(1) 城市经济占支配性地位，现代制造业和服务业向城镇地区高度集聚，并且日益融合，新兴产业和新的业态不断涌现。(2) 城市生活方式占主导地位。(3) 城镇化率超过50%后，城镇化速度减缓而品质受到高度关注，城市的特色、文化显得重要。(4) 城市发展趋向集群化。大城市蔓延，邻近的大中小城市在空间上连为一体，形成了城市群、都市圈、大都市连绵带、城市网络等。(5)"城

[①] 《中华人民共和国2016年国民经济和社会发展统计公报》，http://www.stats.gov.cn/tjsj/zxfb/201702/t20170228_1467424.html，最后访问日期：2017年6月18日。

市病"集中出现,并严重影响社会。大量人口在城市地区的集聚,既出现了土地、资源、能源的高效利用,也导致了交通拥堵、环境污染、住房困难等"城市病"。随着城市时代的到来,中国城市发展面临一系列严峻的挑战。2012年城市蓝皮书列举了十大挑战。(1)资源高消耗模式难以持续。体现为土地资源、水资源、能源消耗量大,使用效率低。(2)环境生态压力日渐加大。城市环境污染严重、城市生态压力日渐加大。(3)城市经济持续动力不足,表现为产业处于全球价值链低端,城市间低水平同质竞争突出,经济增长过度依赖投资拉动,发展成果不能为全体劳动者共享。(4)城市规划建设没有特色。城市规划理念贫乏,计划色彩浓厚,片面追求经济指标,城市土地成为生财工具而不是人居善地。规划建设贪大求全,超过实际需求。城市文化特色缺失,外貌雷同。(5)城市管理矛盾丛生,城市扩张和改造过程中存在侵害农民利益、暴力拆迁等现象。小商贩营业空间缺乏,百姓日常生活消费不便,催生了马路市场,城市管理执法过程中暴力冲突常见。(6)城市公共服务滞后,表现为住房难、就医难、医疗贵、入托难、老无所依。(7)交通拥堵日益严重。(8)城市居民亚健康问题突出。(9)城市社会呈现分化迹象。(10)城市安全问题突出,表现在生产安全问题严重,灾害应急能力弱,食品安全问题突出,交通安全问题严重。[1]

中国自20世纪70年代末改革开放以来,生产、生活各个方面都发生了巨大变化,城乡面貌、人民衣食住行显著改善,先是在20世纪末解决了百姓的温饱问题,全国总体上实现了小康;最近20年来,伴随着各个领域改革的推进,全面融入全球化,在经济高速发展的同时,百姓居住和交通条件也出现了根本的进步。就全国建制镇住房情况来说,1990年住宅投资只有76亿元人民币,2014年则达到了3550亿元人民币。人均住宅建筑面积从1990年的19.9平方米扩大到2014年的34.6平方米。[2] 我

---

[1] 潘家华、魏后凯主编《中国城市发展报告 No.5》,社会科学文献出版社,2012,第9~22页。
[2] 参考中华人民共和国住房和城乡建设部编《中国城乡建设统计年鉴2014》,中国统计出版社,2015,第136~137页。

国城镇人均住宅建筑面积从 2002 年的 24.5 平方米扩大到 2012 年的 32.91 平方米;农村人均住房面积从 1978 年的 8.10 平方米扩大到 2012 年的 37.09 平方米。[①]

居住方面在总体上进步显著的同时,问题也是有目共睹的。住宅问题,是因工业化、城市化出现的人口向城市集中而导致的社会问题,主要表现为低收入乃至中等收入的劳工群体难以在城市自力解决居住问题,这在世界各国普遍存在。欧美工业国家较早出现住宅问题,也较早制定住宅政策予以应对。改革开放以来,随着工业化、城市化的快速进展,加上深度参与全球化带来的国际影响(例如 2008 年美国次贷危机),住房问题吸引越来越多人的关注。住房问题既是影响经济起伏的重要因素,又关系到民生和社会公正问题,因而成为社会问题和政治问题。2015 年底的中央经济工作会议把房地产"去库存"作为五大经济任务之一,2016 年在经历了部分城市房价过快上涨后,年底中央经济工作会议为抑制房地产泡沫并防止市场出现大起大落,提出了加快研究建立住房基础性制度的任务。

怎样利用市场机制和公共政策使全体百姓住有所居,是我国面临的紧迫课题。任何时代任何地方,衣食住行等生活资料的获取对于在经济上、政治上等处于强势地位的群体都不是问题,感到困惑、存在困难的是因各种原因导致收入较低、能力较弱的弱势群体。特别是城市住房的拥有、租赁,由于代价巨大,不仅对于低收入群体,而且对于相当数量的中等收入群体来说,都不是轻而易举的事。即使在高收入国家,解决居住问题也常是中产阶级的重负,住房问题常常是公共政策的重要内容之一。何况像中国这样居民收入中等而且地价、房价飞速高涨的国家,解决国民居住问题,制定比较稳定的住房制度、住房政策,是重大的经济政治任务。

中国的住房问题有自己的特殊性。特殊的户籍制度使得大量人口的户籍所在地与就业、生活所在地分离,在就业地与家乡之间的人口移动洪流

[①] 中国社会科学院人口与劳动经济研究所编《中国人口年鉴 2013》表 108 "全国历年城乡新建住宅面积和居民住房情况",中国社会科学出版社,2014,第 477 页。

世界罕见。根据公安部治安管理局以2012年6月30日24时为统计时点的暂住人口数据,离开常住户口所在的市、县到其他市(不含市辖县)、乡(镇)居住三日以上的人口全国合计达1.68亿人,居住一个月以内的有1.70亿人,居住一个月至一年的有9088万人。在这些暂住人口中,居住于单位内部、工地现场的人合计占30.66%,而租赁房屋者不足一半(见表0-1)。

表0-1 2012年中国暂住人口居住状况

单位:人,%

居住处所	旅店	居民家中	单位内部	工地现场	租赁房屋	其他
人数	8269664	16657986	38335768	13032640	79990991	11235634
比重	4.94	9.94	22.88	7.78	47.75	6.71

资料来源:公安部治安管理局编《2012年全国暂住人口统计资料汇编》,"全国暂住人口总数",群众出版社,2013,第2~3页。

按照省区来说,暂住人口数量前三位分别是广东省(3097万人)、浙江省(2302万人)、江苏省(1715万人)。按照城市看,暂住人口数量前三位分别是上海市(1043万人)、北京市(760万人)、重庆市(636万人)。一些工商业较发达地区和大城市聚集着大量流动人口,在珠江三角洲地区的深圳、东莞等地常住人口中,非本地户籍者占了多数。人口流动是经济活力的来源之一,但流动人口无论居住在单位宿舍还是租房居住,居住条件都不好。2015年9月李克强总理在会见达沃斯论坛企业家代表时称,中国有1亿人口生活在棚户区。[①]

住房不仅是生活必需品,而且是多数家庭的最大财产。住房的有无、质量的好坏关系人们的生活质量。住房价格是否适应社会有支付能力的需求,关乎房地产经济、社会公正、可持续发展等的水平高低。我国城市住房价格上涨过快、价格过高,成为许多家庭的沉重压力。2006~2010年北京、上海、广州、深圳的城镇居民人均可支配收入分别提高46%、54%、54%和43%,而同时商品房均价分别上涨了115%、101%、82%和104%。[②] 联合

[①]《李克强:中国城镇化率只有55% 还有1亿人口居住在棚户区》,网易财经,http://money.163.com/15/0909/18/B33EPBLM00253B0H.html,最后访问日期:2017年5月20日。

[②] 潘家华、魏后凯主编《中国城市发展报告No.5》,社会科学文献出版社,2012,第16页。

国有关机构指出，发展中国家房价收入比不超过6时，中等收入家庭也可以进入住房市场，有利于供求关系保持基本平衡。Demographia 国际住房负担能力调查将住房支付能力分为四类：①房价收入比为3及以下为"可负担"；②4或以下为"中度不可负担"；③5或以下为"较严重不可负担"；④超过5为"严重不可负担"。[①] 世界部分发达国家新建住房价格与家庭年收入的比例如下：美国为4.04（2007年）、英国为4.18（2007年）、德国为3.48（2006年）；日本相对较高，全国为4.95、首都圈为6.04（2008年）。早在2010年，根据中国人民银行对全国50个大中小城市进行的城镇储户问卷调查，2010年第二季度至2011年第三季度，认为当前房价"过高，难以接受"者的比例为72.2%～75.60%。[②] 我国居民收入悬殊，有人以一套90平方米住房的价格为基础研究了2005年不同阶层收入与房价之比，发现只有20%的高收入户房价收入比在6以下，占60%的中等收入户的房价收入比为7.5～12.7，20%的低收入户的房价收入比更是高达16.8～25.2。[③] 我国不仅城市住房价格对于一般工薪族而言过高，而且居住条件贫富悬殊。根据2009年国家统计局城镇住户调查数据的计算结果，最低收入户住房三居室以上的比例仅为16.0%，高收入户则达到46.0%以上。一居室与平房的比重，在最低收入户中占28.7%，在低收入户中占20.1%。另外，根据2005年1%人口调查数据的估算，最低收入家庭住房成套率只有约66%。[④] 住房与教育、医疗一起成为压在城市居民身上的新"三座大山"，"蜗居""蚁族""房奴""孩奴"成为热词。

二　日本研究中住房政策研究不足

改革开放以来为适应现代化建设需要，人们对外部世界求知若渴，教育、科学事业得到较大发展，高等教育中外语教学蓬勃发展，与之相关的

[①] 住房和城乡建设部住房改革与发展司等编《国外住房数据报告 NO.1》，中国建筑工业出版社，2010，第114页。
[②] 倪鹏飞主编《中国住房发展报告（2011～2012）》，社会科学文献出版社，2011，第123页。该书表6-1中认为当前房价"过高，难以接受"和"选择投资"的居民比例。
[③] 郝益东：《中国住房观察与国际比较》（第二版），中国建筑工业出版社，2010，第124～126页。
[④] 刘琳等：《我国城镇居民住房问题研究》，中国计划出版社，2011，第85页。

外国研究得到空前重视，研究机构、研究队伍不断壮大。从研究内容看，外国研究开始重视外交、经济、科技、文化等方面。我国是最早对日本有文字记录的国家。中日交流源远流长，但在交通、通信不便的古代，留下的真实记录毕竟有限。近代以来，两国间各个层次的往来频繁，从政府官员到留学生、旅游者都留下不少关于日本的观察记录。由于日本在亚洲率先实现了现代化，成为国际社会瞩目的国家之一，当代中国出现了日本语言教学、日本研究的热潮，成为日本之外的研究日本队伍规模最大、机构最多的国家。中国学界对日本的研究，多关注经济、科技、文化、政治、历史等方面，相关研究成果很丰富。但是关于日本社会的研究是薄弱环节。对于日本包括住宅政策在内的社会政策、社会保障、社会运动、社会变迁等领域，研究者较少，研究成果也少。就社会保障、社会福利领域来说，最近20年来出版的主要专著有：陈建安主编的《战后日本社会保障制度研究》（复旦大学出版社，1996），宋金文著《日本农村社会保障》（中国社会科学出版社，2007），赵立新著《德国日本社会保障法研究》（知识产权出版社，2008），桑原洋子著、韩君玲与邹文星翻译的《日本社会福利法制概论》（商务印书馆，2010），王伟著《日本社会保障制度》（世界知识出版社，2014）等。对日本社会保障问题的研究，涉及的领域主要是生育、教育、失业、养老、医疗、护理等，关于住宅的研究论文和专著都非常少。对于日本住宅的关注，中国学界偏于自然科学界、建筑工程界、不动产开发者，例如《日本住宅建设与产业化》（吴东航、章林伟主编，中国建筑工业出版社，2009）。从社会保障、社会资本、城市建设等公共政策角度研究住宅的专著屈指可数。林维慈著《公法视野下的住房保障》（上海三联书店，2010），是以日本为例讨论住房保障权利问题的专著。2012年出版的《日本住宅政策的问题》（中国建筑工业出版社），作者为日本学者平山洋介，由丁恒翻译为中文出版。另外有一些关于日本的著作部分涉及住宅建设或者住宅政策问题，例如较早的有唱新著《现代日本城市管理》（吉林大学出版社，1990），随后有杜建人编著《日本城市研究》（上海交通大学出版社，1996）、俞慰刚著《日本土地管理与住宅发展》（上海远东出版社，1997），较近的有《国外住房数据报告NO.1》（住房和城乡建设部住房改革与发展司、中国建筑设计研究院等编，中国建筑工业出版社，2010）等。从公共住宅政策角度研究过日本住房的学者主要有林家彬、黄修民、包振宇等，他们发表过若干论文。

在日本学术界，住宅研究主要在建筑学界，社会科学界的研究较少。住宅政策置于社会保障、福利政策等之内，社会保障研究所于1990年出版的《住宅政策与社会保障》以住宅政策与社会保障的关系为重点，分析了老龄化时代住宅与健康、经济的关系，涉及居住标准和住宅福利政策的国际比较。本间义人是日本住宅政策研究大家，曾获得东京市政调查会藤田特别奖，中曾根康弘内阁时参与临时行政改革推进审议会，他在专著《战后住宅政策之检证》中系统分析了战后住宅政策的演进以及当下面临的问题。平山洋介等人着重研究了日本住房的社会制度，其中包括住宅体系、福利体系以及与政策变动密切相关的新自由主义思潮等。日本社会科学界的住宅研究还有从经济和社会—空间构造角度分析城市住宅政策，从历史、环境角度对居住的研究，已经出现多种"住居学"专著，主要研究者有中川雅之、高木恒一、藤井正一等。但是他们的研究成果被介绍到中国的可谓凤毛麟角。

三　本研究的目的和意义

中国自改革开放以来，经济建设、城市建设、教育科学文化等各项事业蓬勃发展，人民生活总体上达到了小康水平。人民群众在温饱问题解决后，迫切需要改善居住和交通条件。自1992年党的十四大确定走社会主义市场经济的改革路线后，对原来的计划经济体制进行了大刀阔斧的改革。自1998年启动住房制度改革后，房地产市场迅速发展，有力地推动了城市面貌的改善、群众居住水平的提高。但是同时也产生了贫富差距拉大、房价过快上涨、房地产市场波动剧烈、低收入群体和流动人口居住条件恶劣等现象。包括住房建设方面的过度市场化引发的诸多社会问题凸显。为了国家发展的可持续性，十七大将以公平正义为核心的社会建设提上议事日程，十八大报告提出以改善民生和创新社会管理为中心的社会建设六大目标，其中包括"建立市场配置和政府保障相结合的住房制度"。在解决国民住房问题中，如何认识住房问题的复杂性，如何发挥市场的效率和公共政策平等性，对于当代中国来说是迫切的问题。日本在人多地少的国情、在历史文化等方面与中国具有相似性，研究日本住房保障制度和住房政策，可为我国建立适应国情的住房制度提供借鉴。

从学问对象看，中国传统学问偏重于人文社会领域，而且论述内容比较高远，主要是强调社会秩序，例如三纲五常等。古代历史记录连绵不绝，但是用近代学科标准来衡量的话，如梁启超所说的，实乃帝王将相的家谱，从中看不到社会、看不到民众生活。古代士子对于自然界关注较少，学术研究很有限。在人文社会领域，人们议论较多的是道德秩序，对于农、工、商等产业不经意、不讲求。本书研究的住房问题，与亿万百姓日常生活息息相关。作者始终关注着中国社会的变迁与发展，尤其是现代化过程中的各种问题，思索解决之道，住房问题是近年来关注的重点之一。从中国的问题出发，选择日本研究课题，以服务于中国的现代化事业。人类生活的目的乃实现幸福，幸福的基础乃衣、食、住、行等基本需求的满足。

以自由竞争、等价交换为基础的市场机制在配置资源、保证工作效率上具有显著成效的同时，也导致贫富分化，影响社会稳定和发展的可持续性。为了缓和社会矛盾，保证经济社会的永续发展，西方国家在保证平等竞争的自由秩序的基本原则下，首先发展包括社会救助、社会保险、社会福利等内容在内的社会保障体系，通过社会政策弥补市场力量造成的社会裂痕，以国家力量对弱势群体提供帮助，纠正市场力量造成的社会不公，以维持社会团结和共同体的利益，保证社会自身的再生产。本书的目标，是研究在人口地理、社会文化上与中国近似的日本，在自由竞争的市场体制导致房地产价格腾贵、城市化中必然出现住房困难的情况下，如何通过住房政策保障低收入群体的居住权利，支援社会中间层解决居住问题；如何针对老人、针对在地震等自然灾害中住房遭受损坏的家庭提供帮助，进而分析包括住宅政策在内的社会政策在弥补市场机制的缺陷、在解决社会问题上的价值和意义。

研究日本住房保障和住房政策，在实践上可为中国建立适当的住房制度提供参考和借鉴；在理论意义上，也可为我国日本研究、公共政策研究领域提供知识增量。

第一章 战后日本住宅政策的形成

战后日本住宅政策，按照建设省（今国土交通省的前身）的分类，大致包括居住水平的提高和居住环境的整备两个方面。居住水平提高的途径有四种：（1）供应公共住宅；（2）促进民间建造和拥有住宅；（3）提高住宅生产和供应的效率；（4）建设和完善住宅市场。其中供应公共住宅有直接供给和间接供给两种。直接供给包括公营住宅、改良住宅、公团住宅、公社住宅等；间接供给包括公库住宅、民间租赁住宅的利息补助，地方政府的特定补助住宅等。从战后长期的住宅建设总数和存量看，主要是公营住宅、公团住宅、公社住宅和公库住宅。[①] 随着时代和社会变迁，日本公共住宅体系处于不断调整之中。自20世纪90年代以来，为适应老龄化发展，1993年开始发展特定优良赁贷住宅，2001年开始发展高龄者优良赁贷住宅。[②] 在现行日本行政体制中，国土交通省住宅局掌管全国住宅行政事务。住宅行政以应对国民多种需求、提高国民居住生活质量为目标，主要内容分四个领域：（1）供给公共住宅；（2）支援国民获得自有住宅；（3）确保住宅质量；（4）整顿改善居住环境。其中供给公共住宅的内容，主要是供应公营住宅等廉租住宅，另外还有中间阶层、老人的租赁住宅的整理及房租补贴，都市再生机构面向家庭的

---

① 城戸喜子：「住宅政策評価への再分配的視点」、社会保障研究所編『住宅政策と社会保障』東京大学出版会、1990、76～78頁。
② 「公的賃貸住宅等をめぐる現状と課題について」、http://www.mlit.go.jp/jutakukentiku/house/singi/syakaishihon/kotekibukai/1bukai/1bukaisan－1.pdf、2013年1月30日検索。

租赁住宅的供给。①

近代资本主义的发展催生了大批贫困人口,集聚于城市的工人阶级住房困难。日本于明治时代开始实施对贫困者的救济政策,但真正的住宅政策起步于大正时期。第一次世界大战期间,日本工商业高速发展,大批人口涌向城市,城市住房不足、房租飞涨、人口过密、郊区乱开发导致治安、卫生等方面出现诸多问题,工人运动时隐时现。为了化解矛盾,政府不得不重视住宅供应问题。因此在研究了英国范例后,日本于1919年制定了《都市计划法》和《市街地建筑物法》,通过大藏省(现财务省)的低息融资,于1919~1932年建设了约6.3万户的非营利租赁住宅。这是日本公营住宅的起点。② 战后日本住宅政策的成立,并非直接继承大正和昭和初期的住宅政策,而有更多的影响因素。

第一节 战后初期的住宅困难

政策一般都是为解决问题而制定的。战后日本的住宅政策,首先是受当时住宅十分短缺的状况逼迫而出台的。

日本国民住房在第二次世界大战中受到严重损毁。根据日本经济安定本部1948年2月11日公布的战争导致的财富损失情况,战争导致的各类公私财富直接和间接损失,按照大战结束时的价格计算大约为1000亿日元,相当于全国财富总额的40%。在损失总额中,生产资料占46.77%,消费资料占53.23%。生产资料损失最大的是船舶,占总额的13.21%;消费资料损失最大的是建筑物,占总额的29.52%。③ 关于战争损毁住宅的情况,根据战败之际建立的战灾复兴院④的调查统计,日本1941年全

---

① 「住宅局」、http://www.mlit.go.jp/about/file000078.html、2013年2月1日检索。
② 三村浩史监修、荻田武・リム ボン共著『公営住宅・居住者運動の歴史と展望』法律文化社、1989、29~30頁。
③ 田桓:《日本战后体制改革》,经济科学出版社,1990,第5页。
④ 战灾复兴院,第二次世界大战中美军空袭造成日本120个城市受损。战败后为了重建,币原喜重郎内阁于1945年11月5日设立了战灾复兴院,以国务大臣小林一三为总裁,内务省国土局计划课的技术官僚140人组成。它规划城市重建,同年12月30日内阁决定了《战灾复兴计划基本方针》,以财政资金恢复市政设施。1947年底因内务省撤销,战灾复兴院与国土局重组建设院,后成为建设省。

国有住宅 1400 万户。二战期间，能够称得上城市的地方几乎都被摧毁。美军的轰炸致 120 座城市受灾、210 万户住宅被毁。战争后期，为躲避美军空袭，日本政府曾强制疏散城市居民，拆毁住宅 55 万户。战时军需生产优先，住宅建设不足，供应欠账达 118 万户。加上战败后大量从海外撤回的人员需要住宅 67 万户，合计缺乏住宅约 450 万户。减去战灾死亡者 30 万户，实际缺乏住宅达到 420 万户。[①]

在战后混乱局面中，解决百姓生活问题成为燃眉之急。为了解决缺少住所的问题，日本政府采取过的措施如下。

（1）建设应急简易住宅。1945 年 8 月 4 日内阁会议讨论了《罹灾都市应急简易住宅 30 万户建设要纲》，9 月的内阁会议定其名为《罹灾都市应急简易住宅建设要纲》，作为罹灾者的越冬对策，要求住宅营团[②]、都道府县地方政府建设面积 6.25 坪[③]（20.6 平方米）的应急简易住宅，租赁给缺少住房的百姓，每户住宅由国库提供最多 600 日元的补助金。由于资金、材料、土地、运输都没有保障，而且战败初期比住房困难更紧迫的是饥饿问题，应急简易住宅建设计划未能如期实现，至 1946 年度原计划建设 30 万户，实际只建成 4.3 万户。

（2）在非住宅建筑临时安置住宿。为了弥补应急简易住宅建设的不足，日本政府于 1945 年 11 月 20 日公布了《住宅紧急措置法》，将当时既存的各类非住宅建筑改造为临时住所。修理改造被烧过的楼房、兵营、校舍、寺庙等为住宅，以安置大批海外回国者。当时城镇中成排的以镀锌铁皮为屋顶的板房，废弃的巴士、火车车厢都住了人。同年 12 月 15 日通过的《生活困穷者紧急生活援护要纲》，决定对多达 1680 万人的战争受灾

---

① 本間義人：『どこへ行く住宅政策』東信堂、2006、18 頁。
② 住宅营团是根据《住宅营团法》于 1941 年 3 月 7 日设立的准政府机构。1937 年全面侵华战争开始后，日本于次年 4 月公布了《国家总动员法》，为支撑长期战争统制全部资源。军需工业地带大量劳动力集聚导致住房十分紧张，1940 年厚生省内设立了"住宅对策委员会"，为建设工人住宅而设立了住宅营团。计划的事业范围包括住宅建设、经营，居住区自来水、市场、食堂等公共设施的建设，以及住宅融资等，曾有五年建设 30 万户住宅的计划，但力有不逮，最终没有实现目标。——内田青蔵等编著『図説・近代日本住宅史』鹿島出版会、2008、120 頁。
③ 坪，日本常用面积单位，1 坪 = 3.3 平方米。

者、失业者、归国者等以家庭为单位提供衣、食、住。①

（3）奖励甚至命令民间富余住房出租。战后初期工厂停工，物资极度匮乏，有限的材料、资金不敷各方面的急需，住宅建设难以按照计划推进，根本满足不了社会需求。1946年日本政府修改《住宅紧急措置法》，要求住房宽裕的人家向政府报告住房情况，向社会出租富余住宅或者空闲房间。都道府县知事对出租住宅者给予奖励，甚至可以命令私有住宅出租，对于住宅宽裕而没有报告和出租的可以课税。但是在当时普遍贫困的社会现实下，这个措施的效果也很有限，全日本1947~1949年只有5119户对外出租。

（4）限制迁徙、统制市场。鉴于废墟中的城市住宅紧缺，1946年政府发令对迁入人口10万人以上的城市实施限制，抑制城市中对住宅的新需求。5月20日公布了《临时建筑限制令》，限制建造不需要、不紧急的建筑，住宅建设限制每户面积15坪（49.5平方米，次年扩大到18坪，即59.4平方米），以确保住宅建设的材料。同年9月公布了地价宅租统制令，以遏制地价和住宅租金的高涨。

虽然日本政府想尽千方百计，制定了解决住宅问题的多种措施，在缓解住宅极端紧缺状况上起了一定作用，但是一般国民住宅改善进展很慢。主要原因是，国家财政首先必须用于为占领美军建造兵营宿舍，而且在倾斜生产计划下，必须首先集中资金与材料，满足开拓地（为增产粮食而垦荒）住宅、煤矿住宅、产业工人住宅的建设需求。住宅建设的材料、资金都难以筹办，所建住宅只得是简易板屋。

国家处于战后废墟中，全社会都物资匮乏，总体上住宅短缺严重，而贫穷阶层住房更加困难。这是战后住宅政策形成的直接原因。

第二节 国际人权思想的影响

现实的物质、生活需求状况是政策的起因之一，社会观念在影响政策制定中的作用不可忽视。战后日本住宅问题进入政策领域，与国际主流思

---

① 中央社会保障推進協議会編『人間らしく生きるための社会保障運動』大月書店、2008、30頁。

想的影响分不开。

日本战后初期的民主化改革时期,正是人权观念在世界范围内勃兴的阶段。在国际上,人权观念是社会保障事业、社会政策的思想基础。虽然仁爱的观念、扶贫济困的行为自古就有,但现代人权思想的直接源头是近代西欧的启蒙运动。19世纪下半叶的欧洲,权利被普遍视作受到法律支持的正当要求。一战后1919年成立的国际劳工组织是国际人权事业的主要推动者,在促进有关劳工经济、社会、人身和政治权利方面发挥了重要作用,1920~1937年该组织就主持制定了13项相关主要公约。鉴于1929年的金融危机带来的社会震荡,美国于1935年通过了《社会保障法案》,决定由国库负担养老、失业保险和老人、儿童救助。1941年英美两国首脑联合发表的《大西洋宪章》、1942年的《联合国家宣言》都提出社会保障是维护战后世界秩序的原则之一。国际劳工组织于1942年发表报告《社会保障入门》,把社会保障定义为"社会通过适当的组织对其成员因所处的危险而给予一定的保障"。1945年10月以"增进并激励对于全体人类之人权及基本自由之尊重"为根本宗旨的联合国宣告成立,标志着人权成为各参与国的共识。1946年联合国人权委员会建立,其起草的《世界人权宣言》于1948年12月经联合国大会表决通过。"人人享有生命、自由和人身安全"的权利成为国际社会的共识。

战后日本包括住房保障在内的社会保障制度的建立,一定程度上可谓以美国为首的盟国占领军直接影响的结果。1945年12月8日盟国占领军总司令部(以下简称 GHQ)向日本政府发出的《关于救济与福祉计划》备忘录、1946年2月27日发出的《关于社会救济备忘录》成为日本政府福利事业的最高指针。作为日本战后改革最大成果的新宪法的制定,也是在占领当局的直接指导下完成的。战败后日本政府知道历来的路线非改弦更张不可,于是主动对明治宪法进行修改。当时币原喜重郎内阁指示国务大臣松本烝治主持宪法修订,自1945年10月前后开始工作,1946年2月发表的新宪法草案只对明治宪法做了最小限度的修正,依然规定天皇总揽统治权,内容十分保守。GHQ完全不同意这一修宪方案,重新拟订了一套宪法草案提交日本政府。最终于1946年11月3日公布的战后新宪法就是以GHQ的宪法草案为基础经过部分修改而成的(战后新宪法制定后,至今一直有人试图修改,理由之一便是现行宪法非日本人自主制定的)。新宪法明确了主权在民、和平主义、尊重人权三大原则。和平主义的主要体现是宪法第九条关于放弃战争的规定,尊重人权表现为对各种自由权利的规定,其中第二十五条"一切国民都有过上最低限度的健康、文明生活的权利"这一关于生存权的规定,成为包括住宅权在内的最低生活保障制度的法理基础。

第三节　国内社会运动的压力

战后的社会运动也是住宅政策形成的重要推动力量。

曾任首相的大平正芳回忆战后初期的日本"正如'废墟'和'黑市'两个词形容的那样,完全处于极端的荒废之中。许多人陷入半虚脱状态,没有住房,没有工作,流落街头,眼望蓝天。生产停滞,消费品匮乏,物价直线上升"。[①] 1946 年东京零售物价平均指数超过了上年的 5 倍,连配给食物都不能按时发放。

以美军为主的盟军进驻日本后,为了铲除军国主义的基础,使日本无法再成为世界和平的威胁,对日本实行了民主化改革。包括释放以共产党员为主的政治犯,废止《治安维持法》、特高警察,解散财阀,改革土地制度、教育制度等。工人有了结社权、罢工权、团体交涉权以后,民主意识高涨。面对严峻的通货膨胀、粮食困难,以要求提高工资、参与生产管理为主要内容的劳动争议在各地频发。劳动争议件数从 1947 年的 1035 件增加到 1949 年的 1414 件,争议参加人数从 1943 年的 1.4 万人增加到 1947 年的 441 万人。1946 年 5 月 19 日"粮食日",共产党组织 25 万人进行游行示威,首相官邸周围"歌声震天、红旗林立,使人感到好像革命即将到来"。作为社会运动主要领导力量的日本共产党提出"打倒天皇制、建立共和政府"的口号,以罢工作为主要的政治斗争方式,给日本内阁和美国占领当局造成巨大压力。

在战后初期风起云涌的社会运动中,日本的劳动群众提出了建设社会

[①] 〔日〕大平正芳回想录刊行会编《大平正芳传》,武大伟等译,吉林人民出版社,1984,第 116 页。

保障制度的要求。1946年成立的工人组织"全日本产业别劳动组合会议"（以下简称产别会议）把建立包括失业、疾病、伤害、养老等在内的全面的社会保障制度作为奋斗目标，要求资本家全额负担失业保险，要求获得包括疾病、伤害、养老等在内的全面的社会保险。[①] 同年建立的"日本劳动组合总同盟"也把制定综合性的社会保险制度、实现完全雇用、制定失业保险法等作为奋斗目标。希望获得生活保障的民众组织起来团结奋斗，1947年1月"全日本患者生活拥护同盟""国立疗养所患者同盟"先后建立。1946年制定的《生活保护法》没有纳入住宅支援的内容，为了推动这部法律的修改，产别会议、日本农协、自由法曹团、全日本患者生活拥护同盟等团体于1948年1月结成了"生活保护法改善期成同盟"。产别会议在1949年11月的第五次大会上通过的行动纲领，提出建立由资本家负担的社会保障制度，修改现行各种社会保险法和生活保护法等要求。

第四节　住宅纳入生活保护范围

面临战败之后的贫困状况，正是在国内社会运动的压力下，在以美国为首的盟军占领当局的指导下，日本较快地确立起社会保障制度的基本框架。

日本在占领当局指导下，1945年12月15日内阁通过《生活贫困者紧急生活援助纲要》，按照"无差别和平等"的原则，1946年开始停止向军人发放特别津贴和养老金，把军人与失业者同等对待，对失业者、军人、归国者及其留守家属、伤残军人及其家属、阵亡军人遗属提供生活援助，主要内容是对生活贫困者进行收容，或者提供生活必需品，或者帮助他们开业。根据占领当局关于公共救助三原则，即（1）无差别和平等、（2）明确国家责任、（3）保障最低生活水平的精神，日本政府拟定了《生活保护法》，于1946年9月经国会讨论通过，并于10月1日开始实施。这部法律明确了保障生活贫困的国民的最低限度的生活是国家的责

[①] 中央社会保障推進協議会編『人間らしく生きるための社会保障運動』大月書店、2008、26～28頁。

任，对于全部生活贫困者，不管其有无劳动能力都实行救济（为了防止懒惰和品行不良，规定了申请救济者的资格条件），救济费用由国家负担80%、地方负担20%。最初确立的保护范围仅限于生活救助、医疗救助、分娩救助、就业救助、丧葬救助五种。在1946年、1947年生活保护费中，生活救助费占80%~90%，接受保护6个月以上者占85%，保护对象绝大多数是夫妇中失去一方的单亲家庭。[1] 1947年制定了《劳动者灾害补偿保险法》《失业保险法》。1949年对《生活保护法》进行了修改，根据宪法第二十五条明确了保障国民生存权是国家的责任，把保护范围扩大为七类，即在原来五类之上增加了教育和住宅扶助。[2] 新《生活保护法》于1950年5月4日公布并施行（现行《生活保护法》的保护范围分为八种，分别是生活、教育、住宅、医疗、护理、分娩、就业、丧葬）。具备接受法定保护条件的人，拥有接受保护的请求权。在不服保护决定的情况下，具有提出异议的权利。[3]

从此，住宅被正式纳入《生活保护法》的内容，标志着居住保障进入法制化轨道。

---

[1] 陈建安主编《战后日本社会保障制度研究》，复旦大学出版社，1996，第22~23页。
[2] 池田敬正：『現代社会福祉の基礎構造：福祉実践の歴史理論』法律文化社、1999、311~312頁。
[3] 周建高、王凌宇：《日本公营住宅制度与住房保障》，《中国名城》2014年第4期，第44~46页。

第二章　对低收入者的居住保障：
公营住宅

在日本住房保障制度中，公营住宅是主体。日本政策性住宅种类很多，但国家和地方支援力度最大的、真正的公共住宅只有公营住宅。在由公营住宅、公团住宅、公社住宅、公库住宅等多种制度组成的公共住宅体系中，公营住宅是承担住房保障任务的主力。2007 年春季调查时点的统计数据显示，日本共有公共住宅存量约 344 万户，其中公营住宅约 219 万户，约占 64%，另外六种合计占约 36%。①

第一节　社会保障制度的源流

各个国家、各个社会情况千差万别，许多制度虽然用着同一个概念或者名词，其内涵也不尽一致。一般说来，社会保障是指无论国民原来的状况，由国家无偿提供维持最低生活水准的生活资料。在西方国家，作为政策概念的"社会保障"是美国在 20 世纪 30 年代经济大危机时首先使用的。1934 年美国罗斯福政府为研究保障生活贫困者政策而建立了经济保障委员会，次年 8 月国会通过的《社会保障法》是世界上第一部社会保障法律。随后 1938 年新西兰也制定了社会保障法。社会保障在 1941 年罗斯福和丘吉尔共同发表的《大西洋宪章》中被作为建立战后世界秩序的指导原则之一，1942 年英国的贝弗里奇（W. Beveridge）在受丘吉尔内阁

---

① 「公的賃貸住宅等をめぐる現状と課題について」，http://www.mlit.go.jp/jutakukentiku/house/singi/syakaishihon/kotekibukai/1bukai/1bukaisan‑1.pdf。

委托完成的《社会保障及有关服务》研究报告中提出，国民只有在均一的最低限度生活保障下，个人的自由程度才能达到最大，并能实现最高的福利水平。该报告获得广泛认可和支持，确立了英国和北欧国家战后社会保障制度的基本框架，也对其他西方国家的社会保障制度的建立起了决定性作用。国际劳工组织在向全世界普及社会保障概念上发挥了重要作用。1942年发表的《社会保障入门》报告中定义社会保障是"社会通过适当的组织对其成员因所处的危险而给予一定的保障"，并且把社会保障分为社会救助和社会保险两大类。个人无法离开社会而独立生活，社会生活的最终意义是使人类共同地实现自我，所以不具备任何一种济贫制度的社会是难以维持的。中国社会自古以来就有扶贫济困的良好风气，1601年英国有了《伊丽莎白济贫法》，二战后许多国家以公共救济制度代替了以前的济贫制度。公共救济是为了保障生活贫困者的生存权利，以公共税金对他们实行无偿救济的制度。社会保险制度始于19世纪后半叶的德国，俾斯麦政府于1883年制定了《疾病保险法》，于1884年制定了《灾害保险法》，于1889年又制定了《残废及养老保险法》，影响到意大利、奥地利、比利时、丹麦、法国、匈牙利等国家，使它们跟进建立了社会保险制度。社会保险是一种社会成员互助形式，一般是国家向国民强制性地征收保险金，对于遭受意外打击的人提供金钱援助。

社会保障本质上是以政策这只"看得见的手"对自由竞争的市场体制这只"看不见的手"引发的弊端进行纠正的社会财富再分配。自然状态下的人类与一般动物群体并无二致，吃、穿、住、性等需求都是自行解决。虽然个体之间因体质、意志的不同使得享受水平有差异，但是在国家产生之前的原始阶段，人与人之间差异很小，基本平等。在智慧、情感逐步发展起来后，人类组织成家庭、国家，进入了文明状态，包括日常生活在内的许多方面发生了改变。在生产力提高的同时，权力差异也造成分配不公，贫富悬殊。富者田连阡陌，贫者无立锥之地。对于贫苦者、弱者的同情和救助是人类社会常见现象，不需要启发和动员，民间就自动自发进行。多数宗教也产生于对苦难的悲悯和人类互助的需要。国家有组织地救助社会弱者在中国史不绝书。例如唐代长安有收容乞丐的悲田养病坊；宋代1099年的元符令要求州县官员调查本地鳏寡孤独者状况，向其中无家可归者提供住宅，养济院在全国推广；元代法律明确规定对于"应收养而不收养"者"罪其守宰"。① 官府对于穷苦者的抚恤、救济在古代日本也有，而近代日本于1874年制定的《恤救规则》就是济贫政策。但社会保障作为系统思想、作为规范的制度则是近代以后的产物。

　　社会成员体力、智力的自由发展是社会健康繁荣的基础。任何人只要在法律和习俗允许的范围内，只要不侵害他人的平等权利，就可以按照自己的意志自由行事。人们可以为了满足个人欲望而利用自己和社会的资源，自由竞争能够使人的资源、自然的资源得到最高效的利用。但是，由于人类天生并不平等，不但外貌、身体和智慧各不相同，而且其出生的阶层、地区都是无法选择的，竞争的起点并不平等。特别是残疾人、患病者、失业者、老人等弱势群体，难以凭自己的力量创造价值，并通过等价交换的市场体制获得生活资料。多种因素导致竞争结果千差万别，造成社会阶级分化。对于竞争中的失败者，如果社会不施以援手而任其沉沦，赢者垄断利益，社会阶层固化，社会就会丧失活力。因此社会保障制度是以国家力量进行的财富再分配，目的是缩小阶级差异，救助弱者使他们获得再次参与竞争的力量，以此促进社会生生不息，维持社会整体利益。与中国春秋时代思想家认识到"君者舟也，庶人者水也，水则载舟，水则覆舟"的道理一样，19世纪中期英国贤达也提出"茅屋里没有幸福，宫殿也不得安宁"（当时首相迪斯雷利之语），为了缓和矛盾，达到整体利益最大化，救济社会弱者的社会政策应运而生。因此英国政府颁布了一系列劳动者住宅法，规定地方政府有责任给工人提供廉价住宅。进入20世纪以后，一方面是第一次世界大战对于建筑的大量毁坏；另一方面迫于工人运动的压力，英国、美国等传统自由主义国家开始干预国民住房事宜，承认国家有责任帮助国民解决居住问题，公共住宅制度得到发展。二战后英国首先提出建设福利国家的目标，住房保障与医疗保险、教育并列成为每个人应该享有的权利，国家投入很大力量建设公共住宅。英国福利国家政策影响到欧美亚诸多国家，日本是积极跟进者之一。

----

① 张群：《居有其屋——中国住房权历史研究》，社会科学文献出版社，2009，第44~47页。

社会保障制度的内容在各个国家千差万别，在一个国家的不同时期也时有变化，难以一言蔽之。社会保障是对人们日常生活中可能遭遇的影响正常生活的风险的救济和补偿。一般说来，风险包括生育、疾病、失业、工伤、衰老、公害、战争等。各国随着经济水平和思想观念的提高，社会保障的内容逐渐丰富。日本社会保障制度起源于近代，二战后得到了充实提高。公营住宅制度是住房保障制度，源头可以追溯到二战前，而真正的全国性展开是在二战后。

第二节　公营住宅立法与建设

一　公营住宅的立法

战争使日本的众多城市变为废墟。为解决住房紧缺的状况下百姓的居住问题，根据1945年9月内阁制定的《罹灾都市应急简易住宅建设要纲》，自1946年度开始由国库补助建设的一批租赁给缺乏住房的家庭的简易住宅，是战后最早的公营住宅。鉴于国民的住宅困难将长期存在，为了促进中央与地方政府合作建设能够满足健康文明生活要求的住宅，以低廉的租金提供给居住困难的低收入者，从而促进国民生活的安定和社会福利的增进，响应社会对立法的呼吁，1950年夏，日本开始制定公营住宅法。法案由建设省起草，参考了英国、美国等的住宅法，由以众议院建设委员会议员田中角荣为首的小委员会作成文案，1951年5月以议员立法的形式通过了众参两院的表决，6月4日，《公营住宅法》作为法律第193号公布，7月1日开始实行。

《公营住宅法》明确了建设公营住宅的宗旨、性质、资金来源、建设程序、供应对象等。法律把解决低收入者住房困难规定为地方政府（都道府县、市町村）的责任。地方政府是建设和管理公营住宅的主体，"地方政府必须经常留意本区域内的住宅状况，在认为有必要缓和低收入者的住宅不足之际，供给公营住宅"（第三条）。公营住宅根据建设经营主体的不同而分别称作"都营住宅""县营住宅""市营住宅"等。"国家在认为必要之际，必须对于地方政府有关公营住宅的供给给予财政上及技术上的援助。都道府县在认为必要时，必须对于市町村关于公营住宅的供给给予财政上及技术上的援助"（第四条）。此后随着经济社会形势的变迁，《公营住宅法》经历过多次修改，但是基本部分如立法宗旨、公营住宅性质、建设程序等始终未变。

二　公营住宅的建设与国家补助

公营住宅建设事业，不仅指住宅的建造，还包括居民生活必需的配套设施如儿童游乐园、公共浴室、集会场所以及其他政令规定的居民共用福利设施等的建设。公营住宅建设包括获取建设公营住宅必要的土地所有权、地上权或土地租借权，还有平整土地为宅基地，收买或者征借民间住宅作为公营住宅用。

公营住宅建设资金来源于税款，维修管理费等的不足部分也由税款填补。一般由地方政府直接建设，但是随着总体上全国住宅数量的充足，自20世纪90年代开始重视利用民间住宅富余资源，可以购买、租借民间住宅作为公营住宅。

公营住宅及其公用设施的建设、收购费用标准，由国土交通大臣以通常必要费用为基准确定。公营住宅的建设程序是，由地方行政长官向国土交通大臣提出本地低收入者住房困难状况，大臣听取住宅对策审议会意见，拟定公营住宅建设三年计划，提交内阁讨论。内阁根据国家财政状况，将公营住宅建设所需经费纳入预算，议决后提交国会审议。公营住宅建设的要求是：（1）根据都道府县住宅建设五年计划进行；（2）依据国土交通大臣确定的建设基准进行；（3）按照国土交通大臣规定的建设基准，建设与住宅配套的公共设施；（4）要努力把公营住宅及公共设施建设成为耐火结构。

中央政府对地方建设公营住宅进行补贴。补贴分为两种，一种是针对建设单位的建设费用的补贴（补贴砖头），另一种是针对居民的房租差额（承租者标准负担额与市场租金之间的差额）的补贴（补贴人）。中央政府的补贴占公营住宅建设资金的一半左右，内容包括住宅建造费用、宅基地平整费用，还有附属公用设施如幼儿园、公共浴室、集会场所等的建设费用。在事业主体把民间住宅征借为公营住宅之际,对于作为公营住宅转租给低收入者而必需的住宅和其附属设施的建设或改善经费,以及被征借的公共设施在进行必要的添置、改造中所需的费用,其一半可以由国家补助。不仅如此,在灾害(其中火灾限于地震导致的火灾)导致公营住宅或公用设施灭失或者显著损害,以及事业主体在重建或者修补灾损物件之际,在预算范围内,也可以由国家补助建设或修补公营住宅所需费用(其中包括为建设住宅而必须拆除旧住宅或公共设施所需费用,但为建住宅而取得土地的费用除外)的二分之一,或者为建设公营住宅等而恢复宅基地所需费用的二分之一。在计算补助金额时,如果住宅的建设、修补和平整宅基地所需费用超过标准定额,则以标准定额为准。定额由国土交通大臣确定。在突发灾害导致公营住宅灭失或损坏而需要重建或修葺的情况下,国家的支持力度更大。现行《公营住宅法》(2012年3月31日最终修订)[①]第八条规定,因地震、暴风雨、洪水、风暴潮及其他异常自然现象而致住宅灭失,灭失住宅在受灾地区超过五百户,或者在一个市町村的范围内超过二百户或者占该区域住宅户数的一成以上;因火灾而灭失住宅情况下,灭失总户数在该受灾地区达到二百户以上或者在一个市町村的范围内占一成以上之际,事业主体为向因灾灭失现用住宅的低收入者出租而建设公营住宅之际,应该补助该公营住宅建设所需费用的三分之二。但是超过相当于因该次灾害而灭失住宅户数三成的户数不在此限。

地方政府打算接受国家补助之际,必须按照国土交通省规定,向国土交通大臣提交申请书,并附上事业计划书及工程设计要领书。国土交通大臣必须在审查后认为适当时决定拨付补助金,并且通知该地方政府。市町村建设公营住宅须先向都道府县申请。

国家规定了公营住宅的质量标准。地方政府在建设公营住宅和附属公用设施时,必须参考国土交通省规定的基准,以条例形式确定建设基准,然后按照基准进行建设。公营住宅作为以公共经费建设的住宅,是为住房

[①] 『公营住宅法』、http://law.e-gov.go.jp/htmldata/S26/S26HO193.html、2012年06月19日检索。

困难的低收入者提供的，属于生活救助的手段之一。受限于财力和建设计划，公营住宅建造数量有限。日本在1952年第13届国会上确立了三年建造18万户公营住宅的计划。此后在1955年、1958年、1961年、1964年连续实行三年计划。在农村劳动力大量涌入城市的经济高速增长时期，公营住宅建设较多时达到每年10万户以上。

第三节 公营住宅的入住条件与程序

国家政策必须既保证贫困阶层拥有必需的生活条件，又避免不劳而获导致人们丧失奋斗动力，因此日本以法律、政令等形式设定了公营住宅入住的详细标准，并且根据经济社会形势的变化而不断调整。

一 入住公营住宅的资格

公营住宅入住资格，有两大基本标准。一是低收入，二是住房困难。

（一）低收入

收入指工薪族的工资、自营业者的营业收入、退休老人的年金等。所谓低收入是指家庭收入水平处于社会收入分位最低的25%的阶层。[1] 申请公营住宅的收入基准随着经济社会形势的变动而不断调整。例如，以标准四口之家的收入为例，申请第一种住宅（公营住宅分两种，其中第二种针对特别困难家庭）的家庭月收入基准在1951年为2万日元，1962年为3.6万日元，1972年为5.8万日元，到1986年上升到16.2万日元。[2] 1996年建设省大幅修改了住宅法。对于高龄者、残障人士等，提高收入基准线，属于全社会收入阶层的40%以下者均可申请。从事一定的社会福利事业的社会福利法人等团体也可申请使用公营住宅。[3]

---

[1] 日本统计家庭收入时，按照家庭各种收入总和把全部家庭从低到高排列后，以数量等分，确定家庭的阶层，称作"分位阶层"。有四分位、五分位、十分位等。总务省统计局：「家計調查 用語の解説」、http://www.stat.go.jp/data/kakei/kaisetsu.htm#p9、2014年1月9日検索。

[2] 《日本提供公营住宅对家庭收入基准规定的变化》，住房和城乡建设部住房改革与发展司等编《国外住房数据报告 NO.1》，中国建筑工业出版社，2010，第102～105页。

[3] 川池智子ほか編著『現代社会福祉概論』学文社、2001、243～244頁。

当代社会变迁中，人们的职业、家庭、阶层出现更多形态，公营住宅制度也随之做出反应，收入标准也考虑到多种情况，分别做了具体规定，有下列几种。①本来阶层，过去称为"原则阶层"，指基本的保障群体，家庭收入在全社会的25%以下者。②裁量阶层，是可以在一定范围内宽限标准的人群，指收入介于全体的25%～40%的人，可以根据实际情况予以考虑。例如，对于因灾害而导致住宅毁灭的低收入者，政府向灾民提供廉租公营住宅。享受政府资金补助建设的这类公营住宅，或者在征借民间住宅为公营住宅以转租给灾民的情况下，可以接受入住申请的收入标准放宽到收入分位的40%以下。③政令规定者，不符合前两个标准而需要保障者，主要包括如下几类。其一，残疾程度达到国交省令确定的程度者：身体残疾在残疾程度等级表中为1级至4级；精神残疾者障碍等级1级或2级。智力障碍者，达到与精神障碍者相当的程度。其二，50岁以上而且同住者都达到50岁以上或者不满18岁。其三，战争伤病者、原子弹爆炸受害者、海外归国者或者麻风病疗养者。入住公营住宅的收入基准由各个地方政府根据当地工资、物价水平综合考虑后确定。2012年横滨市根据家庭入住人口数及家庭抚养人口数确定的家庭月收入标准是一般家庭15.8万日元以下者。

（二）当前住房困难

法令规定，在入住申请者数量超过可以入住的公营住宅户数的情况下，必须调查住宅困难的实情，依照法定标准以公正的方法选择。住房困难并不仅仅指没有住宅和住宅面积过小、简陋等，还包括家族团聚、居住环境、住宅与通勤的关系、房租与收入之比等情况。政令规定的选择入住者标准如下。（1）居住在住宅以外的建筑或场所，或者居住在不安全或者卫生上有害状态下的住宅者。（2）由于与其他家庭共同居住而生活上显著不便，或者因没有住宅而无法夫妇或亲子同住者。（3）从住宅规模、设备和户型与家庭结构关系上，处于卫生上、风俗上不适合的居住状态者。（4）因正当理由被要求退房搬家，没有适当去处而住宅困难者，但出于自己责任的原因除外。（5）因没有住宅而不得不居住在远离工作场所的地方，或者与收入相比，不得不支付过高比例的房租者。（6）除了上述条件外，当前住宅困难显著者。① 公营住宅的宗旨是保障国民健康生活所必需的住宅。例如在横滨市公营住宅入住条件中，其住房困难是指必须满足下列条件之一：与家人以外的其他家庭共用厨房或者卫生间；房间狭小，居住面积人均不足 4 叠（6.48 平方米）②；利用铁路、巴士通勤单程需要 2 小时以上；居住在非住宅建筑物里；房租太高；无房因而无法与亲族共住；被房东等以正当理由要求退房（但是，滞纳房租等出于自己责任的情况、来自亲族的退房要求等除外）；其他理由（身体等的理由导致的住房困难）。③

（三）以家庭为单位

为了公共资源的高效利用，公营住宅供应对象原则上以家庭为单位，单身者不能申请。政令甚至把"亲族同住"列为申请公营住宅的首要条件，其次才分别是低收入、住宅困难。1959 年后，建设省扩大了公营住宅的申请资格范围，不在低收入线内的老人家庭、单亲母子家庭、残疾人家庭作为特殊情况，也具备入住资格。申请表要求列出申请人当前有同住或者计划同住的亲族，亲族主要指夫妻、亲子关系组成的群体。随着社会结构的变化，家庭形式出现了多样化，因此法令规定 50 岁以上者、身体残障者、战争伤病者、原子弹爆炸受害者、符合低收入生活保护条件者、海外归国者、麻风病疗养者，可以单身入住。

（四）其他条件

亲族同住、低收入、住宅困难是申请公营住宅的必要条件，并非充分条件。以地方政府为事业主体的公营住宅，其入住资格一般必须是本地的常住居民，有些地方还有对于申请人及其同住者品行的要求。例如横滨市的市营住宅入住条件要求，必须是在横滨市内连续居住或就业 6 个月以上

---

① 「公营住宅制度の概要について」、http://www.mlit.go.jp/jutakukentiku/house/singi/koutekishoui/3-sankou.pdf、2013 年 2 月 1 日检索。

② "叠"是日本常用房间面积计量单位，即一张榻榻米面积，通常为长 180 厘米、宽 90 厘米的长方形，合 1.62 平方米。叠作为日本传统住宅中铺装用品，尺寸因地而异，西日本约 191 厘米×约 96 厘米，叫"京间"或"关西间"，东日本约 176 厘米×约 88 厘米，叫"江户间"或"关东间"。尺寸介于京间和江户间中间的叫"中京间"。团地、公寓住宅中使用的尺寸比江户间还小、大小不固定的榻榻米也叫"团地型号"。

③ 「市营住宅の入居者募集・抽选のご案内」、http://www.yokohama-kousya.or.jp/siei/annai/top/top.html、2013 年 1 月 22 日检索。

的成年人，申请人及家人没有滞纳住民税及与使用市营住宅有关的债务，能够在市营住宅中度过圆满的小区生活，申请人及入住家人非暴力团成员。

二 入住公营住宅的程序和手续

（一）公开招募

一般情形下，入住者必须公募决定，但在下列情况下可以直接分配给需要的人：受灾，不良住宅的拆除，征借的公营住宅契约期满，为翻建公营住宅而拆除旧公营住宅，其他有政令规定的特别理由的特定对象。政令确定的特别理由如下：（1）实行城市规划、土地规划整理等而必须拆除住宅；（2）因征用土地而须拆除住宅；（3）目前居住公营住宅者的同住人数有增减，同住者长大或者因生病而致日常生活中身体机能受限；（4）公营住宅入住者相互调换住处对双方有益。[①]

公募住户时必须采取让所有人能够知晓的方式进行，例如在大众媒体上发布通告；或者把申请表以明信片的形式寄达辖区住户，申请者填好寄回，等待通知；或者把申请人集中起来，当场抽签决定。

（二）考察申请人

在入住申请者数量超过可以容纳的公营住宅户数的情况下，地方首长必须调查住宅困难实况，依据政令规定的选择基准，以公正方法选择入住者。

由于公营住宅房租低廉，申请入住者较多，时常供不应求。符合《公营住宅法》中规定的入住资格者，未必全部申请得到。在无法满足全部申请者需求的情况下，一般采用抽签方式在符合条件的申请者中选取入住者。但也根据具体情况的轻重缓急恰当安排，优先照顾的顺序是必须接受护理的人—新婚者—普通人，对于住宅贫困度特别高者、收入低的老人家庭、单亲母子家庭、残疾人家庭等给予特别照顾，优先接受他们的申请。各地公募公营住宅住户时，有的申请者一次申请就成功，也有的多次

[①] 「公営住宅制度の概要について」、http://www.mlit.go.jp/jutakukentiku/house/singi/koutekishoui/3-sankou.pdf、2013年2月1日検索。

申请仍得不到房屋，还有个别申请书寄出后四五年都没有回信的。① 申请者数量与公营住宅数量之比为应募倍率，从横滨市 2012 年 4 月 11~20 日的统计数字看，不同地段应募倍率差异很大，倍率最高的中区、西区、南区共收到 267 份申请而只有一套住宅供应，应募倍率为 267，倍率最低的泉区也达到 10.7，全市 124 套住宅共收到 3577 份申请，平均应募倍率达到 28.85。②

第四节　公营住宅的优势

公营住宅是对社会最低收入层住房困难户的住房保障制度。受制于地方财力，尤其是经济快速发展阶段土地和材料、工资成本上升很快，公营住宅建设经常遇到困难。而且日本从资源配置的效率出发，采取以鼓励国民自有住宅为主的政策导向，相对欧美而言，日本全国住宅总数中公共住宅比重较小，公营住宅在居住水平上与自有住宅存在差距，平均每套住宅的建筑面积小很多。但是对入住的社会弱势群体而言，公营住宅具有显著的优势，主要体现在以下几个方面。

一　房租低廉

公营住宅租金价格，根据入住者年度收入申报，适应入住者的收入及其住宅的位置、规模、房龄等情况，而且低于近旁同种住宅租金，由地方政府按照政令规定确定。如果没有入住者本人提交的收入报告，地方首长可以向其本人、其雇主、同事或身边的人要求报告收入状况。如果入住者坚持不配合，则他所住的住宅房租跟近旁同种房租相同。近旁同种住宅房租价格，是地方政府在考虑了近旁同种住宅的时价、修缮费、管理费等后根据政令每年度确定的。公营住宅的房租计算公式是：房租估算基本额（根据收入确定）×位置系数×新旧系数×便利性系数。减去政府补贴

---

① 「公营住宅、何回目で当選しましたか？まだ数回应」、http：//detail.chiebukuro.yahoo.co.jp/qa/question_detail/q1219158092、2012 年 6 月 19 日检索。
② 「市営住宅応募状况表」、http：//www.yokohama-kousya.or.jp/siei/pdf/shiori/bosyunoshiori-xs-201210-04-1.pdf、2013 年 1 月 29 日检索。

后，公营住宅承租户实际支付的房租一般不超过市场租金的一半，甚至低于三分之一。1983年公营住宅平均月租金13222日元，只相当于民营木结构住宅（属低档租赁住宅）平均月租金28998日元的45.6%。单位面积（每叠）房租为民营住宅的42.14%。在大都市，公营住宅的租金优势更显著。1983年东京住宅的平均月租金，公营住宅为17297日元，只有民营木结构住宅49170日元的35.2%；每叠月租金公营住宅为1067日元，仅为民营木结构住宅租金3561日元的30.0%。[①] 而且，政策还设定了不少减免房租的情况。例如，在公营住宅不再继续使用而要拆除前，当需要原居住者搬迁至其他公营住宅之际，如果新宅房租高于旧宅，在必要时应该降低新宅房租。在入住者患病或者其他特别情况下，可以减免房租。

二 房租价格稳定

与民间租赁住宅价格随经济波动而频繁变化相比，公营住宅租金要稳定得多，即使在20世纪80年代后半期日本不动产价格暴涨的泡沫经济时期也不例外。1987~1990年，日本47个都道府县所在地的最高临街地价的平均值同比增长率分别是19.6%、23.7%、28.0%和28.7%。[②] 而公营住宅租金，1983~1990年年均上涨率仅为4.4%。就是在地价、市场房价上涨高峰期的1989年和1990年，公营住房租金的上涨率也只有5.3%和3.3%。[③] 公营住宅给低收入群体提供了居住保障，避免了市场房价急升给弱势群体的居住造成冲击。这给抗风险能力脆弱的社会弱势群体在经济起伏剧烈的时期提供了很好的安全保障。

三 住宅交通便利

公营住宅的选址一般在铁道、公路等车站附近，充分考虑出行便

[①] 城戸喜子：「住宅政策評価への再分配の視点——住宅補助受給層の分析」、社会保障研究所編『住宅政策と社会保障』東京大学出版会、1990、99頁。

[②] 杨霄、孙平：《回顾历史：日本房地产泡沫危机带给我们的启示》，《金融经济》2008年第9期，第23页。

[③] 国家计委价格司：《日本房地产价格管理对我国的启示》，《宏观经济管理》1999年第9期，第45页。

利。2008年的土地住宅统计结果显示，每天通勤途中所需时间在30分钟以内者的比例，公营住宅居民达64.14%，远高于自有住宅居民的49.10%，也比民间租赁住宅居民高。而通勤需要一小时以上者，公营住宅居民比例最小，不足自有住宅的一半（见表2-1）。公营住宅给了弱势群体利用公共交通等资源的更多便利，也可看作对社会财富二次分配的一种形式。

表2-1　家庭主要收入者为被雇用者的通勤时间比较

单位：%

平均通勤时间	15~30分钟	30~60分钟	60~90分钟	90~120分钟
全体平均	52.34	28.89	12.32	3.10
自有住宅	49.10	30.09	14.26	3.95
公营住宅	64.14	26.34	6.96	1.46
民营木结构租赁住宅	62.06	25.77	8.63	1.82

注：在家上班、通勤时间2小时以上者，占比例极小，表中省略未列出。

数据来源：「住宅の所有の関係（8区分），家計を主に支える者の従業上の地位（3区分），通勤時間（10区分）別家計を主に支える者が雇用者である普通世帯数（家計を主に支える者が商工・その他の業主である普通世帯数 - 特掲） - 全国（平成10年~20年）」，http://www.e-stat.go.jp/SG1/estat/GL08020103.do?_toGL08020103_&tclassID=000000102 9530&cycleCode=0&requestSender=search、2012年5月26日検索。

四　住宅建筑质量较好

在日本，整体上租赁住宅的质量不如自有住宅。但在租赁住宅中公营住宅的建筑质量、住区环境都好于一般民间租赁住宅。建设省制定有《公营住宅建设基准》，作为事业主体的都道府县、市町村在建设公营住宅和附属公用设施时，必须参考国家规定的公营住宅质量标准。公营住宅虽然面积不大，但是所用材料、施工都有规定，厨房、卫生间等功能分区完善，且至少有两个卧室。在连片土地上集中建造50户以上住宅时，都有配套的公用设施。住宅、公用设施都具备耐火性能。[①] 比起同年代建造

---

① 本間義人：『戦後住宅政策の検証』信山社、2004、136~137頁。

的同样结构的建筑物，一般说来公营住宅质量好的较多。公营住宅区建设成为后来住宅公团小区建设的示范。

五　可以继承等其他利益

公营住宅除了租金低廉、质量较优、位置好等优点之外，其用户还有其他一些利益。根据1994年9月29日第17号住宅局通知，原则上，在入住名义人死亡或离婚、出现继承情况时，入住名义人的同住亲族（从入住开始日至继承事由发生时持续居住者及其配偶）可以继承。[①] 地方政府在准备翻建公营住宅、拆除住宅而需要住户搬家时，对于在该住宅居住的最后住户，根据建设省规定，必须支付通常必要的搬家费。在公营住宅不再继续使用而要废止拆除前，在需要原居住者搬迁至其他公营住宅之际，如果新宅房租高于旧宅，在认为有使该居住者居住安定的必要时，根据政令应该降低新宅房租。在入住者患病状况下或者其他特别情况下，认为必要时，可以减免房租。事业主体可以向入住者征收相当于三个月房租的押金。在押金运用产生利益时，必须用于入住者公共利益，例如把利益充作建设公共设施所需费用。地方政府不能收取房租和押金之外的其他金钱，或者让居民承担不当的义务。

为了对低收入阶层中的特困阶层加以特别对待，《公营住宅法》1951年版中把公营住宅分为"第一种公营住宅"和"第二种公营住宅"。[②] 第二种公营住宅面向特困阶层，规定享受生活保护家庭优先入住，租金更为低廉，当然在房屋的面积、结构、材料等方面也相应地降低标准。如第一种公营住宅的三居室标准面积为70平方米，第二种公营住宅的三居室标准面积为66.7平方米。中央政府对地方政府的补贴标准也有所区别，对

[①] 「公営住宅制度の概要について」、http：//www.mlit.go.jp/jutakukentiku/house/singi/koutekishoui/3-sankou.pdf、2013年2月1日检索。

[②] 公营住宅入住标准的第一种、第二种乃根据家庭月收入确定，随着国民收入的变化而调整。月收入不包括奖金，按照过去6个月的平均收入计算。1951年的标准是，第一种指月收入2万日元以下，标准家庭（四口人）毛收入2.3万日元以下者；第二种是基准额为1万日元、标准家庭毛收入为1.3万日元以下的家庭。若抚养亲属，则按每一位亲属扣除1000日元计算。

第一种公营住宅的补贴标准为二分之一，对第二种公营住宅的补贴标准为三分之二。

第五节 居住者的责任

公营住宅是利用公共财政资金建设、管理和维护的公共资源，在住用者享受低廉房租等福利的同时，法律也规定了公营住宅入住者的义务和责任。

公营住宅住户必须维持住宅及公共设施的正常状态，不可把自己居住的公营住宅转借他人或者把入住权利让给他人。不可变更住宅用途，但是在获得事业主体同意后可以与其他用途并存。未获同意，不可改变住宅的外观，也不可自己搭建。当住户自身条件发生变化后，居住资格会被重新核定。一般情况下，入住者在持续居住三年以上、收入超过政令规定基准后，就丧失了公营住宅的居住资格，一般应该搬出公营住宅。在持续居住五年以上的情况下，如果最近两年持续有超过政令规定的高收入，则政府可以要求居住者在规定期限内腾出。如果住户以不当手段申请入住，或者滞纳房租三个月以上，或者故意损毁公营住宅或者其公共设施等，事业主体可以要求公营住宅住户迅速腾出该公营住宅。有时客观条件的变化也会导致公营住宅住户的变动。在因翻建而必须拆除现存公营住宅时，在说明情况后可以要求住户在规定期限内搬迁。期限必须从发出请求的次日起算至少三个月。

一般情况下，公营住宅仅限居住者本人及其亲族住用。亲族原则上限入住者名义人的三亲等①（包括预约结婚者）。在住户收入超过标准而退出或者住户死亡的情况下，公营住宅由事业主体收回，非配偶、非自始至终同住的人不能继承，同住不满一年者也不能继承。东京都的政策是，住用都营住宅的家庭，双亲亡故后，成年子女须于三个月内退房，未满18岁的子女可以继续居住。2005年度国土交通省通知，公营住宅的名义继

---

① 日本亲等的划分：本人及配偶的父母、子女为一亲等，兄弟姐妹、祖父母、孙子女为二亲等，曾祖、曾孙为三亲等等。

承限定在配偶间，有的地方废除了亲子间的名义继承。

虽然如此，法律同时规定了对于住户的保护措施。公营住宅居住者如果有患病或者其他特殊情况，经管理者许可，可以接收亲族（包括虽无婚姻登记而存在事实婚姻者、其他预备结婚者）以外者共同居住。居住者出现死亡、退出的情况时，当时的同住者可以根据规定，在得到事业主体许可后，继续居住于该公营住宅。政府要求腾出公营住宅时，必须通过说明会等方式，向住户说明充足的理由，力求获得住户的合作。因拆迁旧房而需要住户搬迁时，地方政府必须向其提供必要的临时住处，还必须努力安排住户搬迁至其他合适的住宅。当该住户希望入住公营住宅以外的其他公共住宅之际，政府必须对之加以特别考虑，以便其入住。公共租赁住宅（指地方政府、都市再生机构或者地方住宅供给公社建设的租赁住宅）的管理者必须对政府的措施予以合作。搬家费用由地方政府支付，而且可以根据情况需要预先支付。

第六节　对公营住宅的评价

经过长期不懈的建设，日本公营住宅数量已经比较充裕。在 2010 年的调查中，日本共有 5105.5 万户居民，其中居住于自有住宅中的占 61.9%，租赁公营住宅的占 4.2%、民营住宅的占 28.1%，另外租住于都市再生机构和地方住宅公社者占 1.8%、职场住宅[①]者占 2.8%，合租者（借间、借室）占 1.1%。[②] 公营住宅利用者计 214.43 万户，低于公营住宅存量，约有 5 万套公营住宅空置。在全国住宅总数中，公营住宅所占比例不大，自有统计以来始终在 5% 上下徘徊：在 1973~2003 年每五年一

---

① 职场住宅：日文表述为"給与住宅"，是日本企业、政府机构等为自己的职员提供的住宅，是劳动报酬的一部分，租金低廉，包括社宅、公务员宿舍、寮、寄宿舍等。中文出版物有的译作"单位低租金住房""企业宿舍"，例如住房和城乡建设部住房改革与发展司等编《国外住房数据报告 NO.1》，中国建筑工业出版社，2010，第 27、39 页；有的译作"工资住宅"，例如〔日〕平山洋介《日本住宅政策的问题》，丁恒译，中国建筑工业出版社，2012，第 2 页。

② 「平成 22 年国勢調査・人口等基本集計結果」、http://www.stat.go.jp/data/kokusei/2010/index.htm#kekkagai。

次的统计中，1973年、1978年、1983年、1988年、1993年、1998年、2003年占比分别是4.9%、5.3%、5.4%、5.3%、5.0%、4.8%、4.7%。虽然法定的公营住宅供应对象是原则阶层25%、裁量阶层40%以下者，但是实际上住宅总量中公营住宅比例如此之低，原因之一是如平山洋介指出的那样，日本住宅政策的主流是促进社会中间阶层拥有自有房产，在政策支援的分配上带有明显的偏向。[1] 另一个原因是低收入阶层自有住房率较高，全国住宅自有率平均为六成上下，而最低20%收入分位者住房自有率达五成左右。[2] 日本人居住方式选择途径多样，租房居住者以利用民营租赁住宅为主，公共住宅比例较小，而且在公共住宅中除了公营住宅外还有公团住宅、公社住宅、职场住宅等多种可供选择。[3] 另外许多企业、官公厅等也提供住宅。

公营住宅是社会弱势群体的最低居住保障，对其评价应该根据入住居民的意见，以及公营住宅的性质进行。

一 居民多数满意

根据2008年的住宅与土地统计数据，"满意"与"基本满意"合计的住宅满意度，公营住宅达到64.6%，虽然比自有住宅的72.9%、民间租赁住宅的67.0%的满意度低，但是差距很小（见表2-2）。而且"满意"的比例公营住宅高于民营租赁住宅。作为以社会最弱势群体为对象的公营住宅，其原则是保底线，因此当前平均每套住宅建筑面积为50.9平方米，只及自有住宅平均面积122.6平方米的41.5%。虽然不同住宅中的居民回答"满意"或"不满意"的内涵可能未必一致，但根据"物中主人意"的通用标准，公营住宅满足了特定群体的需求，获得大多数居民的认可。从这点来说日本公营住宅制度是成功的。

---

[1] 〔日〕平山洋介：《日本住宅政策的问题》，丁恒译，中国建筑工业出版社，2012，第2页。
[2] 社会保障研究所编：『住宅政策と社会保障』東京大学出版会、1990、86頁。
[3] 周建高：《日本公共政策刍论》，李卓主编《南开日本研究2013》，世界知识出版社，2013，第178~189页。

表 2-2 2008 年关于住宅及居住环境的综合评价调查结果

单位：千户

	总数	满意	基本满意	多少不满	非常不满	不明
自有住宅（持家）	35654（100.0%）	7025（19.7%）	18955（53.2%）	8300（23.3%）	1206（3.4%）	168（0.5%）
民营租赁住宅	9364（100.0%）	1458（15.6%）	4814（51.4%）	2662（28.4%）	372（4.0%）	58（0.6%）
公营住宅	2338（100.0%）	371（15.9%）	1139（48.7%）	685（29.3%）	115（4.9%）	28（1.2%）

资料来源：住房和城乡建设部住房改革与发展司等编《国外住房数据报告 NO.1》，中国建筑工业出版社，2010，第 34 页。

二　发挥了住房保障作用

一般认为，社会保障（Social Security）一词在世界上的首次使用是 1935 年美国的《社会保障法》，作为制度的建立首先是在二战后的英国。社会保障制度是针对资本主义自由竞争必然产生的分配不公现象而进行的财富再分配，为社会弱势群体提供的生活安全网。虽然，日本在经济发展过程中不同社会阶层收入趋于平均化，而且，在舆论调查反映的国民意识上，认为自己不富裕也不贫困的中流意识在国民中的比例，从 1955 年的 42% 大幅增加到 1972 年的 73%。[①] 在先进资本主义国家中，日本在社会财富分配上比较平等。即便如此，相对贫困的群体始终存在。不仅失业、疾病、年老造成贫困，而且产业结构调整也造成具有地域性的贫困岛、贫困带。在经济高速发展时期的 20 世纪 50 年代末，东京的铁道沿线到处都有简易棚舍住宅。1977 年全国平均生活保护率（总人口中达到生活保护线者的比例）为 12.2%，而福冈县为 43.3%，北九州市为 42.4%，冲绳县为 27.2%。即使大都市也有"灯下黑"的角落，同年在双职工密集的东京都江东区辰己团地，接受生活保障的家庭达到 10%。[②] 城市化过程中必然出现住房困难群体，东京间借人协会于 1970 年 10 月 4 日在东京

[①] 王振锁：《日本战后五十年（1945~1995）》，世界知识出版社，1996，第 243 页。
[②] 小仓襄二・真田是编『貧困・生活不安と社会保障』法律文化社、1979、24~26 頁。

都日比谷的野外音乐堂举办的"给我住宅都民大会",就是住房困难群体要求拥有象征做人尊严的居住权的反映。而且日本由于人均土地资源紧张,从新建住宅平均价格与家庭平均年收入之比看,与欧美主要大国相比显著较高。虽然日本国民收入与经济发展同步增加,但是面对快速上涨的土地价格,尤其在大城市生活的人购买住宅也绝非易事。这种情况下,公营住宅给社会弱势群体提供了居所,节省了居住支出。统计显示,日本居民家庭居住费用支出占总收入的比例,1975年公营住宅仅为2.2%,比民营租赁住宅的7.6%低得多。这个比例此后虽然上升,至2008年公营住宅达到了9.3%,但比起民营租赁住宅的14.2%、自有住房的16.8%都低得多。[①] 从这点看,公营住宅提供了切实的居住安全网。

三 引领住宅质量提高和城市化发展

公营住宅改变了日本住宅样式。传统日本住宅结构简单,功能分区不足。公营住宅的设计都是食寝分离、性别分离,而且创造了带餐厅的厨房,并且在住宅不燃化、中高层化以高度利用土地方面起了先导作用。有的地方,公营住宅成为先驱性的建筑,成为地方建筑、住宅的模范。例如1986年的爱知县足助町桑田团地、1992年的长崎县谏早市的けやき团地等。公营住宅作为集团住宅团地在城市发展中发挥了很大作用。特别在大都市圈的郊外,不少城市是以包括公营住宅在内的住宅团地为核心发展起来的。

四 公营住宅存在的问题

(一) 居住水准较低

(1) 住房质量差。上述公营住宅质量较好是相对于民间租赁住宅而言的。但是如果放在全部各类住宅中比较,公营住宅质量较差。首先是面积较小。根据2002年数据,公营住宅的面积全国平均低层74.7平方米、

[①] 住房和城乡建设部住房改革与发展司等编《国外住房数据报告 NO.1》,中国建筑工业出版社,2010,第119~121页。

中层耐火 85.5 平方米，而自有住宅平均是 116.8 平方米。制度起步阶段面积更小。1957 年 IFHP（国际住宅·都市计划会议）制定的公共住宅最低居住水准是 3~5 人的标准家庭 69.2 平方米，日本的公营住宅是进入 20 世纪 90 年代后才超过这个标准的。① 其次是房屋和设施老旧。今天，公营住宅已有不少较为陈旧，也很少维修。② 如有个网名为"sadakatay"的人曾经住在房租 4500 日元的独立市营住宅中，虽然便宜，但是透过柱与墙壁的缝隙可以看清室外，冬季寒冷。浴缸、热水器、厨房、纱窗等设备基本上由居住者自行添置，有故障时也是自己解决。③（2）居住环境差。公营住宅用户对于居住生活常见的不满有：邻居儿童奔跑、使用吸尘器产生的生活噪音；住宅面积狭小，儿童活动范围小；公营住宅多是多层集合住宅，住户密集导致个人生活私密性差；不同性格的人紧挨着居住，互相影响；有些居民缺乏教养、不守礼仪规则。同时，作为社会弱势群体安身之所的公营住宅，收容了精神病人，也影响居民的生活。另外有些公营住宅区还有暴力团、文化不同的外国人等。因此，公营住宅的住户往往在收入增加或者孩子多了后就搬离了。

（二）福利被滥用

公营住宅一般以住房困难的低收入户为供给对象，因居住成本低，也出现了一些穿西服、用名牌包、乘坐高级车的收入不低但贪图公共福利的居民。因此日本于 1959 年导入收入超过者制度，对于入住之后收入水平超过上限标准的承租人，《公营住宅法》规定其必须在三年之内搬出公营住宅，在搬出之前对其租金水平按规定进行上调，以体现公营住宅的政策目标。

（三）地域分布不均

公营住宅是全国建设供应的。1998 年，制定有公营住宅建设计划的地方政府，包括都道府县、市町村在内达到 1300 个以上。根据建设情况

---

① 本間義人：『戦後住宅政策の検証』信山社、2004、168 頁。
② 「公営住宅と一般賃貸住宅」、http://detail.chiebukuro.yahoo.co.jp/qa/question_detail/q1414661234、2012 年 6 月 19 日檢索。
③ 「公営住宅、県営住宅、市営住宅について住んだこ」、http://detail.chiebukuro.yahoo.co.jp/qa/question_detail/q1167680601、2012 年 6 月 19 日檢索。

看，地域差别较大。在最低居住水准以下家庭较多的大都市圈例如东京、大阪，公营住宅的建设不能满足需求。

（四）供不应求

与最低居住水准以下家庭总数相比，公营住宅存量太少。因此很多低收入的住房困难家庭无法入住公营住宅。例如东京都，公社住宅入住者的30%相当于公营住宅入住阶层，而公营住宅入住者中的40%是收入线以上的家庭。抽签决定入住者而且中签比例很低，使真正住房困难的人没有入住机会，而居住着公营住宅的人中有些收入提高了却不肯搬出，造成了不公平的现状。

公营住宅制度作为日本基本的住宅保障制度，在建立至今的长时期中经历了许多修改。1969年确立了公营住宅的翻建制度。临近21世纪之时，针对高龄化加速等社会变化，1996年建设省大幅修改了住宅法。关于入住资格，废除此前的第一种、第二种的区别，对于高龄者、残疾人等，提高收入基准线，属于全社会收入阶层的40%以下者均可申请。不仅个人、家庭可以申请入住，从事一定的社会福利事业的社会福利法人等团体也可申请使用公营住宅。[①] 为了让地方政府能够主动地实施，2000年创设了"公营住宅资产综合改善事业"，目的是充分利用既有资产更有效地提供公营住宅，改善分配方法。另外，还实施了"公营住宅等建设费综合补助"政策。[②] 2011年3月11日东日本大震灾发生后，面临灾民救济与灾区重建的繁杂任务，公营住宅制度又一次被全面反思，《公营住宅法》做了许多修改。

[①] 川池智子ほか編著『現代社会福祉概論』学文社、2001、243~244頁。
[②] 「質な賃貸住宅の供給」、『建設白書2000』、http://www.mlit.go.jp/hakusyo/kensetu/h12_2/h12/html/C2602300.htm、2013年1月15日検索。

第三章　支援中间层住宅政策之一：
公库住宅

　　任何时代、任何社会，满足衣、食、住、行等基本生活需求，对高收入者而言都不是问题，而对低收入者而言可能就是问题。尤其住房，不仅对于为温饱挣扎的低收入群体而言是个重大问题，而且对于城市中为数众多的中等收入工薪族而言也是沉重负担。古代国家基本上是少数家族的私有财产，朝廷考虑的主要是江山如何在家族中传承，百姓生活不在其考虑范围内，穷苦无告者造反的结果多是鱼死网破，或者更换为另一个家族统治，国家总是在建设与毁坏之间循环。近代国家的基本职能是向国民征税然后为国民提供公共服务，以保护公民的生命、财产和自由等。通过社会政策调节资源分配，以维护整体的社会稳定秩序。因此，社会保障和福利事业于20世纪在先进国家获得长足发展。住宅关系人的基本需求和尊严，不仅是个人、家庭的问题，也是社会、国家的问题。日本通过公营住宅制度给低收入者提供了居住保障，面对产业化、城市化过程中出现的大量工薪族的住房需求，则通过住宅金融公库、住宅公团、住宅公社等多种制度组合的住宅政策，既促进了国民居住条件的改善，又促进房地产经济发展。在支援社会中间层解决住房问题的多种政策工具中，住宅金融公库发挥的作用最大，是最主要的住宅制度。

第一节　住宅金融公库的建立

　　日本人的实物资产，一是土地，二是住宅。在西方国家阵营中，日本人住宅自有率较高。橘木俊诏指出其原因在于，战前与战后初期，日本人大部分从事农业和商业，他们都是在自己土地上拥有住房并且营业，子女继承土地房产是根深蒂固的习惯。日本土地价格上升率比名义 GDP 高，因此许多人希望拥有土地以获得更多资产。遗产税中，对于百姓来说实物资产比金融资产更有利。拥有房产能够节约所得税。居住在郊外带庭院的独立住宅里是日本城市工薪族的理想，如果土地价格太高而承担不起，退而求其次是购买公寓住宅。人口多的家庭在住宅市场难以获得合适的租赁住宅，也促使他们想方设法自己建造或者购买住宅。租赁住宅主要供应给流动较多的学生和青年。[①]

日本尽管民间金融机构不少，有都市银行、地方银行、信托银行、信用合作社等，但是在战后初期国家政策全力以赴恢复生产的情况下，民间金融机构资金大多被吸引到大型重化工业和制造业企业，住宅金融没有得到重视。专门从事住宅金融服务的机构，美国有储蓄贷款协会，英国有建筑社，德国有住房储蓄银行等，但是日本从来没有过从事住宅贷款的专业金融机构。这导致尽管战后初期住宅紧缺，但是住宅建设得不到必要的资金支持，进展缓慢。

在国民普遍贫困的情况下，为了促进住宅建设，让更多国民拥有自己的住房，日本于 1950 年制定了《住宅金融公库法》，设立了政府全额出资的政策性金融机构住宅金融公库（Government Housing Loan Cooperation，GHLC）。它是专门为政府、企业和个人建造或者购买住宅提供长期、固定、低息贷款的公共机构，接受建设省和大藏省双重领导。在运行了半个多世纪后，由于经济社会状况的剧烈变化，当初设立时的条件的丧失，加之自身经营方面存在的问题，该机构于 2007 年 3 月 31 日被废止，其业务由新机构独立行政法人"住宅金融支援机构"继承。

住宅金融公库由当时的大藏大臣池田勇人推动建立。鉴于单纯靠民间力量对资金有限的个人提供长期的住宅金融在多数国家都比较困难，而从政策层面给予支援。住宅金融公库的资金是通过财政投融资制度和财投债

---

① 〔日〕橘木俊诏：《日本的贫富差距——从收入与资产进行分析》，丁卫红译，商务印书馆，2003，第 97~99 页。

筹措的。最初资本金 150 亿日元中的 50 亿日元为财政资金、100 亿日元为抵押金。在 2000 年之前，公库资金主要是财政投资以及来源于养老金、邮政储蓄存款、简易保险等的融资。每年政府在财政投融资计划中决定当年的贷款额和预定贷款户数。公库以低于财政投融资借款的利率放贷，利率差额由中央财政以补助金形式解决。①

第二节　住宅金融公库的业务

公库设立的目的，根据最初的《住宅金融公库法》，主要是：(1) 为国民大众的住宅建设、宅基地取得和宅基地平整融通资金；(2) 为产业劳动者住宅建设融通资金，提供住宅融资保险业务；(3) 为建设带有住宅的中高层耐火建筑融通资金。通过政府的财政投融资体制将更多的低成本的长期社会资金引入与民生相关的住宅领域，为那些难以从商业银行获得信贷的开发企业和个人提供住房资金支持，弥补民间融资长期资金不足和来源不稳定的缺陷。住宅金融公库的业务内容与时俱进，几乎每年都有变化。上述三大项业务也是逐步形成的，其中第一项业务一直是公库业务的核心部分；第二项业务是由于 1950 年前后产业劳动者住宅非常缺乏，为了建设职场住宅而融资，根据 1953 年制定的《产业劳动者住宅资金融通法》和为了扩大民间住宅金融于 1955 年制定的《住宅融资保险法》而开展的业务；第三项业务是 1958 年增加的业务，背景是日本于 1955 年开始推广都市建筑不可燃化、提高城市土地利用率。

公库的主要职责是制订年度住房贷款计划，确定贷款投向、分配比例，确定借款标准，强化对各项委托业务的管理。公库的金融业务主要委托给资质合格的民间金融机构，大多是分布在东京、大阪、名古屋三大城市群的大银行。由商业银行负责借款人资质的审核和贷款的回收。个人住房贷款的主要客户群是中等收入者，一般借款人的条件是：购建住房用于自住，得不到其他银行贷款，建房贷款要有建设用地抵押，月收入是月还

---

① 凌维慈：《公法视野下的住房保障——以日本为研究对象》，上海三联书店，2010，第 66～67 页。

贷额的5倍，有担保人，住房建筑面积30～100平方米，首付比例为25%～40%，期限15～35年，拥有第一抵押权等。对法人借款人（公营或民营开发企业）的资格审查包括建设计划、资金计划、偿还能力和偿还计划等是否切实可行等。与住房开发建设、住房质量等相关业务则委托地方公团来审查，包括建筑标准、节能环保、房屋质量、施工监理和完工验收等。

住宅金融公库向建设、购买住宅的个人、企业进行长期固定低利息的融资。实际运作中，融资申请、贷款归还在代理店银行、信用公库等完成，对融资申请的审查和资金发放由公库进行。住宅金融的提供主体可分为公共住宅金融与民间住宅金融两大块。在日本，公共的住宅金融机构就是住宅金融公库，还有年金福祉事业团等。民间的住宅金融机构有都市银行、地方银行，另外还有信用金库、生命保险会社、住宅金融专门会社（简称住专）等。

20世纪70年代住宅金融专门会社等非银行金融机构[①]开展住宅贷款业务，20世纪80年代银行、信用金库、生命保险会社等企业也开始涉足住宅贷款，或者扩大住宅贷款规模。尽管有它们的竞争，但是住宅金融公库起初对于贷款对象在职业、年收入、资产等条件上很严格。另外，一般说来，公库融资审查将重点放在住宅结构、评估价值等方面，只要收入与借款余额之间有一定剩余就可以得到融资，再加上长期固定利率，20世纪90年代以后开始实行阶段制利率制度，降低了最初10年的利息负担，因此21世纪初住宅金融公库的住宅融资占全社会住宅融资总额的近四成。

20世纪70年代住宅资金需求旺盛，银行业务以面向重化工产业为主而缺乏面向个人的贷款种类，小额贷款手续复杂而且利率高，对民间住宅贷款兴趣不大。在大藏省主导下，由多家银行等金融机构共同出资，设立了专门从事住宅金融的公司，即住宅金融专门会社。日本面向普通个人（工薪阶层）的住宅贷款在20世纪70～80年代，渐渐由住专承担转向由银行等金融机构承担。银行开始了不动产担保融资。银行等吸收存款的金融机构的住宅贷款利率是与市场利率联动的，放贷之际对于借款人的职业、收入、首付款等标准比较严格，并非人人都可以利用。对于不符合商业银行住房贷款条件

[①] 银行是吸收存款然后放贷的金融机构。住宅金融专门会社不吸收存款，主要从事面向个人的住宅贷款业务。20世纪70年代开始日本住宅金融产品日益丰富，类似住专的机构还有日本住宅金融、住宅贷款服务、日本居住贷款、第一住宅金融、住总等多家。

而需要解决住房问题的人们，住宅金融公库提供了帮助。公库对于借款人的条件要求较低，在阶段制利率制度和住宅政策条件下贷款利率比较低。因此在住宅贷款市场上，2001年之前住宅金融公库占据压倒性优势。

住宅金融公库是独立于政府的特殊法人，专门从事政策性住宅金融服务。它属于准官方机构，自成体系，责权利依法清晰界定。按金融企业的运作方式经营，但是不同于一般民间金融机构，它不直接吸纳存款，不以盈利为目标，而是服务于政府的住房政策目标。它不像民间金融机构那样由中央银行即日本银行监管，而是由大藏省和相关产业主管部门监管（最初主管部门是建设省，后移交国土交通省）。住宅金融公库总裁经内阁批准后由大藏大臣任命。

住宅金融公库营运资金来自日本独特的财政投融资体制。这是一种为了实现社会经济发展、提升国民福利水平等政策目标，将长期的邮政储蓄、福利养老金、国民养老金和简易保险等靠国家信用归集起来的资金与财政预算资金相协调，有偿借贷给公共团体、符合政府住房政策的民间住宅开发企业和个人的运作体系。

住宅金融公库的资金主要来源于：（1）财政投融资贷款；（2）中央政府给予的息差补贴；（3）以公立法人名义发行的特殊债券；（4）回收的借贷资金等。日本财政投融资体制每年向社会提供的贷款规模庞大，这些贷款投放领域有改善生活环境、社会福利、文教、中小企业、农林渔业、救灾、道路交通、产业技术、对外贸易和地方经济发展等，住房相关贷款余额在总金额中所占份额最大。在各种公库中，住宅金融公库也是从财政投融资体制中获得资金支持最多的机构。

第三节　公库融资的规则

一　融资对象

公库融资对象没有收入、身份限制，融资用途起初限制较多，后来逐步放宽，1970年开始对高层分期付款商品住宅（分让住宅[①]）发放贷款，

[①] 分让住宅：一般把一批住宅按栋分别销售时，比作宅地分割让渡而称作分让住宅，即指为让渡所有权而建的住宅。既有一次付清销售的，也有以分期付款方式销售的。

1971年以后正式开始对城市开发、民间分让住宅小区（团地）放贷。公库贷款可以用于个人建设独栋住宅，购买公寓住宅、二手房，翻修改造住宅，也可以用于购买第二套住宅。目前公库贷款对象主要包括以下四类：（1）建造或购置私有住宅的个人；（2）建造租赁用住宅的个人（或法人）以及地方住宅供给公社；（3）建造出售用住宅的地方住宅供给公社或民间开发商；（4）从事旧城改造的企业等。公库以支持第一类即私人建造或购买住宅为主。经过数十年的建设，日本住宅缺乏的问题得到解决，民间对公库融资需求减弱，现在不限于个人，学校、公园等公共设施建设等很多方面都可利用金融公库。

根据公库对1950年11月第一批签订完放贷合同的25825人为对象的调查，申请贷款者的职业，公司或商店就业者占50.6%，比例最高；其次是公务员占20.4%，个人经营者占13.6%。从月收入看，1万~2万日元者占61%，2万~3万日元者占16%，1万日元以下者占17%，即收入1万~2万日元是当时的中等收入者。在他们建造的住宅中，18坪（59.4平方米）以上的专用住宅占42%，15~18坪（49.5~59.4平方米）的占26%，12~15坪（39.6~49.5平方米）的占20%。

二 融资期限、利率

为了保障申请公库融资建造或购买住宅者的基本生活，公库规定融资月还款额不得超过月收入的20%，贷款额度可达房价总额的60%，贷款利率只有民间银行的三分之一左右，而且不同于民间银行的利率浮动制度，公库利率固定，贷款的偿还期最长可达35年，借款人可选择等额本息分期还款或等额本金分期还款。[①] 还款困难者，还款期限可以在原有基础上延长10年。为了维持公库融资的低利息，从1965年以后，对于公库融资利息与财政投资利息之间的差额，由政府每年给金融公库政策性利息补助金。这种补助金在1985年之前增长很快，从1975年的527亿日元猛涨到1985年的3413亿日元。1975~1999年，政府给予公库的补助金合计

[①] 等额本息分期还款把按揭贷款的本金总额与利息总额相加，平均分摊至还款期的每个月。等额本金分期还款是在还款期内把贷款总数等分，每月偿还等量本金和剩余贷款在该月所产生的利息。等额本金分期还款可能最终还款总比比等额本息分期还款少，但初期还款数额较高。

达到了 8.367 万亿日元。

日本政府利用公库这种金融政策工具，引导住宅建设适应社会变化和发展的要求。在贷款利率的设定方面，1996 年开始对适应人口老龄化、符合无障碍设计要求的住宅和节能住宅等实行优惠利率。在建设省 1998 年制定的面向高龄者特优租赁住宅制度中，凡是建设面向 60 岁以上高龄者的租赁住宅，由国家和自治体补助全部建设费的二成，剩余的八成建设费如果向住宅金融公库融资，则可从地方政府获得 2% 的利息补贴。[①] 自 2000 年度开始，又增加了对耐久性符合一定标准的住宅的利率优惠，以及在住房价格昂贵的大城市地区对首次购建住房者提供利率优惠。另外，所有优惠条件仅限于贷款后的前 10 年，以及住宅建筑面积在 175 平方米以下者。接受贷款者前一年的收入如果超过 1200 万日元，也不能享受利率优惠。[②]

第四节　公库的业绩

在公库成立初期，每年提供贷款的住宅为 8 万套左右，以后逐年增加，1970 年时达到年 25 万套，高峰的 1994 年达到了 99 万套左右。到 2002 年度末，公库在设立以来的 52 年中共发放贷款户数 1890 万、融资金额 177.37 万亿日元，以公库融资建设的住宅占日本住宅存量的约 30%。融资主要面向个人住宅，个人住宅融资在公库的融资户数中占 75.2%，在融资金额中占 84.0%。

表 3-1　1950~1998 年公库融资合同户数、金额

年度	融资合同户数（万户）	融资合同金额（亿日元）
1950	7	152
1951	5	186
1952	4	159
1953	7	253

[①] 川池智子ほか編著『現代社会福祉概論』学文社、2001、245 頁。
[②] 林家彬：《日本公共住宅供给政策及其启示（上）》，《中国经济时报》2006 年 10 月 16 日。

续表

年度	融资合同户数（万户）	融资合同金额（亿日元）
1954	4	159
1955	5	190
1956	8	257
1957	9	322
1958	10	373
1959	9	441
1960	10	457
1961	10	490
1962	11	628
1963	12	725
1964	13	985
1965	17	1362
1966	17	1458
1967	20	1744
1968	22	2106
1969	25	2495
1970	25	2888
1971	28	4085
1972	30	5296
1973	31	7440
1974	37	11074
1975	40	15131
1976	37	15280
1977	48	20841
1978	61	28634
1979	58	30567
1980	54	30641
1981	51	31671
1982	57	38295
1983	50	34400
1984	49	33835

续表

年度	融资合同户数(万户)	融资合同金额(亿日元)
1985	48	34828
1986	52	43526
1987	55	54865
1988	55	57805
1989	55	64743
1990	55	64789
1991	54	60035
1992	55	69826
1993	77	118445
1994	99	170798
1995	64	113567
1996	83	146475
1997	52	91153
1998	54	101603

资料来源：本間義人『戦後住宅政策の検証』信山社、2004、90頁。

在20世纪80年代后半至20世纪90年代前半的泡沫经济时期，全国平均的住宅价格高达家庭年收入的7~8倍，而东京、大阪等大都市更比全国平均值高许多。购买住宅对普通工薪族来说是笔很大的支出，因此大多数购买住宅的人都利用贷款。根据日本国土交通省住宅局《2007年度住宅市场动向调查报告书》，在全国平均的住房贷款年还款额方面，自建住宅为129.6万日元，分让住宅为136.8万日元，二手住宅为94.5万日元。还贷额占家庭年收入的比例，自建住宅是20.4%，分让住宅为21.0%，二手住宅为17.5%。[①]

为了维持公库融资的低利息，从1965年度以后，对于公库融资利息与财政投资资金利息之间的差额，由政府每年给金融公库政策性利息补助金。从1966年开始的住宅建设第一个五年计划，公库融资住宅在其中就占了很大比重。第一期在总共270万户中占108万户，第二期在总383万户中占137万户，第三期在总350万户中占190万户。1970年开始发放高

---

① 吴东航、章林伟主编《日本住宅建设与产业化》，中国建筑工业出版社，2009，第8页。

层分让住宅的贷款；1971年以后都市开发融资、民间分让住宅团地融资制度化，开始了对民间事业主体的融资；1973年开始对民间宅地开发事业融资。政府政策是让民间取得自有住宅更容易，利用公库制度顺利推进住宅建设五年计划，从而带动经济发展。推进自有住宅政策，可以促进财产积累，而且自有住宅规模比租赁住宅大，希望住宅宽敞的人因而追求自有住宅。而且，自有住宅融资还款额与租房支出的房租额差不多，促进了租房居住者转向自己建设或购买住宅。

第五节 住宅金融公库的作用

住宅金融公库的主要业务是为个人建房、购房提供金融服务，支持公营和公团建设面向中低收入者的住宅，为民间企业开发租赁性住房提供长期低息资金支持等。住宅金融公库贷款的利率参照民间银行3年定期存款利率或10年期国债利率来确定。以1996年的20年固定利率个人住房贷款为例，当年民间银行3年期存款利率为1.2%，财政投融资的贷款利率为3.3%，公库35年贷款的利率定为3.25%，低于财政投融资贷款利率0.05%的利息差额由政府财政补贴。

住宅金融公库的资金投放重点随着经济社会、住宅状况的变化而改变。战后初期重点支持民间企业和公营部门大力兴建低租金住宅，以满足社会对于住房的急需。在20世纪60~70年代日本城市化和经济高速发展阶段，融资重点是鼓励民间和公营公团兴建中高层住宅、学生宿舍、城市再开发和公共服务设施等。1986年第六个住房五年计划开始后，融资重点转向特殊住房需求、高品质住房、大城市的高层住房和个人建房购房等。公营和民营企业建设老龄住宅、节能住宅、新结构住宅等都可以申请公库的低息贷款和政府的特殊财政补贴。公库业务是根据政府的住宅政策要求、市场的住宅需求的综合考虑开展的。

住宅金融公库在促进日本住宅事业发展中发挥了重要作用。它为个人建房购房、公团兴建公共住房和民间企业兴建租赁房提供了充足的低成本资金支持。1950~2006年公库支持的住宅累计达1941万户，户数约占日本住宅总数的30%，累计提供的贷款规模达到151万亿日元。公库贷款按住房种类分，个人建房贷款占50%左右，个人购房贷款占26.9%，租赁房占8.3%，其他住房占5.8%。住宅金融公库的作用主要表现在下列方面。

（一）形成了多元住房供应体系

在日本，住房投资占GDP的比重长期维系在5%左右，在高峰的1973年更是高达8.9%。住房投资在民间投资总额中的比重更是高达13%~23%。每年新建住房套数在140万套左右，1972年最高时达到185万套。公库住宅与公团住宅、公社住宅等一起，在日本构成了多元住房供给体系和多元的住宅市场格局。

公库住宅与公营住宅不同。公营住宅是居住者只负担低廉房租的公共住宅，居住者没有还款负担。公库住宅是通过借贷资金帮助民间解决住宅问题。这种必须偿还的资金在实际运作中能够使资源得到较好利用，促进了住房供应，使住房建设得以持续。

（二）促进国民居住条件和品质的提升

住宅金融公库不仅通过提供长期低息贷款增加了住房的有效供给，还作为政策工具引导日本住宅建设从增加数量向提升品质和改善居住环境方向转变。日本政府将改善国民居住条件作为提升国民福利的重要内容。依据《城市住房规划法》，1966年日本出台了第一个住房发展五年计划。从第三个住房发展五年计划开始，住宅建设开始注重提升质量和品质。政府制定了住房面积的三大标准：最低居住标准、平均居住标准和诱导居住标准。居住标准随着经济社会的变化而修改，21世纪以来，日本住宅建设开始注重节能环保以及新材料、新技术的利用。住宅金融公库利用金融杠杆，服务于政府住房政策目标，促进了日本住房品质、节能技术和舒适性的提升。经过长期努力，现在日本新建和存量的钢筋水泥和防火结构住房的占比提升至60%以上。住宅内专用厨房、独立卫生间、浴室和冲水马桶的普及率提高到95%左右。随着新材料和新技术的应用，住房的隔热保温、供暖、垃圾处理和住区环境都有了较大的改善。

（三）形成独特的住宅金融体系

通过财政与金融手段的并用，日本创造了独特的政策性住宅金融，形成了住宅金融公库与民间金融机构并存的住宅金融体制。它为住宅业发展提供了充足的资金支持。在新建住宅的资金构成中，私人资本长期占比在

60%，住宅公库资金占 30%（个别年份曾高达 40%），公营、公团和其他公共资金占比 10%。政府投入了大量公共资源涉足与民生相关的住宅领域，对保障高地价下的中低价位住房供给产生了积极的促进作用，也为日本住宅金融市场的发展奠定了基础。①

在战后不久的 20 世纪 50 年代初期，政府与民间的资金都用于紧迫的产业复兴，无力提供长期低利的住宅金融。政府内部认为资金不足导致战后住宅建设困难，民间金融机构无法提供住宅金融，只有设立公库。住宅金融公库成为推进政府政策，即自有住宅政策的有力杠杆。这本身没有问题，问题是把住宅金融公库作为经济政策的支柱加以利用，随着对于公库的利息补助额的增加，住宅金融市场的扩大，政府和民间的金融机构都产生很大的问题，最终只得把公库的业务转移给民间机构。② 关于住宅金融公库的问题，需要专题论文甚至专著探讨，本书不拟展开论述。

第六节　21 世纪的改革

随着日本经济社会的变化，特别是城市化完成、住宅需求大幅减少，而且日本社会老龄化日益严重，住宅金融公库在不断探索改革以适应形势发展，并于 2007 年 4 月 1 日改称"独立行政法人住宅金融支援机构"（业内简称"机构"），由国土交通省与财务省共同管理。本店在东京都文京区，设立的 11 个支店是北海道支店、东北支店、北关东支店、首都圈支店、东海支店、北陆支店、近畿支店、中国支店、四国支店、九州支店、南九州支店，在除冲绳之外的所有地方开展业务。一般的住宅贷款，通过机构向民间金融机构融资，由民间金融机构提供长期固定利率贷款。机构的直接贷款仅限于民间机构贷款困难的领域。机构可以把部分业务委托给金融机构、债券回收公司、地方政府和其他政令确定的法人。

机构的业务主要是下列几项。一是支持证券化，即把住宅贷款债权证券化，请投资家投资，以便民间金融机构能够安心提供长期固定利率的住

---

① 汪丽娜：《日本住房金融公库住房保障功能的启示》，《经济学动态》2010 年第 11 期，第 126～130 页。
② 本间义人：『戦後住宅政策の検証』信山社、2004、78 頁。

宅贷款。二是融资保险业务，在民间金融机构的住宅贷款债务无法收回的情况下，由机构向民间金融机构支付保险金。三是直接融资业务。四是向打算建设住宅者提供信息，信息提供、咨询援助业务不能委托给其他机构、民间团体、地方政府。五是住宅金融公库债权的管理、回收业务。六是在紧急状况发生时满足主务大臣的要求，即在灾害等紧急状况发生时，主务大臣可以要求住宅金融支援机构采取业务上必要的措施，机构没有正当理由不得拒绝。直接融资限于下列几项，一是灾后恢复建筑物的建设、购买，受灾建筑物的修补资金的融资；二是灾害预防代替建筑物的建设、购买，灾害预防建筑物的搬迁、灾害预防有关工程的费用、住宅耐震改造资金的融资；三是为合理利用土地而需要的建筑物的建设、购买，公寓共用部分改良的资金融资；四是为建设、改良面向育儿家庭、老人家庭的租赁住宅的融资，主要为以适应老人家庭的、具备良好居住性能及居住环境为主要目的的住宅改良融资等。

第四章　支援中间层住宅政策之二：公团住宅

在中国学界，关于日本住宅制度、政策的论文有数十篇，其中关于低收入者住房保障的公营住宅以及与金融相关的住宅金融公库的文章相对较多，而对支援中间层的住宅政策例如公社住宅制度、公团住宅制度的研究成果则较为罕见。中国知网显示的以"公团住宅"为题公开发表的住宅政策文章迄今为止只有3篇，都是简略介绍，另外还有1篇硕士论文。[①] 关于公团住宅制度的专题研究似乎还是空白。在城市化快速发展、住房问题成为社会焦点的当今中国，探讨日本如何解决城市化热潮中工薪族住房问题，很有必要。日本住宅公团自设立迄今已经过60余年，随着经济社会变化，机构名称、业务内容也经历过多次更改，现在称作"都市再生机构"或"UR都市机构"，主要业务是通过制订规划、支援民间企业进行城市更新。[②]

第一节　住宅公团的成立背景与事业范围

一　战后最初10年激增的住宅需求

虽然一般把1955年作为日本经济高速发展和社会变迁的起点，其实

---

① 参见姚远《公团住宅：日本住房建设的启示》，《沪港经济》2009年第4期；李静华《日本公团住宅经验之鉴》，《中国房地产报》2011年11月14日；开彦《以日本公团住宅为鉴探讨我国保障性住房建设》，《城市建筑》2012年第1期；关玲《从日本公团住宅看中国的经济适用房》，硕士学位论文，上海外国语大学，2014年。
② 「業務概要・取り組み」，http://www.ur-net.go.jp/ir/ur_gaiyo.html、2017年2月3日检索。

战败后最初10年间日本已经出现了快速的产业化和城市化现象，产生了对于城市住宅的巨大需求。住宅需求急剧高涨主要是出于以下几个原因。

（一）人口与家庭数量快速增长

住宅需求的增加首先源于人口和家庭数量的增加。

1945年之前，日本只有1926年、1931年和1943年的人口增加量超过百万人，高峰1943年的增加量才不过102.3万人。战后人口数量年增加量是1946年360.3万人、1947年235.2万人，初期的大幅增加源于复员军人回国、外地撤退等特殊因素，1948~1955年每年增加量也达到了100多万人，与战后初期的"婴儿潮"有关。1954年日本人口8823.9万人，比1945年的7214.7万人增加了1609.2万人，增幅达到22.3%。

住宅的使用一般以家庭为单位，因此家庭数量与住宅需求的关联性更大。从家庭数量看，日本每10年增加的家庭数量，20世纪20年代、30年代、40年代和50年代分别是148.4万户、163.7万户、223.8万户、598.7万户，增加量越来越多，50年代增加的家庭数量是上个10年的2.68倍，是30年代的3.66倍。1950~1960年，普通家庭数量从1658.0万户增加到2256.7万户，10年间增加了36.1%。家庭数量增幅大于人口数量增幅，缘于农业社会向城市社会转型、生活方式和价值观变化带来的家庭小型化。

（二）城市化的急剧发展

住宅问题主要发生在城市，城市化的快速发展是催生住宅问题的又一主要因素。根据国情调查资料，战后日本人的职业结构发生了快速变化，日本从农业社会向工业化城市社会快速转型。1947~1955年，就业者总数中第一产业就业者比重从53.4%下降到41.1%；第二产业就业者比重略升，从22.2%增加到23.4%；第三产业就业者比重快速增加，从23.0%上升到35.5%。1945~1955年日本全国人口增加了25.1%，而城市人口增加了152.4%，城市人口占全国人口的比重由1945年的27.8%急剧上升到1955年的56.1%。[①] 1955年开始的经济高速发展之前，城镇规模和数量都有了较大幅度增长。战后最初10年间，日本人口百万以上

---

① 人口数据来源：矢野恒太记念会编集『数字でみる日本の100年』、2013、70頁。

的城市由 2 个增加到 5 个，除了 50 万~100 万人口的城市数量减少了 1 个外，其他规模的城市数量都有大幅增加。30 万~50 万人口的城市从 1 个增加到 7 个，20 万~50 万人口的城市从 5 个增长到 21 个。中小城市数量增加更多，5 万~10 万人口的城市从 74 个增加到 141 个，3 万~5 万人口的城市从 89 个增加到 251 个。① 日本的人口城市化先于经济高速发展，与中国城市化滞后于经济发展程度不同。1950~1955 年，东京、大阪和名古屋 50 千米半径圈人口数量增长率分别是 21.7%、15.5% 和 8.7%，远高于全国平均水平 7.3%。三大都市圈增加的人口数量占全国增加量的 64.7%。②

日本城市住宅在二战中被大量损毁，战后初期本来就存在住宅严重不足的问题，城市人口的快速增长使住房供应更加紧张。根据当时总理府（现内阁府的前身）住宅统计调查，人均住房面积不足 2.5 叠（约 4 平方米）的达到四成。多数人居住的是没有浴缸、只有一间（6 叠，近 10 平方米）或者两间（6 叠 + 4.5 叠，合计约 16 平方米）寝室的木造长屋或者木结构租赁公寓。③ 大城市主要是三大都市圈人口增长幅度远高于全国平均水平，因此住宅匮乏主要表现为城市住宅特别是大都市住宅的严重不足。

住宅公团就是在这样的背景下，旨在满足人口向城市大量集中之际出现的庞大住房需求，主要以支援工薪族解决居住问题为目的而产生的。

二 住宅公团的设立及其业务

战后日本面临人口增长和城市化带来的大量住宅需求，1950 年建立的住宅金融公库主要为国民建造或购买住宅提供金融支持，宗旨是鼓励国民拥有住宅。1951 年，随着《公营住宅法》颁布，日本建立了对于低收入阶层的住房保障制度。④ 1955 年日本经济已经达到战前最高水平，居住状况还远远没有达到战前的水平。随着产业化的高速发展，大量人口向城

---

① 矢野恒太记念会编集『数字でみる日本の100年』、2013、37~39 頁。
② 佐藤武夫・西山卯三编『都市問題：その現状と展望』新日本出版社、1969、17 頁。
③ 長谷田一平编『昭和の公団住宅』智書房、2015、196 頁。
④ 关于日本公营住宅，可参见周建高《公营住宅——日本住宅保障制度的战后 70 年》，《战略与管理》2015 年第 4 辑，第 218~239 页。

市集中，政府在研究东京、大阪、名古屋这三大都市圈的发展规划时，认识到住宅不足将是突出的社会问题。公营住宅以最低收入者为对象，建设资金依赖国家财政补贴，难以大规模建设，而且以地方政府为主体，只解决本地人的住宅困难问题。解决从农村汇集到城市的大量工薪族的居住问题缺乏政策支持。因此1955年3月成立的鸠山一郎内阁把扩充住宅政策作为首要任务，同年7月颁布了《日本住宅公团法》，随后在建设省设立了住宅整备公团（简称住宅公团或公团）。住宅公团与住宅金融公库、公营住宅一道成为战后住宅政策的三根支柱，在改善国民居住条件方面发挥了重要作用。

1955年7月8日以法律第五十三号颁布的《日本住宅公团法》共九章，规定了住宅公团的组织方式、业务领域、财务和会计、监督与惩罚等。法律开门见山明确组建公团的目的是"在住宅显著不足的地区，通过为住宅困难的劳动者大规模供应具有耐火功能结构的集团住宅及宅地，同时为建成完善的新市街地而从事土地区划整理，为国民生活的安定与社会福祉的增进做出贡献"（第一条）。公团是法人，主要事务所设在东京，可以在必要的地方设立分所。"公团"起初是战后民主化改革中对政府机构中的配给统制机构的称呼，目的是避免权力垄断的印象。战后初期相继建立了产业复兴公团、船舶公团、配碳公团等。占领期结束后，公团从行政机构剥离，成为特殊法人，但仍然被视作政府机构，公团职员视同公务员。日本住宅公团资金的四分之三（60亿日元）由国家投入，四分之一由东京、大阪等大都市投入。国家和地方政府可以土地或者土地上的附着物出资。公团资金除了公共资金以外，还有来自生命保险、信托银行的借款，通过发行政府担保的住宅债券等筹集的民间资金等。法律规定，公团的规则必须经建设大臣认可，否则无效。公团除总裁外，设立由五人组成的管理委员会决定章程、预算、工作计划及资金计划、决算。委员由建设大臣任命，任期两年，可以连任。委员中必须有两位从向公团出资的地方政府首脑共同推荐的人中任命。与公团业务有利害关系者不得担任委员，他们包括议员、官僚、政党干部，从事物品生产、销售或者工程承包者，公团的干部职工等。委员没有报酬，法律上视作准公务员。总裁和监事也都由建设大臣任命。最初法律规定公团的业务领域是住宅和宅地的建设、租赁及其管理、让渡，与住宅区相关的配套设施和公共设施的建设、租借或管理、让渡，土地区划整理，以及它们的附属业务（第三十一条）。公团的预算、事业和资金计划都必须提前获得建设大臣的许可，预算与事业计划文件还必须同时向出资的地方政府提交一套。公团每年度的财产目录、借贷对照表及损益计算书等财务表必须在决算完成后两个月内提交建设大臣，得到其认可。认可后必须立即在官报上公布（第四十七条）。开展业务时土地价值评估由政令确定的评价委员会完成。最初公团还有为驻日美军提供租赁住宅的任务。

简言之，设立公团的目标有二，一是在大城市地区建设供工薪族居住的房屋；二是从事城市，特别是新城开发。

第二节 公团的住宅建设成就

住宅建设是公团的首要任务，其名称就反映了这点。公团建设的住宅称作"公团住宅"，有租赁住宅和销售住宅两大类。公团住宅建设的高潮在1955～1975年，适应了经济高速发展时期大量从农村向城市迁徙的中等收入工薪族的居住需求。政府向住宅公团提供了大城市郊区的集合住宅建设用地。

一 公团住宅的种类

公团住宅可详细分为以下三种。①租赁住宅（赁贷住宅）。其中又有团地住宅、一般市街地住宅、再开发市街地住宅三类。②长期特别销售住宅（分让住宅）。③租赁用特定销售住宅（公团建设后出让给土地所有者以便其经营出租业务的住宅）。住宅类型以公寓楼（集合住宅）为主。现在将租赁公寓称作"UR赁贷住宅""都市机构赁贷住宅"等。团地住宅指集中连片开发的居住小区住宅。追根溯源的话，"团地"一词最早是住宅营团[①]内部对"集团住宅地"的略称，集团住宅地源于1939年日本建

[①] 住宅营团：前身是1923年9月1日关东大地震导致东京住房大片损毁后，政府利用社会捐款设立了住宅合作社"同润会"。在东京、大阪等城市建设了一批集合住宅。由于物资不足，住宅营团的建设成就不大，1946年被盟军最高总司令部（GHQ）解散。它对住宅公团影响很大。

筑学会主办的建筑设计竞赛劳务者集团住宅地计划。在战后的大规模建设中，把住宅或者目的和用途相近的产业集中布置的地块称作团地，有住宅团地、工业团地等，类似于中国的居住小区、产业园区，目的是提高生活或产业基础设施以及物流的效率。"团地"概念为社会公众所认识缘于日本住宅公团的事业，最初出现于1958年刊行的住宅公团手册中。团地住宅一般是钢筋混凝土结构的集合住宅，也有少部分是木结构平房的独栋住宅（例如广岛市的四季丘团地、长野县企业局建设的若槻团地等）。集合住宅的住栋形态既有高层住宅，也有五层楼房、二层的阳台屋，还有星型住宅楼。

在经济高速发展阶段，住宅建设集中于大都市郊外，用地主要是收购农地转用为住宅地。郊区居住的发展造成了人口在中心城区周围地带集聚，市中心居住人口减少、居住密度下降，城市人口的空间分布出现"甜面圈现象"。大量人口在郊外住地与市中心就业岗位之间移动，出现了通勤时间长、车厢拥挤的通勤难现象。为了缓和这种现象、减轻交通负担、充分利用市区未开发空间，住宅公团于20世纪60年代开始在市区建设住宅，这就是市街地住宅。市街地住宅建设又分"一般方式"和"面开发方式"两种。"一般方式"指历来实施的借地方式，即公团租借商店、事务所等的地基，拆除旧建筑，建设居住与服务设施一体的住宅，叫作"一般市街地住宅"，都是底层商业办公、上层居住的功能复合的楼房，也称作"木屐公寓"。最早的例子是1957年的"矶子公寓"，比较有名的还有1973年在"兵库驿"前建成的20层的超高层住宅楼。"一般方式"开发的土地起步面积为1500平方米，通常是数栋"木屐公寓"，规模较小、土地利用率低。1965年开始，住宅公团收购市区工厂地基建设住宅，土地面积3公顷起步，住宅都是高层，相对历来面积较小的点、线开发方式而言，这种土地面积较大的开发称作"面开发方式"。"面开发方式"在20世纪60年代后半期建设的住宅，外墙多用瓷砖贴面，外观雅致。森之宫团地被认为是面开发的最早类型。[①]

---

① 「公団住宅住棟図鑑」、http://danchi100k.com/zukan/page-5.html、2017年2月6日检索。

二 公团住宅事业概况

日本住宅公团刚成立时，制订了在全国建设 50 多个团地、合计 2 万户住宅的计划，其中实际建成的约 1.7 万户。首批租赁型住宅是 1956 年 4 月开始入住的大阪堺市的金冈团地，租赁住宅 675 户。首批普通销售住宅是 1956 年 5 月开始入住的千叶市稻毛团地，是 20 年分期付款的销售住宅。此后，公团开始建设、供应用于租赁或销售的被称作"团地"的集合住宅。20 世纪 60 年代在首都圈、京阪神圈的郊外开发的团地上建设了大量集合住宅，著名的如东京郊外的多摩新城、大阪郊外的大阪新城。因应经济社会的变化，日本住宅公团于 1981 年与宅地开发公团合并成立了住宅都市整备公团（简称"住都公团"），把业务重点转移到宅地开发上。1999 年住都公团更名为都市基盘整备公团，在 2001 年开始的特殊法人整理改革中，都市基盘整备公团的业务与地域振兴整备公团的地方都市开发整备部门合并，根据 2003 年 6 月通过的《独立行政法人都市再生机构法》，于 2004 年 7 月 1 日设立了独立行政法人都市再生机构（简称"再生机构"）。再生机构基本不再从事住宅建设，主要业务是都市基础设施的建设，和对过去建设的租赁住宅的管理。公团的住宅建设事业到 2001 年就终止了。从公团成立到转型，1956～2001 年住宅建设数量见表 4-1。

表 4-1　1956～2001 年都市公团住宅供应户数一览

年度	租赁住宅 户数	占比（%）	销售住宅 户数	占比（%）	合计
1956	14213	84.0	2698	16.0	16911
1957	11140	83.4	2213	16.6	13353
1958	21432	93.1	1578	6.9	23010
1959	23745	99.5	124	0.5	23869
1960	16906	99.3	119	0.7	17025
1961	13766	100.0	0	0.0	13766
1962	23278	100.0	0	0.0	23278
1963	21053	99.3	140	0.7	21193
1964	26095	95.1	1340	4.9	27435
1965	21250	94.7	1200	5.3	22450
1966	29795	88.5	3874	11.5	33669
1967	24713	79.6	6349	20.4	31062

续表

年度	租赁住宅 户数	占比（%）	销售住宅 户数	占比（%）	合计
1968	30032	76.9	9012	23.1	39044
1969	38034	77.9	10786	22.1	48820
1970	35818	74.8	12064	25.2	47882
1971	42346	86.8	6415	13.2	48761
1972	44793	83.9	8586	16.1	53379
1973	26515	85.7	4415	14.3	30930
1974	30707	79.4	7954	20.6	38661
1975	24695	69.8	10682	30.2	35377
1976	21452	71.4	8577	28.6	30029
1977	20924	77.5	6060	22.5	26984
1978	23241	75.3	7637	24.7	30878
1979	19838	59.2	13697	40.8	33535
1980	12378	40.9	17891	59.1	30269
1981	8268	32.1	17478	67.9	25746
1982	7605	30.9	16983	69.1	24588
1983	9321	40.7	13593	59.3	22914
1984	11085	50.2	10980	49.8	22065
1985	9508	53.7	8202	46.3	17710
1986	10396	59.8	6975	40.2	17371
1987	8634	55.6	6893	44.4	15527
1988	7606	57.3	5657	42.7	13263
1989	7295	51.9	6755	48.1	14050
1990	7669	55.8	6082	44.2	13751
1991	6078	52.1	5588	47.9	11666
1992	6771	50.5	6642	49.5	13413
1993	8287	55.3	6700	44.7	14987
1994	9140	63.8	5178	36.2	14318
1995	11531	74.6	3933	25.4	15464
1996	10252	79.1	2709	20.9	12961
1997	10785	86.4	1698	13.6	12483
1998	14273	85.5	2412	14.5	16685
1999	13646	87.6	1925	12.4	15571
2000	13181	93.8	867	6.2	14048
2001	9964	94.0	641	6.0	10605
合计	819454	74.4	281302	25.6	1100756

资料来源：本間義人『戦後住宅政策の検証』信山社、2004、198 頁。

从公团历年住宅建设实绩看,1966~1980年是大规模建设阶段。1966年完成的租赁住宅和销售住宅合计33669户,比上年增加了50.0%,比1955~1965年最多年份1964年的数量多出22.6%。建设户数1980年前多数年份在3万户以上,此后没有超过3万户的年份。1981年完成25746户,比上年显著减少了14.9%。迄2004年6月底,住宅公团累计建设了约155万户住宅。其中租赁住宅85.32万户,占55.1%;销售住宅30.11万户,占19.4%;租赁用特定销售住宅计39.57万户,占25.5%。[①]

公团的住宅建设,在日本经济高速增长也是城市化快速进展时期,主要是在大都市和地方都市的郊区,以团地的形式收购土地,进行集中连片的住宅开发。在迄2011年3月31日完成的总数760151户团地住宅中,1955~1964年的完成量占8.2%,1965~1974年的完成量占44.0%,1975~1984年完成量占19.9%,1985~1994年完成量占11.0%。可见第二个10年是公团住宅建设的高峰期。1965~1984年完成量占全体的63.9%。从地区分布看,首都圈的团地数量占总数的52.7%,住宅户数占总数的55.8%。三大都市圈以外地区的团地数量仅占16.1%,住宅数量仅占9.8%。[②] 显示了大都市圈是公团住宅的主要布置点。

三 公团住宅的特点

从地理位置看,公团住宅多数距离市中心较远。公团住宅建设时为了控制成本,布点大多位于地价相对便宜的远郊。例如高藏寺新城在名古屋市东北20千米处。住宅形式上,有公寓式集合住宅,也有一栋一户的独立住宅,以集合住宅为主。集合住宅大多是钢筋混凝土结构的五层楼房,具备耐火性能。在户型结构上,公团住宅设计以一对夫妇带两个孩子的四口之家为模型,以小户型为主,平均建筑面积1956年时为41.2平方米,1981年增加为73.2平方米。结构为以2DK(2表示居室数,DK表示餐厅、厨房)和3DK为主。从内部设施看,公团住宅领先于时代。20世纪

[①]《都市基盘整备公団2004年度结算资料》,转引自吴东航、章林伟主编《日本住宅建设与产业化》,中国建筑工业出版社,2009,第27页。
[②] 都市再生機構に関する説明資料について・参考資料2「圏域・年代別の団地数・管理戸数」(平成22年度末)。

50年代中期建设的公团住宅有水洗厕所、浴缸、餐厅厨房、阳台等，相对于传统日本住宅而言是全新的现代化住宅，成为社会羡慕的对象。1957年首批竣工的市街地住宅矶子市街地住宅在日本住宅史上第一次安装了不锈钢洗台，被称作"厨房革命"。在居住环境上，公团住宅生活配套设施比较好。公团住宅建设中注重生活配套设施同步规划设计。规模较大的小区中心有商店、银行、邮局等生活必需设施，可以满足小区内日常生活需要。有些新城规模很大，例如1960~1981年完成开发的高藏寺新城占地面积702公顷，共建住宅2.06万户，可容纳8.1万人。

第三节 公团住宅的作用

战后日本经历了快速而巨大的社会变迁，住宅公团也是社会变迁的体现者。作为适应城市化发展，解决社会中间阶层住宅问题的官方机构，随着城市化的完成、国民住房问题的解决，住宅公团机构名称、业务内容经过多次改变，目前已经从住宅的建设销售中脱身而主要从事城市更新改造，"公团住宅"的名称也被"机构住宅"代替。但研究日本公团住宅曾经起过的作用，依然对中国建立适合自己的住房制度不无借鉴价值。关于住宅公团的问题及其转型有待另文讨论，公团住宅在解决城市化浪潮中大量新市民的居住问题上发挥过重要作用。

一 解决城市化过程中大量中间层的住房问题

住宅公团对于确保大都市圈中间层的居住、改善居住条件等方面发挥了重要作用，建设供应的户数可以证明。关于公团住宅居民状况，根据1965年公团首次"居住者定期调查"结果报告，户主平均年龄为36.4岁，团地居民55万人中近半数年龄在25~40岁，10岁以下儿童占30%。在1DK户型的居民中，"仅夫妇家庭"占33%，"夫妇与有5岁以下幼儿的家庭"占55%。在2DK户型的居民中，"夫妇与5岁以下幼儿的家庭"占38%，"夫妇与高中以下青少年家庭"占30%。在3K以上的大住宅居民中，"夫妇以外与18岁以上的成人"不足30%。因此可见，公团住宅以年轻人群体为主。从户主职业看，56%是工薪族，平均家庭月收入 6.9 万日元，这与同期统计的"一般家庭家计调查"的平均月收入 5.7 万日元相比，属于较高收入家庭。公团住宅主要分布在东京、大阪、名古屋、福冈等大都市圈，从公团居民平均月收入分地区看，东京为 7.1 万日元、大阪为 6.8 万日元、名古屋为 6.6 万日元、福冈为 6.5 万日元。[①] 公团住宅建设的高潮在 1955～1975 年，适应了经济高速发展时期大量从农村向城市迁徙的中等收入工薪族的居住需求。公团开发的小区多在大都市的郊区，规模一般从数百户到一千多户，在当时可算大规模开发。

在 1956 年至 1974 年的约 20 年中，公团住宅的建设以租赁住宅为主，在每年建设的住宅总数中，租赁住宅所占比重都在 75% 以上，尤其 1958～1965 年，租赁住宅的比重都在 90% 以上。这适应了城市化高潮中大量蓝领工人对于居住的迫切需求。租赁型公团住宅从一开始就让居住者可以长期负担房租，房租不与经济高速发展阶段收入增长挂钩，被控制在收入中较低的比例。根据总理府统计局的《住宅统计调查》，不同类型租赁住宅月租金对照参见表 4-2。

表 4-2　各类租赁住宅月租金对照

单位：日元/叠

年份	公营/公团/公社	民间 设备专用	民间 设备共用	职场住宅
1963	204	320	583	67
1968	308	589	809	123
1973	472	1069	1211	224
1978	公营 574 公团/公社 1197	木造 1572 非木造 2494	木造 1950 非木造 2230	337

资料来源：PHP 研究所编『数字で見る日本のあゆみ』京都、1982、333 页。

由上表可见，住宅单位面积月租金（日元/叠），包括公营住宅、公团住宅和公社住宅在内的公共住宅虽然比职场住宅高，但显著低于民间住宅。以设备专用民间租赁住宅为参照系，公共住宅在 1963 年、1968 年和

---

① 長谷田一平编『昭和の公団住宅』智书房、2015、197 页。

1973年的月租金分别相当于同年民间住宅的63.8%、52.3%和44.2%。1978年公团住宅租金是民间木造住宅的76.1%，是民间非木造住宅的48.0%。在经济快速发展时期，因土地价格、材料价格上涨导致住宅建设成本提高，租赁住宅的租金也水涨船高。相对于民间租赁住宅的涨幅，包括公团住宅在内的公共住宅的涨幅较小。另外，销售型住宅入住者在还贷期间房贷负担较重，但30年房贷还清后，只需向小区物业支付管理费和向楼栋保全会支付修缮公积金，费用只有同样类型租赁房屋的几分之一，负担不大（参见表4-3）。

表4-3 1987~2001年公团住宅面积、房租一览

供给年度	租赁住宅 平均面积(平方米) 专有	租赁住宅 平均面积(平方米) 专用	租赁住宅 平均月租（日元）	销售住宅 平均面积(平方米) 专有	销售住宅 平均面积(平方米) 专用	销售住宅 平均月租（日元）	平均年收入倍率
1987	64.50	69.75	75400	92.34	97.49	3180	5.2
1988	65.20	71.07	85200	97.90	103.01	3900	6.3
1989	64.27	70.76	94400	99.61	106.99	4380	6.7
1990	63.65	70.02	103000	97.00	102.80	4710	6.8
1991	65.28	71.50	106000	96.33	103.77	4700	6.4
1992	62.50	68.54	100800	88.07	96.06	4570	6.0
1993	61.29	67.68	114800	91.82	99.95	4750	6.2
1994	62.56	68.72	119500	91.68	99.55	5060	5.6
1995	61.16	68.03	119800	90.50	99.05	4570	5.9
1996	62.44	69.45	110800	93.18	101.01	4200	5.4
1997	62.98	70.50	102800	94.28	103.06	4190	5.4
1998	63.01	70.75	98600	89.96	97.58	3630	4.5
1999	61.45	69.53	96000	84.96	93.89	3810	4.8
2000	61.49	70.10	120100	80.67	89.93	3160	4.1
2001	62.88	71.50	116100	87.93	97.87	2681	

资料来源：『住宅・建築ハンドブック2002』。转引自本間義人『戦後住宅政策の検証』信山社、2004、201頁。面积为地板面积[1]，价格为供给时点的价格，收入倍率是根据储蓄动向调查的全国平均倍率，2001年未实行储蓄动向调查，无数据。

---

[1] 地板面积，日文"床面积"，《建筑基准法》指以墙壁或者其他（例如柱子）区划中心线为基准围合部分的水平投影面积。阳台、共用楼梯和走廊等不计在内。近似中国的"实用面积"概念。

由表4-3可以看出，公团销售住宅价格的年收入比在20世纪80年代后半期上涨较快，1990年达到了高峰，那是泡沫膨胀阶段的体现。进入20世纪90年代以后，销售住宅平均年收入倍率快速下降，到2000年只有4.1，远低于1987年的5.2，显示公团住宅购买者的负担逐渐减轻。

二 带来生活方式的革命

公团住宅不仅满足了城市化过程中出现的大量新市民的居住需求，还与公营住宅一起给日本社会带来了生活方式的巨大变革。

日本传统住宅，例如土藏是用泥土砌墙、表面灰泥涂饰的建筑。在城市里，商人居住的町屋是营业与居住兼用的房屋。庶民居住的长屋是类似集体宿舍的建筑，面对小巷的里长屋是开间9尺（约2.7米）、进深2间（约3.6米）、使用面积1坪半（约5平方米）的小房间，习惯称作"9尺2间长屋"。墙壁与邻居共用，往往一栋建筑内排列着数十户。门前排水沟加盖作为道路，厕所、水井、垃圾堆等在小巷尽头，各户共用。[1] 从房屋结构看，传统日本住宅没有密实的分隔墙，饮食、睡觉等都在一个房间，没有个人独立空间、没有功能区分。而且木结构住宅容易失火。根据战后的全国住宅调查，1953年非木结构住宅比重仅占1.2%。[2] 公团钢筋混凝土集合住宅的建设带动了民间建设非木结构住宅，使日本非木结构住宅比重至1973年上升到13.8%，1998年又提高到了32.6%，推动了日本住宅质量和居住生活质量的提高。两个居室加上餐厅厨房的2DK是公团住宅的象征。在习惯了长屋、木结构公寓生活的日本都市居民眼中，公团住宅具有耐火抗震的钢筋混凝土结构，内部设施完备，带有浴缸、不锈钢洗漱台、冲水马桶，食寝分离、就寝分离（夫妻与孩子在不同房间就寝）结构合理，带来了隐私观念，是生活方式的革命性变化。因此在20世纪五六十年代，团地住宅成为理想居所，受到打算在大都市就业、结婚成家的年轻夫妇的极大欢迎。需求数量与供应数量之比即应募倍率达到50倍、100倍。

---

[1] 内田青藏等编著『図説・近代日本住宅史』鹿島出版会、2008、20頁。
[2] 内田青藏等编著『図説・近代日本住宅史』鹿島出版会、2008、42頁。

公团住宅的影响不限于居住领域，而且影响到社会和文化。新闻界自1958年开始广泛使用的新词"团地族"成为社会羡慕的对象。它指在一流的大企业、公官厅就职，年轻、收入较高，在公团住宅中生活的双职工小家庭群体。团地族比一般人更加崇尚吃面包、坐椅子等象征的洋式生活，较早拥有电视机、洗衣机、电冰箱"三种神器"。团地族被称作新都市的中坚庶民层。住宅公团还催生了一些与团地生活相关的新概念。例如"团地妻"指有闲妈妈，居住于铁门封闭、邻居互不干涉的团地住宅中的女子。住宅公团造就了一些新地名，团地附近的火车站以团地命名，例如千叶县船桥市高根台附近的新京成线车站称作"高根公团驿"。东京都武藏野市附近的道路称作"公团大道"。在建筑、装修领域有"公团尺寸""公团样式"等名词。

三 促进住宅产业化和城市化发展

住宅公团还促进了日本住宅产业化的发展。它开辟了住宅建设的工业化道路，而且达到了经济合理。在公团住宅建设中，1959年开始采用钢窗框。1960年开始实施公共住宅规格部品制度（KJ），1963年开始实施全国统一的住户标准设计，即"全国统一标准设计63型"，1968年开始实施"全国统一标准设计67型"。1965年开始把木制浴桶更换为搪瓷浴缸、燃气热水器。餐厅厨房中以不锈钢水槽为代表的新部品，20世纪60年代以来不仅在公共住宅中流行，而且被民间住宅广泛模仿。[①] 1976年开始采用整体式浴室。以工业化方式设计、建造住宅，降低了生产成本，提高劳动生产率，而且提高了住宅质量。

日本于1955年开始了住宅建设十年规划，政府向住宅公团提供大城市郊区的集合住宅建设用地。住宅团地都建设在远离市中心的郊外，在经济高速发展阶段，东京、大阪、名古屋、神户、横滨等大城市附近建设了连片的公寓楼。住宅公团不仅进行住宅建设，还从事带有生活配套设施的大规模小区建设，成为大规模城市基础开发（新城计划）和建设的主力军。团地规模一般从数百户到一千多户。具有代表性的住宅公团的宅地开

---

① 本间义人：『戦後住宅政策の検証』信山社、2004、227~228頁。

发事业有东京附近的丰田地区、大阪附近的香里地区和五月丘地区等。宅地整理、住宅建设供应集大成的典型，一个是名古屋市的高藏寺新城，另一个是东京都的千里新城。多摩新城开发自1966年开始，规划用地3000公顷、容纳33万人，在东京都西郊覆盖八王子、多摩、稻城、町田市。住宅公团与东京都政府、东京都住宅供给公社联合开发，获得其中1330公顷土地。①

住宅公团主要为帮助中等收入阶层解决住房问题而建立，其实从一开始政府就赋予其参与城市建设的职能。《日本住宅公团法》经过多次修改。1957年的修改增加了与宅地建设配套的学校、商店等用地建设、水面填埋等业务内容；1961年的修改加入了市街地住宅配套设施的建设业务，而且规定了住宅公团的投资规则，设立了子公司的团地服务。从1965年起，日本政府提出了自有住宅政策，鼓励国民拥有住宅，公团住宅建设从初期的以租赁为主转向以销售为主。在日本城市化过程中，大量农村劳动力从地方向三大都市圈（东京、大阪、名古屋都市圈）迁徙，他们的住房需求吸引中小开发商在市区近郊开发建设了大量质量较低的廉价租赁住房。民间个人或者企业建设的独栋住宅比较分散，居住区规模小，人口密度低，道路、给排水、燃气等公共设施的营运效率较低，因而配套设施不全的低质量市区无序蔓延。集中建设的团地居住密度较高，道路、公交等基础设施建设比较高效。以住宅公团为首，加上一些大型民间不动产开发商的共同努力，在大规模居住区建设、新城开发中，不仅建设住宅，还建设公共空间、公益设施，例如大面积的绿地和公园、道路、停车场、儿童游乐场等，创造了良好的居住环境。②集会所设置率，在公团团地达100%，而在民间团地只有4%；停车场设置率在公团团地达100%，在民间居住区仅为46%。③1968年，久留米地区导入公团最早的步行者专用道路，团地第一家保育园于1969年在大岛四丁目团地建成，同年又开始建设筑波研究学园都市。住宅公团的事业有力推动了城市化的发展。

---

① 本間義人：『戦後住宅政策の検証』信山社、2004、194～195頁。
② 日本家政学会编『日本人の生活』建帛社、1998、97～98頁。
③ 『朝日新聞』2002年10月23日朝刊。

第四节 住宅政策的必要性

从世界史看,经过产业革命的19世纪西欧尤其是英国,工业化、城市化快速发展,自由竞争带来劳动生产率提高,在促进财富极大增长的同时,城市贫民窟蔓延,卫生环境差导致传染病流行,许多工人及其家属丧失了劳动能力,阶级矛盾激化,被当局视作"城市问题"而列入政策议程。19世纪后半叶陆续推出了以改善环境和公共卫生为核心的城市政策,例如建设下水道、改良住宅等。二战后日本城市问题的特点,如20世纪70年代曾任东京都知事智囊的柴田德卫指出的,政府从发展经济角度重视道路、港湾、工业用水之类产业基础建设并有相应的政策,而针对城市狭小过密居住区的无序蔓延,以及住宅难、通勤难、公园绿地不足等社会呼声很高的问题,则缺乏应有的对策。[①] 战后包括公团住宅制度在内的日本住宅政策的形成,是住宅匮乏、经济发展、思想观念变化等多种因素促成的,其中的逻辑对我们不无启示。

一 居住条件落后于经济发展

战后与日本与经济的繁荣形成对照的是包括住宅在内的公共资本建设的滞后。日本自1966年开始由政府公布住宅困难状况。"住宅困难家庭"的定义是:①居住在非住宅中;②不同家庭同住;③居住于老朽住宅中;④居住狭小过密。狭小过密指两人、三人家庭住宅面积不足9叠(约14.6平方米),4人以上家庭住宅面积不足12叠(约19.4平方米)。1973年调查数据显示,全国家庭总数中住宅困难家庭的比重已经下降到8.5%,但是大都市比全国平均水平高得多,东京都为15%,神奈川县为12.8%,大阪府为12.4%。而且,人们主观感受的住房困难家庭比重远远高于客观化指标显示的住宅困难状况。"住宅需要实态调查"数据显示的"住宅穷困率",即认为在居住上"有困惑处"和"问题总感到必须解决"的"住宅穷困家庭"在全国家庭总数中的占比,1969年达到37%,1973

---

① 柴田德卫:『日本の都市政策』有斐閣、1981、1~3頁。

年依然有35%。而且在租赁住宅中不满意的比率更高，1973年的调查中民营租赁住宅"住宅穷困率"为55.4%，公共租赁住宅为53.4%。住宅穷困的理由，回答"住宅小"者最多，达49.6%；其次是"住宅的老朽化"，占13.4%；另外还有"设备不全"占9.2%，"日照、通风等卫生条件差"占6.3%，"房租贵"占4.1%。如果按照当时美国"不良住宅"的定义①，日本住宅不良率会更高。② 根据总务省统计局"住宅统计调查"1983年的数据，未达到最低居住标准的家庭数量在全国家庭总数中占11.36%，大都市不合格住宅比例更高，东京达17.7%、大阪达18.9%。如果把厕所、厨房、浴室等"设备不全"指标加进去，则达不到最低居住水准的比例在全国、东京、大阪分别是25.8%、37.8%和38.5%。③ 比较研究发现，虽然在不少经济指标上日本已经处于世界前列，但是国民生活条件、福利方面比欧美落后不少。

二 居住问题上市场的局限

仅仅居住条件差，并非住宅政策出台的充分条件。住房属于私人生活场所。古代，即使政通人和、国富民强的朝代，也罕见皇帝或者知县关注百姓的居住事宜，至少没有列入政策层面。今日世界各国，甚至同一个国家或者城市，住房状况都是千差万别的。住房成为政策关注的对象是近代以来的事。在以自由竞争为核心理念的近代社会，为什么有住宅政策即政府介入住宅、居住环境问题？丸尾直美给出如下理由。首先，住宅特别是居住环境是公共产品，具有外部效果。购买住宅需要个人难以负担的巨额资金，住宅、土地等有关信息是百姓难以把握的。住宅问题如果任由市场体制和个人之力解决，只会产生不理想的住宅投资（指形成很多贫民窟），从资源配置最优化和环境舒适观点看是令人遗憾的。其次，分配公正问题。在住宅、居住环境上应该保障国民最低标准。土地有限，有土地者和无土地者收入差距巨大，因此应该抑制土地所有差距和因地价上升带

---

① 美国"不良住宅（substandard housing）"的定义是：①热水器、水冲厕所、浴缸（或者淋浴器）等设备中缺乏其中一个的情况属于"基本配管设备欠缺"住宅；②房屋安全性不充分，处于危害居住者健康、安全、福利的状态，称作"荒废住宅"。符合其中之一就属于"不良住宅"。
② 山田浩之编『都市経済学』有斐閣、1978、106~107頁。
③ 社会保障研究所编『住宅政策と社会保障』東京大学出版会、1990、34~35頁。

来的资本收益分配上的不公。再次，为了稳定经济，在失业率高的时期需要促进住宅投资以唤起有效需求。① 经济学者山田浩之认为，住宅的特殊性在于，首先它有固定地点，其质量、价值受周边环境影响很大。其次，住宅是耐久消费资料，住宅市场存在必须严格区分的两个方面即住宅存量市场和住宅服务市场（物业管理等）。存量市场又可分为新住宅市场和二手住宅市场。再次，住宅服务市场测度标准具有多元性，不仅有面积，还有结构方式、住宅形式（独立还是共同）、所有权（持有还是租赁）、装修状况、居住环境等。住宅服务由多种属性的不同组合决定服务的质量和水准。因此，住宅难以像一般财货那样（通过市场机制）达到总需求与总供给的平衡。② 即住宅具有不同于一般商品的性质，市场机制不能完全解决居住困难问题。

日本住宅政策起源于近代初期，战前内务省就从福利的立场建立了公益住宅制度。战后逐步建立起内涵丰富的住宅政策体系，包括住宅本身的政策（租赁住宅政策和自有住宅政策）和与此相关的宅基地政策、城市规划和居住环境政策。就像商店里商品种类多一样，多样的政策工具满足了社会多样化的需求。本间义人在阐述住宅要纳入社会福利政策乃至社会保障制度的理由时列举了四点。第一，日本宪法第二十五条有关于国民生存权保障的规定，各种住宅法因此都有"目的在于促进国民生活的安定与社会福利的增加"的条文。增加国民和居民的福利是国家和地方政府的基本责任。第二，住宅具有公共产品的性质。公共产品的特性，例如道路、公园、警察等，不能把特定的消费者排除在外，而应能够同时被多人消费，因而在消费者之间不会产生竞争性，难以通过市场机制提供。住宅是福利的基础，是支撑人的生命和健康的"健康资本"。住宅保障是福利国家的必备条件，要实现住宅保障必须有住宅政策。住宅不同于一般消费品，适宜建宅的土地数量有限，无法通过市场大量提供廉价且优质的住宅来满足不断增长的居住需求。土地价格不断上涨而劳动者报酬并不与地价联动。建设或购买住宅所需巨额资金不是工资可以抵偿的，与劳动者的支付能力相应的优质租赁住宅不能由市场提供，只能由公共资金建设的公共

---

① 社会保障研究所編『住宅政策と社会保障』東京大学出版会、1990、5~6頁。
② 山田浩之：『都市経済学』有斐閣、1978、93~94頁。

产品提供。第三，在分配政策上，不仅要有最低生活保障和就业保障，而且要保障国民最低居住水平，在促进收入平等化的同时还应促进居住平等化。这需要公共政策介入。第四，公共政策介入在实现居住平等化的同时谋求居住环境平等化。像公共住宅带动的新城、各种规模的居住区建设所体现的那样，通过公权力促进土地利用合理化，充实公益设施，在促进都市形成方面起了一定作用，改善了当地的居住环境。居住环境的改善是地方福利发展的里程碑。[①]

三　住宅公团是政策工具

日本住宅政策随着经济社会的变化逐步完善，包括了多种制度。针对不同的群体如低收入、中等收入、老人等的需求，有不同的支援方式（住宅实物供给或租金补助），有保护租赁权利的法律，还有税收、金融等多种手段。公团住宅就是众多住宅制度之一，主要面向城市化过程中由农村聚集到城市的产业工人（工薪族）。

早期建设的公团住宅都是租赁住宅，房租占中等收入的工薪族月收入的40%左右，比市场租金稍低。房租与市场租金的差额由中央财政从一般会计中提供补助。虽然房租便宜得有限，但城市化潮流中从农村移住城市的年轻工薪族众多，公团住宅供不应求，因此一般也像公营住宅那样，通过公开募集并以抽签的方式决定承租者。公团对承租者的收入水平既有下限要求又有上限要求。规定月收入的下限标准额为房租的4倍，上限标准额则是以具体的金额规定的，如2001年的家庭租户月收入上限为33万日元，单身租户的月收入上限为25万日元（当年大学毕业新参加工作者的平均月工资水平为18万~19万日元）。在经济高速发展阶段，日本国民收入增长较快，而公团住宅房租比较稳定，被控制在相对较低的程度。与住宅公库同样，住宅公团也是政府出资的特殊法人，资金来自财政投融资的低利息。或者政府补助金，直接或间接地由政府资金运营。与一般私企不同，公团不以追求利润为主要目的，政府给予公团的补助金最终由居住者获得，等于针对全体国民的利益再分配。公团住宅政策与其他政策

---

① 本间義人：『戦後住宅政策の検証』信山社、2004、55~59頁。

（例如收入倍增计划）帮助解决了城市化过程中新市民的居住问题。居住问题的解决又是国民安心于事业、带动经济社会稳定发展的基础。日本住宅政策，既有社会安定的考虑，也有保障经济高速发展阶段需要的大量劳动力的考虑，到了20世纪80年代以后还有以房地产带动经济发展的考虑。虽然整体经济体制属于自由竞争的市场体制，但是在住宅事业上有政府的积极介入。在市场竞争和政府积极的参与下，国民居住问题得到较快改善。20世纪50年代日本有计划地建设住宅，计日程功地着手解决住宅缺乏问题。从1966年开始到2005年实施的8个住宅建设五年计划期间，在实际完成的住宅建设量中，由公库住宅（始于1950年）、公营住宅（始于1951年）、公团住宅（始于1955年）、公社住宅（始于1965年）、优良租赁住宅（始于1993年）组成的公共住宅所占比重，各个五年计划中平均分别是38%、37.5%、47.4%、52.9%、37.6%、52.7%、51.2%和28.5%。[①] 即全社会完成的住宅建设总量中，约三分之一乃至过半数有公共资金支持，表明住宅政策在解决国民住房问题上发挥了重要作用。到2005年，日本全国住宅数量约5400万，大大超过4700万个家庭的数量。鉴于存量住宅有相当多的空置，此后日本不再制订以增加供应量为主旨的"住宅建设五年计划"。2006年制定了《居住生活基本法》，并据此制订了《2006~2015年居住生活基本计划》，重点放在改善住宅性能、居住区环境等方面。

经过战后长期持续不断的努力，日本居住状况获得了根本改善，现在居住水平与欧美齐平。2008年第13次住宅与土地统计调查的结果显示，日本平均每套住房面积为94.3平方米（英国为87平方米、德国为99平方米、法国为100平方米）。全国共4997万个家庭而有5758.6万户住宅，住宅空置率达15.2%。在总共3302.51万栋住宅建筑中，独立住宅3012.78万栋，占总数的91.2%。在东京都总数227.58万栋住宅中独立住宅占79.2%。[②] 同时居住环境良好，例如东京、大阪建成区的人口密度只有北京、上海的一半不到，中小城市人口密度更是只有中国的1/3~1/5。

---

① 数据来源：住房和城乡建设部住房改革与发展司等编《国外住房数据报告 NO.1》，中国建筑工业出版社，2010，第95页。
② 周建高：《从统计看当今日本住房状况》，《中国社会科学报》2012年4月23日。

公共服务方面，住宅到最近医疗机构的距离，全国平均250米以下者占32.9%，250～500米者占27.7%。在东京都住宅总数中，到最近医疗机构的距离在500米以内者占84.3%，250米以内者占54.1%。到最近公交站点距离在200米以内者占25.6%，200～500米者占36.3%。[①] 城市生活十分便利，居住满意度调查也显示多数居民对于居住条件满意，尤其21世纪最初10年居住满意度有较大提高。

在日本，住宅公团已经完成其历史使命，因为人口向城市集中的城市化过程已经结束，全国住宅总数大大超过家庭户数，目前住宅政策的重点是支持进一步提高居住质量。日本在援助中间群体解决住房困难方面有多种制度，除了本章讨论的公团住宅外，还有公社住宅制度、特定优良赁贷住宅制度等，目前中国对它们似乎还缺乏专门研究。日本的住宅政策对我们建立基础性住房制度提供了借鉴，尤其在中国当前推进农民工市民化、使更多人享受公共服务方面，日本公团住宅政策很有研究、参考的价值。

[①] 周建高、王凌宇：《城市空间结构与城市交通关系探析——基于东京与北京的比较》，《中国名城》2015年第3期，第47～53页。

第五章 支援中间层住宅政策之三：公社住宅

二战后，住宅政策在工业国家普遍建立和完善。日本作为战后西方阵营的一员，在经济高速发展的同时通过建立和完善各种住宅制度，在大致一代人的时间内解决了住房短缺的问题，现在出现了住房大量过剩的现象。日本支援中间层的住宅政策包括住宅金融公库、日本住宅公团、住宅供给公社、公务员宿舍等多种制度，本章专论住宅供给公社的住宅建设事宜。

第一节 公社住宅制度建立的背景

继1950年的公库住宅制度、1955年的公团住宅制度之后，1965年日本又推出了公社住宅制度作为对中间层自有住宅的政策支持。公社住宅制度的产生与当时日本经济社会状况密不可分。

一 人口与家庭数量增加

住宅需求首先源于人口的增长。1955～1965年日本总人口从8927.6万人增加到9827.5万人，增加了10.1%。在二战后最初几年，由于派遣海外的军人、开拓民等的回国，以及随之出现的"婴儿潮"，人口数量增长很快。进入20世纪50年代后，人口增长的高潮已经过去，进入了平稳增长的阶段。由于住宅一般以家庭为单位使用，因此家庭数量对于住宅需求的影响比人口数量更加直接。1955～1965年，日本全国家庭数量从1896.3万增加到2594万，增长了

36.8%。家庭数量增长率大大高于人口数量增长率，主要缘于工业化、城市化带来的社会变迁使家庭小型化。这10年间，家庭平均人口从4.68人急剧下降到3.75人，核心家庭（指只有夫妇、夫妇与孩子、单亲与孩子的家庭）数量从860万上升到1424.1万，增加了65.6%，[1] 接近普通家庭数量增长率的2倍。家庭数量的大幅增加直接导致住宅需求的高涨。

二　人口向城市集中

近代以来世界各国的居住问题，主要体现为城市居住问题，是伴随产业化、城市化而出现的社会问题，日本也不例外。1955~1965年，城市人口数量从5053万增加到6736万，增加了33.3%，远高于10.1%的全国人口平均增长率。三大都市圈人口在总人口中的比例从34.3%上升到40.7%。东京都、神奈川县、千叶县、埼玉县这一都三县组成的都市圈人口，从1542.4万人增加到2101.7万人，增长率达到36.3%。这10年间城市数量增多、规模扩大，100万以上人口的城市从5个变为7个，50万~100万人口的城市从2个变为5个，30万~50万人口的城市由7个增加到15个。中小城市数量增加更多，10万~30万人口的城市从85个增加到105个，5万~10万人口的小城市数量从141个增加到168个。[2] 人口向城市集中，直接导致城市住房供不应求问题。

三　住房建设滞后于经济发展

住房，主要是城市住房供不应求的原因在于，一方面是产业化、城市化快速发展带来城市人口的迅猛增加，另一方面是住房建设速度落后于经济社会的发展。1955年的日本，不仅生产能力，而且除了住宅以外的国民生活的方方面面，都恢复到了战前水平。日本进入经济高速增长阶段，生产率快速提高，雇佣扩大而城乡差别缩小，劳动者收入普遍

---

[1] PHP研究所編『数字で見る日本のあゆみ1982』京都、1982、305、308頁。
[2] 矢野恒太記念会編『数字でみる日本の100年』東京都、2013、71頁。

快速增加，国民的生活结构开始发生巨变。1957～1965年被称作"三大神器"的黑白电视机、洗衣机、电冰箱在城市家庭的普及率变化是：黑白电视机从7.8%增长到95.0%，洗衣机从20.2%增长到78.1%，电冰箱从2.8%增长到到68.7%。"三大神器"很快升级为"三C"，即轿车、彩电、空调。① 1955～1973年日本的年平均实质经济增长率超过10%，达到了欧美的2～4倍。经济高速发展带来产业结构、生活方式的巨大变化，日本生产技术水平、生产率、国民收入等都接近欧美水平。关注这一阶段日本经济发展的国际媒体、学界时常用"奇迹""崛起""腾飞"等带着文学色彩的词语形容日本。② 但在经济繁荣现象的背后，由于战后优先考虑生产基础设施投入，政府在改善住宅和生活设施方面的社会政策落后，对生活设施投入不足，存在不少问题，例如人口在国土空间的分布过密与过疏并存，环境污染等公害问题，城市住房数量不足等。根据国际劳工组织1966年的报告，社会保障开支在国民生产总值中的比重，西德为16.5%、瑞典为15.2%、意大利为15.1%、法国为14.7%、英国为11.8%、美国为6.7%，而日本只有4.9%。③ 根据东京都1967年6月实行的"都政舆情调查"，关于住房，居住者回答感到"困惑"的总体上达40.7%。分门别类看，在自有住宅（持家）中占24.2%，在个人经营的公寓中占73.4%，在民营租赁房屋（借家）中占62.9%，在都营住宅中达47.5%，在公社住宅与公团住宅中达46.2%。东京都1/4家庭居住在只有一室的房子中，1/7的家庭室内使用面积（包括厨房等面积也算在内）不足6叠（9.72平方米）。根据1965年度国势调查，住宅面积人均使用叠数东京都平均4.12叠（6.67平方米），民营租赁房屋只有3.09叠（5.00平方米），借间公寓更少，只有2.58叠

---

① 数据来源：〔日〕有泽广巳主编《日本的崛起——昭和经济史》，鲍显铭等译，黑龙江人民出版社，1987，第684页。

② 例如，鲍显铭、汪兆祥等人把有泽广巳主编的《昭和经济史》一书翻译为中文出版时改称为《日本的崛起》（黑龙江人民出版社，1985），王革凡、张来英等人把日本经济新闻社编的《日本经济入门》一书的书名改成《东洋奇迹》出版了中译本（经济出版社，1993）。

③ 数据来源：〔日〕饭田经夫、清成忠男等《现代日本经济史——战后三十年的历程》，马君雷等译，中国展望出版社，1985，第411页。

(4.18平方米)。① 1969年，日本虽然经济总量已经达到在资本主义国家中排世界第二的程度，但是国民生活水平，尤其住房方面与欧美比还有不小的差距。调查显示当年带卫生间的住宅的比例，英国为93.4%、美国为89.7%、西德为83.3%而日本只有17.1%。②

第二节 住宅公社制度的创立与建设成就

在《地方住宅供给公社法》（以下简称《公社法》）制定之前，住宅公社已经存在，尽管性质不完全一样。公社是日本对于公共企业体的称呼，最有名的是日本国有铁道、日本电信电话公社、日本专卖公社这"三公社"，在20世纪80年代的行政改革中都被民营化（1985年电信电话公社、专卖公社被民营化，1987年国有铁道被民营化）。它们本来都是行政机构之一，是政府经营某种公共事业的机构，为了提高服务性和经营效率，根据1948年麦克阿瑟的书信，改成独立核算的公共企业，作为独立法人，称作"公社"。公社资本全部由国家出资，设置理事会或者经营委员会，预算、决算与国家的预决算类似，职员既不是公务员，也不同于民间雇员，适用于《公共企业体等劳动关系法》。住宅方面，曾有联合国军人等住宅公社（1950～1952）。1950年住宅金融公库设立后，根据民法第三十四条设立了一些住宅协会、住宅公社，让它们利用公库的融资向市场提供租赁住宅。但那些机构没有土地征用权，也不享受所得税减免等税收上的优惠，不具备执行住宅政策机构的完整功能。1965年创立的住宅供给公社与它们不同，是日本支持中间层拥有住宅的政策执行机构。

一 地方住宅供给公社的建立

二战后在经济社会重建过程中，欧洲国家大规模建设公共住宅提供给国民居住。日本与欧美不同，在解决住宅问题上更多强调市场机制的作

---

① 佐藤武夫・西山卯三編『都市問題：その現状と展望』新日本出版社、1969、240～241頁。
② 〔日〕饭田经夫、清成忠男等：《现代日本经济史——战后三十年的历程》，马君雷等译，中国展望出版社，1985，第413页。

用，政策主基调是鼓励国民自有住宅。20世纪60年代面对城市化高潮中出现的大都市住宅困难问题，在推进国民自有住宅过程中，日本政府发现民间不动产开发商尚未成熟，普通劳动者自己建造或者购买住宅的储蓄不足，缺少稳定的资金。即使是分期付款购买住宅，首付对于工薪族来说就是不小的负担。为了在住宅显著不足的地区向独力购房有困难的工薪阶层提供居住环境良好的集团住宅及其需要的土地，日本1965年制定了《地方住宅供给公社法》（1965年6月10日法律第124号，迄2013年6月为止共经历了18次修改），在都道府县（47个）和政令指定的人口50万人以上的城市（10个）设立住宅供给公社，全日本共设立了57个住宅供给公社。除了47个都道府县设立了住宅公社外，还有千叶、川崎、横滨、名古屋、京都、大阪、堺、神户、北九州和福冈10个城市。①

根据法律，建立住宅公社的宗旨是向劳动者提供居住环境良好的集团住宅（公寓）及建设公寓用的土地，促进居民生活的安定和社会福利的增进。内阁立法的出发点是让必需住宅的工薪族有计划地积蓄住宅建设费，以自己的储蓄配合住宅金融公库的融资，获得与自己的负担能力相应的住宅。设立住宅公社，使工薪族以零存整取的方式逐渐积累资金，可以减轻购买住宅时的负担。住宅供给公社利用储蓄资金，加上住宅金融公库的融资，建设住宅销售或出租，满足社会需求。

地方住宅供给公社简称"地方公社"，是法人，法律规定名称中必须用"住宅供给公社"字样，非地方公社在名称中则不可使用"住宅供给公社"字样。地方公社由政令确定，必须登记。两个以上的都道府县及其区域内的市、同一都道府县及其区域内的市，可以共同设立地方公社。设立地方公社，必须经过议会商议决定，而且制成定款和业务方法书，得到国土交通大臣（前身为建设大臣）的认可。地方公社每事业年度做出事业计划和资金计划，必须在事业年度开始前获得地方首长（都道府县知事或市长）的认可，计划变更时也须征求地方首长的认可。地方公社可以发行债券。业务盈余资金的应用，一是购买国债、地方债和其他国土交通大臣指定的有价证券；二是存入银行或者其他国土交通大臣指定的金

---

① 47个都道府县中的青森县、岩手县、福岛县和富山县的公社于2009年3月底解散。

融机构；三是其他国土交通大臣确定的方法。地方公社的财务和会计，都由大臣确定。地方公社在进行住宅和宅基地的建设、租赁及其管理、转让之际，必须按照国土交通省所定基准进行。地方公社根据法令，应当把根据住宅按揭贷款合同接受的金钱业务的一部分委托银行及其他金融机构进行。

地方政府必须拿出相当于供给公社基本财产额一半以上的资金，非地方政府不能向供给公社出资。公社的事业计划及资金计划在每个事业年度都要受到地方首长的认可。① 地方住宅供给公社的资金来源是发行债券、吸纳零存整取储蓄获得的资金、住宅金融公库和冲绳振兴开发金融公库②的贷款。公社建设和经营的住宅被称作"公社住宅"。工薪族以零存整取的方式在地方住宅供给公社储蓄达到一定额度，期满后可以获得超过存款一定额度的贷款充作部分买房资金，购买住宅及其宅基地。公社的职员设理事长、理事及监事。理事长与监事由地方首长任命，职员任期4年。理事长代表公社。法律规定，有下列之一者不得担任公社职员：①从事物品制造或销售、以承接工程为业者、与地方公社有交易上的密切利害关系者；②上述事业团体的职员（包括不管什么名称，有与之同等以上的职权或支配力者）。

法律规定地方公社的业务是，接受零存整取的储蓄，期满后，以超过储蓄额一定额度的贷款充作购买住宅及宅基地的部分资金。此外，地方公社还从事住宅建设、租赁及其管理、转让等；从事宅基地的整理、租赁及其管理、转让；在市街地，从事与住宅配套的商店、写字楼等的建设、租赁及其管理、转让；也从事与宅基地建设配套的学校、医院、商店用地的建设、租赁、转让等。由于地方公社的公营企业性质，其建设住宅、整理宅基地业务中必须努力确保环境良好，对价格也有一定约束。在订立住宅的按揭贷款合同时，必须对对方的资格、选定方法及合

---

① http://www.houko.com/00/01/S40/124.HTM、2012年6月19日检索。
② 冲绳振兴开发金融公库是根据《冲绳振兴开发金融公库法》，由政府全额出资、内阁府财务省管理的特殊法人（现存唯一特殊法人金融机构），为政策金融机构，1972年5月15日设立。宗旨是给有助于冲绳产业开发振兴的事业提供必要的长期融资，业务内容包括中小企业、环境卫生、医疗、农林渔业、住宅等融资。

同内容按照国土交通省令进行。法律对于消费者权益给予保护，例如订立按揭贷款者，因合同解除，对于应该从公社得到的金钱，有从地方公社总财产中的先取特权。国土交通大臣或者设立地方公社的地方首长在认为必要时，可以要求地方公社报告业务及资产状况，或者派人去地方公社事务所，检查业务状况或账簿、文件及其他必要的东西。为了确保地方公社业务稳健运营或者保护分期付款购买住宅的人，必要时可以对地方公社发出监督上必要的命令。在地方首长怠于发出必要命令时，国土交通大臣可以直接下达命令。

由此可见，地方住宅供给公社既是吸收公众存款的金融机构，又是从事住宅和宅基地的建设、租赁、管理的不动产开发商，还从事公共设施的建设管理等，它是一种城市开发机构。

二 公社住宅的建设成就

根据迄至 2007 年 3 月的统计数据，地方住宅供给公社共建设住宅 74.1 万户，其中租赁住宅 17.5 万户，占总数的 23.6%；销售（分让）住宅 56.6 万户，占总数的 76.4%。[①] 此处根据本间义人书中的数据进行整理、分析，得出 1950~2001 年住宅公社关于住宅建设的成就（见表 5-1）。

表 5-1 1950~2001 年度公社住宅事业成就

单位：户

	地区或城市	总数(A)	销售住宅 总数(B)	储蓄部分(C)	储蓄住宅比重(C/B,%)	租赁住宅(D)	租赁住宅比重(D/A,%)
1	北海道	26727	24184	17478	72	2543	9.5
2	青森县	5832	5832	3045	52	0	0.0
3	岩手县	8550	8457	4250	50	93	1.1
4	宫城县	10501	9719	2907	30	782	7.4
5	秋田县	5260	5188	1977	38	72	1.4

---

① 〔日〕小见康夫：《住宅建设与政策的变迁》，吴东航、章林伟编《日本住宅建设与产业化》，中国建筑工业出版社，2009，第 24~25 页。

续表

	地区或城市	总数(A)	销售住宅 总数(B)	销售住宅 储蓄部分(C)	销售住宅 储蓄住宅比重(C/B,%)	租赁住宅(D)	租赁住宅比重(D/A,%)
6	山形县	4775	4775	2045	43	0	0.0
7	福岛县	7638	7608	3168	42	30	0.4
8	栃木县	6786	6663	3709	56	123	1.8
9	群马县	5990	5728	2074	36	262	4.4
10	新潟县	6691	6539	2477	38	152	2.3
11	长野县	9486	9068	5944	66	418	4.4
12	东京都	95926	23652	6019	25	72274	75.3
13	神奈川县	53781	36766	16780	46	17015	31.6
14	横滨市	11288	10749	6454	60	539	4.8
15	川崎市	7099	6923	3018	44	176	2.5
16	茨城县	11181	10800	4456	41	381	3.4
17	埼玉县	20500	20105	8352	42	395	1.9
18	千叶县	27734	26400	10623	40	1334	4.8
19	千叶市	—	—	—	—	—	—
20	山梨县	2673	2521	1274	51	152	5.7
21	静冈县	6208	5958	1657	28	250	4.0
22	岐阜县	7885	7378	4484	61	507	6.4
23	爱知县	25247	19884	11088	56	5363	21.2
24	名古屋市	14405	13198	7408	56	1207	8.4
25	三重县	10546	10546	4883	46	0	0
26	富山县	5475	5331	3054	57	144	2.6
27	石川县	5307	5155	2983	58	152	2.9
28	福井县	3283	3177	1635	51	106	3.2
29	滋贺县	4111	4075	1933	47	36	0.9
30	京都府	5074	4848	3111	64	226	4.5
31	京都市	9355	9157	5385	59	198	2.1
32	大阪府	49542	23093	13132	57	26449	53.4
33	大阪市	26151	22021	15975	73	4130	15.8
34	堺市	619	619	101	16	0	0
35	兵库县	29420	21638	9664	45	7782	26.5
36	神户市	28284	26432	12471	47	1852	6.5
37	奈良县	3664	3664	1291	35	0	0
38	和歌山县	2036	1969	932	32	67	3.3
39	鸟取县	2907	2662	1531	58	245	8.4

续表

	地区或城市	总数(A)	销售住宅 总数(B)	销售住宅 储蓄部分(C)	销售住宅 储蓄住宅比重(C/B,%)	租赁住宅(D)	租赁住宅比重(D/A,%)
40	岛根县	3426	2436	2288	94	990	28.9
41	冈山县	3542	3264	1334	41	278	7.8
42	广岛县	14341	12478	5178	41	1863	13.0
43	山口县	8792	7643	3484	46	1149	13.1
44	德岛县	3319	3229	2173	67	90	2.7
45	香川县	3672	3658	2122	58	14	0.4
46	爱媛县	3508	3508	1856	53	0	0
47	高知县	2707	2637	1132	43	70	2.6
48	福冈县	29874	15904	4423	28	13970	46.8
49	北九州市	9606	6163	2608	42	3443	35.8
50	榧冈市	11808	11687	6569	56	121	1.0
51	佐贺县	5169	5061	2106	42	108	2.1
52	长崎县	9967	7836	3564	45	2131	21.4
53	熊本县	3232	3202	1247	39	30	0.9
54	大分县	4322	3777	1199	32	545	12.6
55	宫崎县	5169	5015	2914	58	154	3.0
56	鹿儿岛县	6413	6300	2726	43	113	1.8
57	冲绳县	6479	5455	246	4.5	1024	15.8
	合计	703273	531726	256117	48	171547	24.4

资料来源：本間義人『戦後住宅政策の検証』信山社、2004、251頁。

地方住宅供给公社建立的宗旨是促进国民自有住宅，虽然有统一法律，但正像其名称所显示的，地方性较强。各地因自然地理、人口分布、产业结构、城市聚落等的差异，住宅需求和供给状况各不相同。民主国家体制下实行地方自治，因此各地住宅供给公社的历史渊源、出资情况、组织结构、行政管理往往有自己的特点。东京都住宅供给公社于1966年4月1日成立，资本金10500万日元由东京都全额出资，是以财团法人"东京都住宅公社"和"东京都宅地开发公社"为基础组建的。东京都住宅公社的源头为1920年2月4日设立的财团法人"东京府住宅协会"，1944年名称变更为"东京都住宅协会"，1950年根据《住宅金融公库法》成为耐火租赁住宅的建设经营法人，1960年8月23日又更名为"东京都住宅公社"。东京都宅地开发公社源头是 1947 年 11 月设立的任意团体[①]"东京都住宅资材协会",该协会在 1948 年成为财团法人,1950 年 3 月 1 日更名为"东京都住宅普及协会",1962 年 2 月 1 日又更名为"东京都宅地开发公社"。东京都住宅供给公社在 1989 年兼并了 1970 年成立的"都营住宅服务公社"。[②] 迄 2012 年 3 月 31 日,东京都住宅供给公社管理的住宅共有 355098 户,其中包括公社租赁住宅、都营住宅等公营住宅。当前的事业是公社租赁住宅为主,同时从事老朽住宅的翻建、公营住宅的管理等,不再从事住宅销售。

地方住宅供给公社的业务不止于住宅,即使住宅业务也不止表 5 – 1 所列的销售住宅与租赁住宅两种,还有其他种类的住宅业务(见表 5 – 2)。

表 5 – 2 1950 ~ 2001 年间地方住宅供给公社住宅供给实绩

单位:户

项目	销售住宅 (储蓄住宅)	租赁住宅	产劳住宅	中高层耐火建筑物等		再开发事业等		赁贷改良
				住宅面积	住宅户数	住宅面积	住宅户数	
数量	526271 (255871)	170523	37810	865967	2359	5389	250	51483

资料来源:本間義人『戦後住宅政策の検証』信山社、2004、248 ~ 249 頁。

本章主要探讨公社的住宅建设与租赁事业,而非研究地方住宅供给公社,因此公社的其他方面暂不涉及。根据表 5 – 1 的数据,从各个公社的比较看,住宅供应数量最多的前五位依次是东京都、神奈川县、大阪府、福冈县、兵库县。作为公社设立宗旨的储蓄住宅业务在各地发展很不平衡,从储蓄住宅在销售住宅总数中所占比重看,前五位依次是岛根县(94%)、大阪市(73%)、北海道(72%)、德岛县(67%)、长野县(66%)。储蓄住宅业务做得最好的大多是远离大都市的地方,只有大阪市似乎是例外。最低的五位分别是冲绳(4.5%)、堺市(16%)、东京都

---

① 任意团体,德国、日本法律中的概念,指没有法人资格的社会团体。日本法律用语是"无人格社团"。
② 「公社情报」、http://www.to-kousya.or.jp/gaiyo/index_gaiyo.html、2017 年 3 月 21 日检索。

(25%)、静冈县和福冈县（都是28%）、宫城县（30%），既有偏僻地区例如冲绳，也有大都市如东京都，似乎并无规律。从租赁住宅在住宅总数中的比重看，各地也是差异极大。最高的前五位分别是东京都（75.3%）、大阪府（53.4%）、福冈县（46.8%）、北九州市（35.8%）、神奈川县（31.6%），而青森县、山形县、爱媛县、奈良县、三重县、堺市都为0.0%。57个公社中合计有30多个公社住宅业务中租赁住宅比重在5.0%以下。很显然，大都市和产业发达地区租赁住宅比重较大，而东北和内陆一些地区很少甚至没有租赁住宅，可见租赁住宅与产业化、都市化密切相关。

第三节 公社住宅的作用

战后日本国民住宅问题在不太长的时期内得到较大的缓解。1968年实现了全国平均每个家庭有一套住宅的目标，20世纪70年代实现了每人一间卧室的目标。2013年统计数据显示，全国有820万户住宅空置，狭义的空置率即住宅总数中空宅所占的比重达到13.5%，广义空置率即没有居住家庭的住宅比重达到14.1%。平均每套住宅地板面积（单位皆为平方米，以墙壁中心线为准）从1968年的73.9扩大到2013年的94.4，国际比较看固然比不上美国的131.0，但是与英国的95.8、德国的100.5和法国的100.1相比差不多。[1] 这缘于：一方面利用市场机制，通过增加国民所得（如收入倍增计划），由民间的不动产市场满足国民的居住需求，同时拉动经济增长；另一方面以公共政策的转移支付为辅助，促进住宅的建设，帮助国民取得或者租赁住宅。公社住宅虽然在全国住宅总数中所占比重不大，但在改善国民居住条件中发挥了作用。

一 丰富了住宅政策种类，增加了选择自由

针对社会中间层的住房需求，有1950年开始的住宅金融公库和1953年《产业劳动者住宅资金融通法》通过的冲绳振兴开发金融公库，向建

---

[1] 国土交通省住宅局住宅政策課監修『2015年度版住宅経済データ集』住宅産業新聞社、2015。

设、购买住宅的个人、机构提供金融支持。鉴于伴随着产业化、城市化高速发展而来的人口向大都市圈集中引起的大量住房需求，为了支持城市工薪族解决居住问题，1955年创立了日本住宅公团。公团通过在大城市郊区集中连片开发，建设了以租赁型集合住宅为主的住宅，在满足城市新来者的居住需求上发挥了重要作用，并且带动了住宅产业化、城市化的发展。公团住宅的建设以租赁住宅为主，尤其在1958~1965年建设的住宅总数中租赁住宅的比重都在90%以上，这适应了城市化高潮中大量蓝领工人对于居住的迫切需求。地方住宅供给公社全国性的制度始于1965年，但此前各地已经有大量实践，公社制度虽然也是支持中间层工薪族的住宅政策，但是与公团住宅不同，公社住宅以销售住宅为主，租赁住宅在总量中只占1/4。公社住宅的作用是帮助工薪族实现自有住宅，在功能上正好与公团住宅互补，为国民解决居住问题提供了又一种选择途径。

二 政府实行住宅计划的政策工具

住宅虽然以个人或家庭为单位使用，但它不完全是私人物品，因其外部影响而具有准公共物品的性质，居住环境更是公共物品。住宅难以像一般财货那样通过市场机制实现总需求与总供给的平衡，因此必须依靠政府的介入。政府介入住宅问题的手段就是住宅政策。

为了解决国民住房困难问题，同时通过房地产开发带动城市改造和经济发展，日本战后持续不断地丰富、改进住宅政策。公营住宅从1952年开始实行三年建设计划，连续实施了五期。1965年日本不但颁布了《地方住宅供给公社法》，还制定了《住宅建设计划法》，次年开始第一期住宅建设五年计划，连续实施了八个五年计划，直到2005年因住宅数量大量过剩而停止。此外，1967年提出每家一套住宅的目标，1971年又提出每人一间卧室的目标。公社住宅制度正是政府用来实现政策目标的工具之一。正因为住宅公社是政策工具，在解决住宅不足问题中发挥了作用，所以也成为20世纪90年代后住宅公社经营困难的原因。一些地方住宅公社负债累累，缘于泡沫经济破灭后国家和地方政府为了刺激经济，让公社购买土地，但是随后地价下跌、住宅销售不畅造成公社经营上的亏损。

三 保障住宅和居住环境质量

民间的住宅建设都是一家一栋的小规模、分散进行,而且各家只顾自己住宅,因经济条件、知识技术水平等的限制,民间自建的住宅一般质量不高、居住区环境差、配套设施缺乏。住宅公社作为住宅政策的工具,不仅吸收住房储蓄再发放住房贷款,帮助工薪族买房,而且与住宅公团类似,还从事土地的整理、租赁,从事居住配套设施、公共设施的建设、租赁和管理,必须执行政府意志,保障良好的住房和居住环境。而且公营企业在资金、技术、信息等方面具有优势,能够采用先进技术,保障环境质量,尤其在成批建设的销售住宅小区中,保证公共设施齐全。例如熊本县住宅供给公社建设的光之森团地,共约900户住宅,以通用设计①消除道路、地基的台阶,有宽阔的步道、绿道和六个公园。

四 为产业发展提供劳动力保障

住宅公社制度在各个时期、各个地方都有内容和方式的差异,但它的主要服务对象是产业工人或曰工薪族,即工业社会的主体部分、社会中间层。在1965年《地方住宅供给公社法》制定之前,各地已经存在类似住宅公社的机构,只是在1965年前后政府为大规模推进和改善城市基础设施建设,把业已存在的住宅公社加以整理规范作为公共政策工具之一。例如神奈川县住宅供给公社几乎在1950年住宅金融公库制度建立的同时,设立了财团法人神奈川县住宅公社,利用公库的长期低利资金建设租赁住宅、产业劳动者住宅。作为县住宅政策的实施主体,战后起初建设了约1800套租赁住宅以缓解住宅紧缺,1955~1964年产业复兴期进行与产业活动配合的住宅供应、大规模小区开发,建设了约7500户"产业劳动者住宅"。1965年后更进入大规模住宅建设与大规模团地开发阶段。此后10年间为促进持有住宅发展,建设了约1.1万户储蓄住宅、8800户租赁住宅。

---

① 所谓通用设计,是为了让一切人都能够便利使用而设计制造品、建筑、生活空间等,是美国建筑师罗纳德·梅斯(Ronald L. Mace)提倡的,有七个原则:谁都可以公平利用,使用上自由度高,使用方法简明易懂,必需信息能够立即理解,万一失误不致危险,不用勉强的姿势、只需轻微力气就可轻松使用,确保接近、利用的空间和大小。

20世纪70年代中期以后，住宅数量需求减少，转向提高居住质量，10年间供应了约5300户一般销售住宅。进入21世纪，随着少子老龄化社会发展、地价大幅回落、民间开发商崛起等，公社住宅与民间住宅竞争激化，出现了销售住宅库存增加和租赁住宅空置的现象。[1]

战后日本经济高速发展的原因已经有许多研究和观点，比较公认的一点是日本在自然资源贫乏、人口稠密的国土上，较好地利用了战后世界秩序，把国外先进技术、原材料与本国素质良好的劳动力结合起来创造价值，推动了发展。经济发展中最重要因素是劳动力，除了普及教育提高素质外，公社住宅制度帮助集聚到工厂、城市的劳动者解决居住问题，为经济高速发展时期产业界的劳动力需求的满足提供了支持。在东京都、大阪府、福冈等产业发达地区的地方公社住宅中的租赁住宅比重高就证明了这点。正如本间义人指出的，尽管租赁住宅数量只有销售住宅的三分之一，但是其中72000户是东京都住宅供给公社供应的。另外，公社的租赁住宅补充了公营住宅应该发挥的作用。根据东京都住宅供给公社2002年对租赁住宅居住者实况的调查，家庭年收入200万日元以下者占10.7%，300万日元以下者占12.3%，400万日元以下者占17.2%，500万日元以下者占13.7%，即年收入不足500万日元的家庭占54%。租赁住宅的居民多数是1998年所得分位的第1分位（398万日元以下）和第2分位（398万～564万日元）的家庭（1996年以后标准的四人家庭入住公营住宅的收入基准是年收入510万日元）。公营住宅是福利性住宅，但是数量不足，有资格入住的家庭无法分配到入住机会。公社租赁住宅代替公营住宅担负了那些家庭的居住保障的作用，因此福利意义大，[2] 即公社住宅在帮助中低收入家庭解决居住问题中发挥了作用。

战后日本在充分发挥市场体制的效率和公共政策保障公平的作用下，在约40年时间中，经历了经济高速增长、城市化、生活方式急剧变化的社会变迁，到20世纪80年代日本总体上住宅数量已经超过全国家庭户数，供过于求。住宅政策也在不断调整适应中前行。一方面，随着大量的

---

[1]「住宅供給公社の果たしてきた役割と現状」、http://www.pref.kanagawa.jp/cnt/p26548.html、2017年4月2日检索。

[2] 本間義人：『戦後住宅政策の検証』信山社、2004、265～266頁。

住宅建设和供应，社会的住宅需求开始饱和；另一方面，公营企业未能适应市场变化，自身经营战略出现问题，导致了赤字，自中曾根康弘内阁开始大力提倡行政改革，公营企业首当其冲，住宅政策制度也在不断调整。进入21世纪后，住宅金融公库、住宅公团都收缩业务范围，或者废止，或者独立法人化。自2006年以后，住宅政策的重心转向提高居住质量，称呼也改成"居住政策"了。但是，对于正处于工业化、城市化过程中的中国，在如何解决流动人口的居住问题，如何避免房地产市场忽冷忽热而建立稳定长效的基本住房制度方面，日本公社住宅制度依然具有参考价值。

第六章　支援中间层住宅政策之四：公务员宿舍制度

第一节　日本公务员的分类

日本法律规定，公务员的职责是调整国民的利害、制定不妨碍社会的规则（国会立法、行政立法等，制定行政认可规则）；裁定、调整纷争；保护社会安全免受犯罪、灾害的危害，维持社会规则而对违法者采取一定的强制措施；公平地向全体国民征税作为各种财政支出；对民间企业按市场原理不愿承担的事务例如教育、医疗等，由政府提供遍及国土的廉价优质服务；进行资源再分配、公共投资，例如缩小贫富差距，通过财富再分配给弱势群体提供安全网（社会保障、生活保护）；通过补助金、减税等政策保护环境、提供福利等，修正市场经济的偏差；从事防灾、里邑建设、文物保护等民间企业无法提供的事业，或者像宇宙开发、核能技术开发等民间难以负担而且风险巨大的投资事业等；还有必要的调查统计、研究；外交、防卫等自然垄断性事业。

日本公务员包括资格任用类和公选任职类，前者指教师、医生等，后者指议员等。公务员分国家公务员和地方公务员两种，中央机关和国营企事业单位的官员和职员属于国家公务员，地方政府机关和地方政府经营的企事业单位的官员和职员属于地方公务员。公务员又分为一般职和特别职。特别职公务员指议会选举、任命的公务员，是国家公务员中带有政治色彩的重要职务者，例如大臣、人事官、检察官、法官、内阁官房长官、政务次官、秘书官、公使、宫内厅长官、侍从长、国会议员、日本学士院会员等。地方公务员也有特别职。一般职公务员是指为执行国会通过的法案而进行业务和行政工作的人。各省（相当于中国的部）凡是事务次官以下的在职公务员均属于一般职。一般职公务员统称职员，即通常意义上的文官。《国家公务员法》的规定只适用于一般职公务员。国家公务员由国库预算雇用，在中央官厅等处工作，不适用《劳动基准法》[①]。因削减定员，以及邮政民营化、国有企事业单位向独立法人转换等，国家公务员总数从2000年的113万人减少到2013年的63.9万人。目前公务员队伍中有包括裁判官等的特别职者29.9万人。地方公务员由地方自治体雇用，一般的地方公务员原则上适用《劳动基准法》。在行政改革中，地方公务员数量也被削减，从2000年的322万人减少到2013年度的276.9万人。从地方公务员的构成看，教育部门占37.9%、行政机构占19.7%、警察部门占10.2%、消防部门占5.7%，其余分布于医疗、水务、交通等公营企业的会计部门等。地方公务员数量定额等事务名义上由各地方管理，实质上与总务省关系很大。还有一种不是公务员但视同公务员的职员，因代行带公益性的公务员的职务，有保持秘密的义务，适用受贿罪、公务执行妨碍罪等，但不禁止争议行为、兼职等，他们包括日本银行、部分独立行政法人（含国立大学法人，只有在设立法中规定了视同公务员者）职员、奥林匹克组织的职员，还包括汽车检查员（从事汽车分解建设事业等的检查）、全国健康保险协会的职员。日本电信电话（NTT）、日本烟草产业（JT）、首都高速道路、阪神高速道路等企业的职员适用受贿罪，也是视同公务员。

[①] 保护劳动者权益的法律，近代日本有《矿业法》（1905年）、《工场法》（1911年）、《健康保险法》（1922年）、《商店法》（1938年）等。现行《劳动基准法》根据《日本国宪法》第二十七条第二项规定，1947年制定的关于工资、劳动时间、休息及其他劳动条件的最低标准的法律，它与《劳动组合法》《劳动关系调整法》合称"劳动三法"。劳动基准监督机关如劳动基准监督官、都道府县劳动局长等被赋予较大权限，例如直接进入工作场所、工人宿舍检查，对雇主进行惩罚、行政处分等，劳动基准监督官还有特别司法警察权，可以进行犯罪搜查等，以此保障劳动者权益。

第二节 公务员宿舍制度的性质

关于日本公务员的福利制度,中国学界有若干论文探讨。裴宏等人介绍了奖惩制度、[①] 工资制度[②];张凌竹探讨过公务员退休金与私营部门雇员的差异原因,[③] 但是关于日本公务员的住房问题似乎还鲜有人研究。

一 宿舍的定义

日本给职员提供住宿的法律始于1876年的《官舍贷渡规则》,此后还有1906年的《巡查给与令》、1922年的《监狱看守津贴等支付令》、1940年的《关于副看守长俸给及报酬之件》,它们都是关于国家职员宿舍的文件。战后的《国家公务员宿舍法》于1949年制定,最近修改为2013年4月1日。根据1949年法律第117号《国家公务员宿舍法》(以下简称《宿舍法》),国家公务员宿舍是为了确保国家公务员等有效执行职能,以有助于国家等的事务及事业的圆满运营而设立。

日文中,"宿舍"是指某类特定的居住用建筑物。根据法律规定,宿舍指让职员以及主要以其收入维持生计者居住,由国家设置的居住用房屋,包括住房附属的功能设施及其他设施如公共浴室、简易儿童乐园等。宿舍建设由财务大臣主导,必须按照年度计划进行,获得宿舍有建造、购买、交换、捐赠、转用及借入等方式。不同省厅职员共用的"合同宿舍"归财务省管辖,专属某个省厅的"省厅别宿舍"由省厅长管理。财务大臣负责制定宿舍制度、统一建设宿舍等有关事务,对设置宿舍进行必要的调整。财务省长对各省厅长、各省厅长对其下的独立行政法人可以就宿舍事宜要求提供资料、进入现场勘查。财务大臣可以把宿舍的建设管理委任给地方的财务局长或财务支局长。各省厅长必须按照政令规定,每个会计

[①] 裴宏、杨斌:《日本公务员的奖惩制度》,《中国行政管理》2005年第7期。
[②] 参阅王梅《日本公务员工资制度及对我国的启示》,《第十一届中国软科学学术年会论文集》,2015年12月。
[③] 张凌竹:《日本公务员与私营部门雇员退休金待遇差距之成因分析》,《东疆学刊》2011年第4期。

年度向财务大臣提交有关文件。财务大臣根据政令调整各省厅申请，制订设置计划，在年度预算通过之日起两个月内通知各有关省厅长。省厅宿舍在停止使用、变更种类或者转给别的省厅之际，必须与财务大臣签订合同。

二 宿舍的分类和使用条件

公务员宿舍有公邸、免费宿舍和收费宿舍三种。

公邸根据预算设置，供应对象为众议院正副议长、参议院正副议长、内阁总理及国务大臣、最高法院大法官、会计检察院长、人事院总裁、国会图书馆馆长、众参两院事务总长、众参两院法制局长、宫内厅长官及侍从长、检察总长、内阁法制局长官、在外公馆的长官。公邸内配备椅子、桌子等家具。居住公邸是免费的。公邸的修缮、使用产生的必要电、水、气等费用由国家负担，私人专用部分由私人承担。

免费宿舍也是根据预算设置、无偿供给。它是作为职员劳动报酬的一部分借给职员使用的，供应对象由政令确定，主要是：（1）职务需要在业余时间为保护国民生命财产、有关通信设施的非常勤务而必须在工作单位院内或附近地方居住者；（2）从事研究或实验，必须持续作业者；（3）在偏僻地区官署或者特别被隔离的官署工作者、官署管理责任者、为履行职务必须在官署内或附近地方居住者。

收费宿舍提供与职务相关，提供给在从事国家或者公共事业之际必须居住宿舍的人。在职员工作地点住宅不足，可能给国家等的事业运营带来妨碍之际，通常需要设置宿舍供职员使用。

宿舍属于公共住房。各省厅长官负责管理宿舍，监督居住者遵守法律。免费宿舍在供不应求时，必须优先提供给职务性质上最必要者。收费宿舍居住者的选定，根据政令规定，基于国家等事业顺利运营的必要性，公平进行。宿舍居住者的住宿费每月由工作单位直接从工资中扣除，上交国家。居住宿舍产生的债务，同住者有连带责任。宿舍不能借给他人，或者用于居住以外的目的。未经许可不得进行改造、装修等工程。由于居住者的责任导致宿舍灭失、损坏或污损，必须立即恢复原状，或者赔偿损失。

当出现下列情况时，必须在20日内搬出宿舍居住。职员离职、死亡；转任、置换、官署搬迁以及其他类似的事由，失去宿舍居住资格，或者失去居住宿舍的必要性；该宿舍因国家事业运营的需要，产生了优先顺位者，被要求腾迁；国家因宿舍必须废止而要求腾迁；管理机关认为因违反条例、可能给宿舍维持管理造成重大妨碍，要求限期改正而没有能够按期改正的，必须立即腾迁宿舍。如果不腾迁，根据政令规定，从应腾迁次日起到完成腾迁之日，必须支付相当于使用费3倍的赔偿金。但是如果有正当理由，经过同意后，公邸和免费宿舍可以继续使用两个月，收费宿舍可以继续使用六个月。管理机构必须备好有关宿舍维持管理状况的记录，使其状况明白清楚。①

第三节 公务员宿舍现状

2013年，在日本约340万名公务员中，国家公务员占18.8%，其余为地方公务员。根据相关调查统计，国家公务员宿舍在2000年有34万户，2003年有29万户。在2005年11月的财政咨询会议上，首相小泉建议研究变卖国家公务员宿舍。同年12月开始，财务部理财局长组织专家会，探讨国家公务员宿舍搬迁后土地的有效利用问题。2008年宿舍减少到22万户。

2010年9月1日，日本共有公务员宿舍210219户，其中国家设立的有180588户，征借的有29631户。合同宿舍有86727户、1025栋住宅。省厅别宿舍有131951户、9659栋住宅，其中防卫省（自卫队）有57018户、公共事业（国交省、农水省）有14494户、法务省（行刑设施等）有14146户等。公邸共205户，其中众参两院的正副议长，还有首相、内阁官房长官、最高法院院长共7户，另外198户为驻外公馆。免费宿舍有18392户（2009年9月1日）。收费宿舍200081户，占公务员宿舍的绝大部分。为了缩减公共财政支出，行政改革中公务员宿舍也在减少。2004年有宿舍245061户，按照《国家公务员宿舍法》有入住宿舍资格的职员人数（自卫官除外）为583650人，宿舍安置率为42%。到2010年，宿舍数量减少到210219户，安置率也降低到38%。国家公务员宿舍省厅别宿舍数前10位见表6-1。②

---

① 『国家公務員宿舎法（昭和二十四年五月三十日法律第百十七号）』、http://law.e-gov.go.jp/htmldata/S24/S24HO117.html、2014年3月13日检索。
② 「国家公務員宿舎関係資料」財務省理財局、平成23年10月17日。

表6-1　国家公务员宿舍省厅别宿舍数（前10位，2010年6月1日）

单位：户

省厅名	本部	外地	合计
防卫省	800	59000	59800
国土交通省	3000	36300	39300
财务省	1200	25200	26400
法务省	700	22000	22700
农林水产省	2000	15500	17500
厚生劳动省	900	14100	15000
内阁府	2700	3500	6200
最高法院	400	5800	6200
经济产业省	1000	2300	3300
文部科学省	700	1800	2500

表6-1中，本部指东京都千代田区所在，外地指东京以外地区。拥有宿舍数量最多的前三位部门是防卫省、国土交通省和财务省。

从公务员宿舍在全国的地区分布看，东京都和北海道最多，爱知县和广岛县最少（见表6-2）。

表6-2　日本公务员宿舍分布地区前10位（2009年9月1日，总数218678）

单位：户、%

地域	东京都	北海道	千叶县	神奈川县	埼玉县	福冈县	茨城县	大阪府	爱知县	广岛县
户数	30625	23299	13639	13562	9496	8253	7980	7655	7058	7023
占比	14.0	10.7	6.2	6.2	4.3	3.8	3.6	3.5	3.2	3.2

按照《国家公务员宿舍法》，公务员宿舍租金是以宿舍建设和维持管理成本为基础算出的。考虑的要素包括标准建设费用的偿还额、修缮费、宅基地价格（与固定资产税相当）、相当于火灾保险费的金额，《宿舍法》第十八条第一项规定的居住条件（当职员离职、转任、置换等之际，失去在该宿舍的居住资格）即扣除借家权[①]相当部分。同时考虑到居住者在调

---

① 借家权，是日本法律《借家法》（旧）、《借地借家法》（新）规定的保护租客租赁建筑物的权利。租赁对象包括独立住宅、公寓、店铺、事务所等。借家权包括历来的"普通借家权"，2000年新增的"定期借家权"，还有"临时使用租赁契约"三种。简言之，租房合同期满，如果房东没有正当理由如自己居住等，不得要求租客腾房。

动工作时有退出的义务、不承认借家权的因素，宿舍租金不仅比民间房屋租金低，较小面积的宿舍租金比起民间企业宿舍的租金还低得多。例如2010年的调查结果显示，全国平均的租金，55平方米以下的公务员宿舍租金仅为民间企业宿舍租金的46%，55~70平方米的租金仅为民间企业租金的85%，70平方米以上的宿舍租金则超过民间企业宿舍。东京都由于住房资源较为紧张，公务员宿舍租金比起民间租赁住宅租金优惠很少。55平方米以下者比民间企业宿舍略为便宜，55平方米以上的宿舍租金则超过民间企业，面积越大，比民间企业宿舍租金高得越多。80平方米以上的公务员宿舍租金是民间企业的3.2倍。可见公务员宿舍租金的相对贵贱根据宿舍面积而不同（见表6-3）。

表6-3 2010年公务员宿舍租金与民间企业宿舍租金比较表

单位：日元/月

		55平方米以下	55~70平方米	70~80平方米	80平方米以上
全国平均	民间企业宿舍	18097	21513	23056	28988
	公务员宿舍	8400	18362	32501	43312
东京都	民间企业宿舍	20430	25322	24322	21832
	公务员宿舍	17512	30526	58911	69522

资料来源：2010年人事院『民間企業の勤務条件制度』調査结果。

第四节 公务员宿舍存在的问题

公务员宿舍虽然不时受到民间舆论批评，被认为是公务员的高福利。但实际上，公务员宿舍存在不少问题，主要如下。

一 宿舍老旧

现存公务员宿舍房龄30年以上的占相当部分，50多年房龄的也有相当部分。例如新宿御苑（以前为皇家园林，后来改为公园，名称一直沿用未改）内的千驮谷住宅，是为御苑管理人员居住而建的，现有5栋9户。其中6户为1927年建成，1户为1957年建成，其余2户比较新的为1990年建成。在东京都内总共21处国税厅宿舍中，有18处房龄超过了30年。在9处众议院宿舍中，8处是建成30年以上的老房子。在内阁府宿舍中于1965~1974年建设的占四分之三。防卫省在东京都内有宿舍共2335户，其中房龄30年以上的占63%；法务省在东京都内的937户宿舍中房龄超过30年的占84.6%。据2008年的住宅统计，全日本住宅中于1981年以后建成的占60.9%，[①] 即超过一半是30年以内建成的。而2010年的调查显示在全国公务员宿舍总数中，房龄30年以上者达43.1%。即比起日本总体的住宅状况，公务员宿舍普遍较老旧。从结构看绝大部分是钢筋混凝土，少数为木造，还有少部分板房。

二 面积窄小

在日本住宅统计中，"住宅"是指能够独立经营家庭生活的建筑，根据建筑用途，住宅分为专用住宅和并用住宅[②]；根据建筑方法与结构的差异，住宅分为"一户建"（独立住宅）、"长屋"（联排住宅）、"共同住宅"（公寓）等。根据每五年一次的住宅、土地统计调查，2008年全日本共有住宅总数5759万户，从超过半数的独立住宅的平均占地面积看，自有住宅为285.3平方米、租借住宅为134.5平方米。[③] 2008年日本人均住房建筑面积为37.4平方米，自有住房率为61.1%。国家公务员宿舍根据大小、结构的不同，分A、B、C、D、E五个类型（见表6-4）。

表6-4 国家公务员宿舍类型一览表

规格	A型 (25平方米以下)	B型 (25~55平方米)	C型 (55~70平方米)	D型 (70~80平方米)	E型 (80平方米以上)
平均面积（平方米）与户型	16.7，单间	41.6，3K	62.8，3DK	74.8，3LDK	96.2，4LDK
户数	30439户	67600户	109344户	8019户	3276户
占总数的比例	13.9%	30.9%	50.0%	3.7%	1.5%
平均借出年数	2.47年	3.43年	4.15年	4.74年	4.57年

注：K指厨房，DK指餐厅和厨房，LDK指起居室、餐厅和厨房。字母前的数字表示居室数量。参阅周建高《日本争议公务员宿舍去留》，《社会观察》2014年第6期，第67页。

---

① 総務省統計局編集「結果の概要」，『平成20年住宅・土地統計調査速報集計』2009年7月28日、6頁。
② 并用住宅，指居住与商店、饮食店、理发店、医院等业务兼用的建筑，以及农业、林业、渔业或水产养殖业的作业场、库房等与供居住用的部分结合的住宅。
③ 周建高：《从统计看当今日本住房状况》，《中国社会科学报》2012年4月23日，B-02版。

从表 6-4 可见，在宿舍总数中，44.8% 的平均面积在 41.6 平方米以下。55~70 平方米者占 50.0%，70 平方米以上者仅占 5.2%（2009 年）。按照墙体中线计算的住房面积，日本各类住宅总计平均为 94.34 平方米，其中自有住宅为 122.38 平方米、租赁住宅为 46.34 平方米。各类住宅的平均建筑面积，企业宿舍为 53.2 平方米、公营住宅为 51.5 平方米、都市再生机构住宅为 49.5 平方米、民间租赁住宅为 43.5 平方米。[①] 可见，公务员宿舍平均面积与自有住宅无法相比，大体与各类公私租赁住宅相当。尤其是早期建造的宿舍，可谓条件简陋。例如国税厅在东京都内 18 处房龄超过 30 年的宿舍中，有 11 处是面积 16.7 平方米的单间独身宿舍，其余的也是面积 25~55 平方米规格较低的 B 规格家庭型宿舍。

三 宿舍空置率高、土地利用率低

2009 年 9 月 1 日统计数据显示，在全国 21.87 万户宿舍中，可以利用者有 20.74 万户，未利用者有 1.38 万户，能用而未用的空置率为 6.65%。按照法定容积率对东京二十三区内宿舍的利用率调查发现，平均利用率对法定容积率之比，经过加重平均看，公务员宿舍中合同宿舍的利用率为 56.6%，省厅别宿舍为 41.3%。特别是建成 21 年以上的宿舍，数量较多，合同宿舍的平均利用率为 42.7%、省厅别宿舍 225 处建成 21 年以上者的利用率仅 38.5%。利用率相当低。

同一个行政部门的宿舍往往分散多地，一处宿舍的住户往往只有一两户。仅在东京都内，国税厅宿舍有 21 处、众议院的宿舍有 9 处、内阁府宿舍有 8 处。都心三区（港区、中央区、千代田区）的公务员宿舍，根据 2011 年 10 月 3 日公布的数据，除去危机管理用宿舍外，共 551 户，分布于 16 处地点。每处少者只有 1 户，多者 105 户。除了内阁危机管理监指定的防灾职员宿舍，警察、防卫省、皇室、入国管理局等使用的危机管理用宿舍共 886 户，分布于 13 处。

东京都内的公务员宿舍，不同行政部门共用的合同宿舍多是公寓楼集合住宅，而一些部门专用的省厅宿舍，则一处只住着一两户，昂贵的土地未能

[①] 《住宅经济数据集》，转引自住房和城乡建设部住房改革与发展司等编《国外住房数据报告 NO.1》"5.3 美英德法日五国每套住房平均面积"，第 45 页；"4.11 日本住房存量中自住房与租赁房的比例及建筑面积"，第 39 页。

充分发挥价值。新宿御苑千驮谷住宅平均法定容积率17%。众议院的宿舍容积率，房龄30年以上者为32%，30年以内者仅为15%。防卫省宿舍法定容积率为300%，实际容积率仅为140%，未达标准的一半。①

四　设施简陋、位置偏远

杉并区的防卫省宿舍，3楼住户只能使用1楼的厕所，令人惊愕。②从国家公务员所住的宿舍距离办公室距离看，3千米（按照一般步行速度计需要1小时到达）以内的占4.5%，3~9千米者占24.2%，超过9千米（3小时）者占71.3%。在紧急参集要员总共6979人中，宿舍到工作地点的距离3千米以内者占7.5%，3~9千米之间者占25.6%，9千米以上者66.9%。

第五节　关于公务员宿舍去留的争议

《国家公务员宿舍法》是1959年成为今日体系的。在行政改革中，政府为了提高土地利用率，节省财政开支，从1991年度前后开始，推动把分散、低密度的宿舍集约立体化。经过十多年的努力，宿舍宅基地整理取得显著成绩，东京都内宿舍占地面积从1991年3月底的228公顷减少到2006年1月的124公顷，不到15年减少了约46%。将通过合并、搬迁腾出的宅基地变卖后，2000~2004年度得到567亿日元。2005年宿舍的国有财产台账价格约5320亿日元。

20世纪90年代以来，日本国家公务员宿舍成为行政改革的对象之一，总的趋势是逐步裁减，但也存在不同意见的争论。

一　取消宿舍论

主张公务员宿舍应该取消的主要理由如下：

（一）国民居住条件普遍改善

日本国民的居住条件随着经济发展得到较快改善。全国住宅总数，

---

① 周建高：《日本争议公务员宿舍去留》，《社会观察》2014年第6期，第67页。
② 「第5回国家公務員宿舎の削減のあり方についての検討会『議事要旨』」。

1948年为1385万户，1978年为3212万户。住宅平均地板面积从1965年度的59.9平方米上升到1980年度的94.3平方米。每套住宅居室数量从1963年的4.56个增加到1978年的5.65个。公私机构住宅贷款年度金额快速增长，从1965年的639亿日元增加到1979年的107123亿日元。住宅金融公库贷出金额1970年为1951亿日元，1980年达到26971亿日元。① 日本经过经济高速发展，国民福利也得到较快改善。1961年开始实行全民养老金和保险金，1972年实施了儿童医疗补助制度，1973年开始实行老人免费医疗、养老金与物价波动结合的制度。同时道路、港口、住宅、下水道等公共事业投资在经济高速增长阶段也几乎以每年20%左右的速度增加。随着国民居住条件的普遍改善，公务员宿舍存在的必要性降低了，居住条件就缺乏吸引力了。

（二）社会保障扩大带来国家财政困难

在经济高速发展阶段，由于税收增长率高，日本对大量支出的社会福利经费没有感到负担和压力。但在20世纪70年代初经受石油危机冲击后，经济发展从高速增长转为平稳增长，税收增长率降低，同时随着老龄化发展、社会保障的充实，财政支出增长迅速。1975年首度发行赤字国债2.1万亿日元，1977年急升至4.96万亿日元。国债依存度（国债发行额占一般会计岁出的比例）1965～1975年平均为11%左右，1984年高达25%，而同年英国为7%，美国为18.6%，西德为9.6%。国债总额占GNP的比例在1984年底时达到了41.2%。② 面临国家的财政危机，20世纪70年代末自民党就提出开辟消费税的主张，1981年3月铃木善幸内阁开始行政改革，"财政再建"是其中重要一环。1982年11月中曾根康弘内阁成立，继续把行政改革作为头等大事。在临时行政改革推进审议会（1983～1993）、行政改革委员会（1994～1997）、地方分权推进委员会（1995～2001）等的推动下，1981～2000年，行政改革取得很大成果。例如，把国有铁道等三大国营垄断公司民营化，特殊法人经过撤销合并从103个减为70个。大幅压缩行政机构规模，中央省厅从23个减为13个，

---

① PHP研究所编『数字で見る日本のあゆみ』京都1982、331～341頁。
② 〔日〕日本经济新闻社编《东洋奇迹——日本经济奥秘剖析》，王革凡等译，经济日报出版社，1993，第258～259页。

局从 128 个减为 96 个。2001～2010 年削减行政机关编制 25%。缩小政府、削减公共支出、提高行政效率是历届内阁行政改革的主线。[①] 进入 21 世纪，在日本政府一般会计的岁出总额中，租税收入筹措的仅占一半，剩下一半必须靠发行国债向国民借钱。2010 年前后，日本的累积债务超过了 GDP 的两倍，在发达国家中最高。虽然日本国债大部分为国内金融机构和私人持有，不会发生希腊那样的国际信用问题，但是日本国家财政处于实质的破产状态。20 世纪 90 年代以来经济增长缓慢、税收减少，而为了减少金融机构的不良债权，应对经济萧条，国家财政开支庞大。

基于严峻的财务状况，日本政府早在 2006 年就根据《行政改革推进法》《基本方针 2006》确定的促进国有财产变卖的方针，组织了以早稻田大学特命教授伊藤滋为首的"有识者会议"，经过 2006 年 6 月至 2008 年 6 月的研究，日本政府制订了国家厅舍宿舍转移与再配置计划。计划废止东京二十三区内及政令指定都市等地的宿舍约 8.4 万户，大致用 10 年时间削减宿舍的 10%（约 1.9 万户）。把东京都内宿舍转移到郊外新建，变卖腾出的宿舍宅基地。计划废止的宿舍有：都心三区（千代田、港区、中央区）的宿舍；面积窄小的宿舍或利用率低的宿舍；今后 10 年内房龄满 40 年的宿舍；其他能够被都市再生机构等利用的土地上的宿舍。选择位置偏僻、可以大规模集约建设的土地作为宿舍搬迁候选地，把方南町、胜岛町的宿舍原地翻建。该计划预计能够增加 6800 亿日元的收益。计划在二十三区内建设东云住宅等约 5000 户，二十三区外计划在大川、七里、昭岛第 3 住宅等新建约 26000 户。[②]

主张取消公务员宿舍的观点认为，公务员宿舍是奢侈的福利，应该取消。据人事院的调查，全国民间企业给职工的租房补贴至多每月 27000 日元。对于自有住宅者，在建造、购买之际，五年内每月补助 2500 日元。四番町一带的公务员宿舍使用费，比同等的民间房屋租金便宜 9 万～17 万日元左右，实质上等于给予居住者同等价格的补助。因此主张政府采取资产瘦身，能卖则卖。把东京都内宿舍全部转移到郊外的话，政府可以获得每年 500 亿日元的收益。

---

① 〔日〕增岛俊之:《日本行政改革的理论与实践》，熊达云等译，天津社会科学院出版社，2005，第 14～17 页。
② 『有識者会議報告書に基づく宿舎の「移転・再配置計画」について（2）』。

二 保留宿舍论

认为应该保留公务员宿舍的理由，主要归纳如下。

（一）出于危机管理的需要

1995年阪神大地震时官邸里完全没有危机管理职员，也没有首相速报信息的体制，灾害应对十分混乱，受到舆论反复批判。吸取了这个教训后，日本政府建立了危机管理体制。日本一直防备着首都直下地震等大灾，设想在公共交通机构完全断绝情况下，原则上要求能够徒步集合，住处到集合地点最好在1千米之内，至多在2千米之内。内阁官邸地下有危机管理中心、内阁情报集约中心，要员24小时不间歇值班。一旦发生紧急事态，立即由内阁危机管理监出面建立官邸对策室，直接召集紧急参集队，然后才是首相等阁僚商议组建对策本部。制度规定万一发生首都直下地震，参集队审议官至少是负责科长，必须在30分钟内集合，对策本部必须2小时内设置完毕。为此，设置了危机管理宿舍（正式名称是"防灾担当职员用宿舍"），供需要紧急集合的职员使用。

2003年11月21日内阁会议决定了《政府对紧急事态的最初处理体制》，是紧急情况下立即把握事态，同时竭力救出受灾者，防止损失扩大，尽快终结事态的政府一元化应对体制。在危机管理体制中，内阁危机管理监建立了由有关省厅局长等组成的"紧急参集队"，一旦发生地震、海啸等紧急情况或者得到警报，不待指示通知，参集队员紧急集合到官邸危机管理中心，设置官邸对策室。对危机管理职员来说，居住在官署大院内或者附近是法定义务。紧急参集要员是根据各省的"事业继续计划"（BCP）[①]等，事前确定的在发生灾害等紧急情况时奔赴工作单位集合的职员。例如紧急灾害对策本部的职员，是在交通事故、运输中断等情况下，了解交通运输运行状况、恢复交通等的国土交通省职员。在2010年8月1日统计的共6979名紧急参集要员中，2311人居住于距离危机管理中心9千米以内，即徒步3个小时可以赶到现场的距离（其中522人居住在3千米之内，即徒步1小时可达的距离）。

---

① BCP是"事业继续计划"的英文 Business Continuity Plan 的缩写。

根据行政刷新会议于 2009 年 11 月 27 日发表的工作组（WG）评价结果，必须提供宿舍的职员范围如下。（1）职务要求应该把居住场所设定在官署附近地的，例如必须靠近基地居住的自卫官；必须靠近刑务所居住、处理被收容者和从事刑务所设施管理运营的刑务官；首都圈发生大地震之际，作为紧急参集要员的内阁危机管理监指定职员等，约 1.3 万户。（2）基于各省厅制订的事业继续计划（BCP）等必须紧急参集的职员。例如，从事紧急灾害对策本部运营等业务的内阁府职员；紧急公布政令等的内阁府（宫内厅）职员；从事灾害医疗班、救护班的派遣，确保负伤者移送处、医药品等的厚生劳动省职员；向灾区调配紧急食品（灾害救助用米谷等）、调整供给的农林水产省职员；把握交通事故、运输状况，恢复交通的国土交通省职员；从事海啸、地震、气象等信息收集、发布的气象厅职员；从事国库的每日资金调配、国债偿还和利息支付等不许中断的业务的财务省职员。必需户数约 3.9 万户。（3）在离岛、山区等偏僻地区工作的职员。在离岛、山区偏远地区等、在周边没有住房的地方工作者，管理国有林的森林事务所职员、大坝管理所职员等。需要约 0.4 万户。（4）新录用职员。从全国各地录用，首次就业被外派至出生地以外地方工作的新职员。约 1.2 万户。（5）从事国会对应、法案作成及预算等业务的本府省职员。为了对应国会、拟订法案及编制预算等，需要赶早、深夜工作的职员。本府省职员总数 4.8 万人，除去与第二、四项重复者，需要宿舍约 1.4 万户。（6）需要迁居的岗位变动职员。为防止不公正，检察、法官、法院职员等司法相关职员、国税职员等，需要每隔数年转岗到全国各地。约 9.5 万户。（7）从国家转制而来的独立行政法人职员。为持续性实验而需要在研究所附近居住的实验研究机构的职员。约 0.4 万户。以上合计 18.1 万户。如果最大限度地除去前五项中可能出现的重复计算，则为 14.4 万户。

（二）吸引人才的需要

还有观点认为，要吸引优秀人才到公务员队伍，应该保留公务员宿舍。从人力资源管理观点看，宿舍是重要的福利厚生措施。因为地价高涨致居住费升高，廉价优质的公共住宅缺乏，日本民间企业的法定外福利费中住宅费大致占一半。特别是在全国都有事业所的企业，在迁居、换岗等过程中，都准备了社宅供职员及家人居住。有的大企业对于需要加班的核心部门职员，优先分配本部近郊的社宅。金融保险机构、IT 机构因突发事件较多，也为职员备有社宅，以便在紧急情况下能够立即赶到现场。根据 2005 年的调查，民间企业中自有社宅加上租赁社宅者合计占 14%。社宅户数占全体职员的比例，根据经团联的调查为 11%～12%。大银行、新闻社、大型上市企业都有完好的单身宿舍，如果国家公务员宿舍完全废止的话，特别在招募地方的优秀学生方面，国家机构很难有竞争力。国家因为财政困难，无法给公务员提高收入，如果再取消宿舍，则招募更加困难。学生在选择就职单位时，如果有复数职场可供选择，他们很看重是否有单身宿舍。如果没有国家公务员宿舍，则在劳动市场上就难以吸引年轻人进入公务员队伍。宿舍是确保招收到优秀人才或者维持长期工作的重要福利厚生手段。

（三）公务员履行职务的需要

主张为公务员提供宿舍者认为，从公务员有效履行职务及事务事业顺利进行的观点看，非提供宿舍不可。公务员中有的从事的是高度机密性工作，有的从事的是十分紧急的工作，有的必须工作到半夜。人事院职员福祉局认为，为了保证公务员专心职务，对应定期的大范围工作调动，必须确保住宅。劳动省 1995 年调查显示，千人以上规模的民间企业的劳动者转岗率为 2.4%。人事院 2005 年调查显示，一般职务国家公务员年转岗率大体为 12.8%，是民间企业的约 5 倍多。行政机构行使公权力、许可认可，必须定期切断公务员与权力行使对象间的关系，防止发生勾连，必须转岗。同时，本省勤务中每月超时工作 61 小时以上的有三成，80 小时以上者有 15.8%。新录用公务员约一半入住公务员宿舍。

有识者会议报告提出东京都二十三区内必须保留的宿舍，一类是必须在职场近旁居住者，包括：①发生地震等灾害时，必须尽快徒步奔赴本省厅者，适用危机管理用宿舍；②大臣秘书、为维持各府省基础性机能而必须紧急参集者；③行刑职员、看护职员等，因职业关系指定在工作单位附近居住的，适用免费宿舍。另一类是因工作地点移动频繁而必需的宿舍。[①]

[①] 『有識者会議報告書に基づく宿舎の「移転・再配置計画」について (1)』。

三　争论的本质

公务员广义上指从事国家或地方公共团体事务的人，不问选任方法，不问在立法、行政、司法的哪个部门。狭义上，指除去国会议员、地方议会议员，仅指从事国家或地方公共团体公务的职员，或者单指行政职员。在日本，公务员一般有职业稳定、休假有规则等印象，因此在就业者中较受欢迎。但是，也有人由于报酬低、任务繁重无法回家，实际上与预想的公务员印象完全不同，辞去公务员而去民间企业的。国家机关的公务员中许多人每月加班100多小时。但是加班费只能在有限的预算内支付，有的人只能得到几个小时的加班费，加之国家公务员不适用《劳动基准法》，相比欧美国家，日本的公务员较少。

关于公务员宿舍是该取消还是该保留的争议，夹杂许多因素。有人认为公务员宿舍并非公务员的奢侈享受。霞关的紧急参集要员并非都居住在9千米以内的宿舍。反对方认为，转岗多的部门需要短期居住的宿舍，但不等于说就必须在国有地上建设永久性的住宅居住。有事之际无论住处远近都应该奔赴，没有官舍就无法奔赴，不成理由。紧急的不仅是公务员，说宿舍不是福利，这说不通。本府省职员可分为经常忙碌、季节性忙碌的职员和朝九晚五的定时工作者。各部门存在差异，不能笼统地说必须为公务员保留宿舍。实际上职员中起作用的约一半，除非为了维系全体公务员的稳定身份，否则没有必要居住在都市中心的廉价宿舍中。30～35岁的公务员与普通企业员工相比工资水准不高，应该给予厚遇，但是由此论断一律需要宿舍是有疑问的。①

有人提出仅仅改革宿舍制度的做法太狭隘，应该在公务员制度整体改革中讨论宿舍问题。以工作人员的生产性和效率为准绳考虑怎样的宿舍合适，而不是片面地要求消除、减少、不能建造等。

其实，公务员宿舍并不仅仅供公务员居住用。作为国有资产，紧急情况下还可转作他用。例如，东日本大震灾发生后，立即向地方政府提供国家宿舍、未利用国有地，向灾民提供国家公务员宿舍。各地财务局、财务

---

① 『第6回国家公務員宿舎の削減のあり方についての検討会「議事要旨」』。

所向地方政府提供宿舍信息，根据地方政府要求，许可无偿使用，由地方政府借给灾民。部分媒体把宿舍问题作为舆论泄洪口，将其敲打国家公务员的感情渗透于文章中。结果，本来是否需要、需要多少等本质性论点反而模糊了。电视台、杂志等媒体喜欢报道个别豪华宿舍，或者租金低廉的宿舍，认为公务员享受着优厚待遇，注目于广义的官民差距，以废除公务员宿舍的主张吸引眼球。因此，争论固然有利于各方更深刻地理解事物、解决问题，但其中也包含着并不单纯的因素。

第七章　老龄住宅政策

如果要举出日本社会最关切的问题，在不同历史时期，因应国内外经济社会形势的需要，侧重点时常变化，或是经济问题，或是安全问题，或是教育问题，而迄今为止历时最久而且今后长时期内都难以解决的问题，大概非人口老龄化莫属。早在1959年，《人口白皮书》就把人口老龄化与贫困、疾病并列作为人口问题之一。1970年日本65岁以上老人占总人口的7.1%，成为进入老龄化社会的标志。虽然日本不是最早进入老龄化的国家，却是老龄化速度最快而且是当今世界老龄化率最高的国家（2010年老龄化率达到23.0%）。老龄化问题是对社会、国家的各个方面都有深远影响的全局性、根本性问题，自20世纪80年代以来在日本成为舆论、学界、政界经久不衰的话题。中国学界也早有关注，关于日本老龄化的特征与原因，老龄化对经济社会的影响，老龄化与医疗保险制度、社会保障制度改革等，都有专文论及。[1] 在日本人口老龄化的对策方面，陶立群介绍过日本老龄化政策（主要是福利）的变迁，[2] 尹豪探讨了日本老龄化的原因、过程，以及在就业与收入、健康与福利方面的对策，[3] 张文

---

[1] 例如李秀英《日本老龄化社会及其问题浅析》，《日本研究》1989年第3期；田雪原等《日本人口老龄化与经济技术进步——赴日考察及学术交流报告》，《中国人口科学》1990年第6期；王峥《日本老龄化背景下医疗保险制度变迁及其启示》，《江西农业大学学报》（社会科学版）2012年第4期；张舒英《日本人口老龄化与社保制度改革》，《求是》2013年第6期等论文。

[2] 陶立群：《日本人口老龄化的现状、发展趋势及其主要对策》，《日本问题研究》1995年第1期。

[3] 尹豪：《日本人口老龄化与老龄化对策》，《人口学刊》1999年第6期。

彬从福利保障制度上介绍了日本的老龄化对策。① 在日本，住宅是与就业、医疗、教育、养老同样的社会保障的对象。住宅政策如何应对老龄化，是个不应忽视的重要问题。

第一节　老龄化及其对住宅的影响

1990 年，日本老龄化率（总人口中 65 岁以上老人所占比例）为 12.1%，在主要发达国家中仅略高于澳大利亚的 11.2%，比英国、法国、意大利、德国、瑞士、瑞典、美国等都低。而到了 2000 年已经达到 19.9%，超过了所有其他国家。2010 年，日本老龄化率为 23.0%，根据现有发展趋势，推测到 2060 年将达到 39.9%。1990～2010 年，日本总人口仅增加 4%，而 65 岁以上老龄人口则几乎翻了一倍。当前日本女性平均生育率为 1.3，远低于 2.1 这个人口简单再生产的标准，人口总数开始下降，知名学者正村公宏称日本人已经成为"濒危物种"。② 人口老龄化、绝对数量减少成为当今日本社会最焦虑的问题。日本老龄化的快速发展，源于人均寿命的延长与妇女生育率的降低，即所谓"高龄少子化"。战后经济高速发展带来生活条件的改善，国民营养状况、医疗卫生事业水平提高，使死亡率下降，平均预期寿命延长。平均每个妇女一生生育孩子数量即总和生育率快速下降，从战后初期（1947～1949）的 4.54，到 1984 年下降到 1.74，当前只有 1.3 左右。1998 年 5 月 5 日"儿童日"，日本总务厅公布 15 岁以下儿童数量首次少于 65 岁以上老人数量，当时媒体就惊呼少子化是日本亡国的危机。③ 2005 年开始出现人口总数下降的现象。人口绝对数量减少成为当今日本社会最焦虑的问题。

人口老龄化给经济社会的影响是全方位的。从经济角度看，是劳动力资源减少、储蓄率下降、企业经济效益受损。从社会角度看，老年抚养系数（65 岁以上老人数量占 15～64 岁劳动人口数量的比例）增大，表明养

---

① 张文彬：《日本老龄化应对措施及其对中国的启示》，《东南亚纵横》2008 年第 7 期。
② 正村公宏：『日本の危機：私たちは何をしなければならないのか』東洋経済新報社，2012，6 頁。
③ 桜井よしこ：『日本の危機』新潮社，1998、154 頁。

老金、医疗保健、社会保障方面开支增加。1970～2010年度，日本名义国内生产总值年均增长率约为4.8%，国税收入年均增长率约为4.4%，而用于社会保障的财政支出年均增长率则为8.5%。65岁以上老人耗费的养老金、医疗、福利与服务费用三项合计占社会保障支出的比重，从1973年的25%剧增到目前的69%左右。[①]

老龄化的影响不仅表现在生产下降、负担增加上，而且带来人们生命周期和生活方式的巨大变化。人离开工作岗位后的在家生活时间延长，与住宅相关的问题对生活的影响凸显。普通住宅都是在健康成年人的使用假设下设计、建造的。人随着年龄增长，身体机能和心理都发生变化，普通的住宅及其环境在许多方面不适应老人生活需求，老人在日常生活和社会交往等方面都存在许多困难。1977年的"东京都老人福祉基础调查"和1980年的"老人生活实态调查"显示，在家庭内日常生活行为动作中，80岁以上的高龄者中听力迟钝或者需要护理者达40.8%，47.4%的人步行困难、36.3%的人视力下降、18.7%的人对话有障碍，在衣服穿脱、入浴、排泄、饮食等方面都有相当部分人存在程度不等的障碍。老人的患病率、受诊率为国民平均数的3倍以上，瘫痪、阿尔茨海默症的发生率较高。根据厚生省社会局于1980年发表的调查报告，身体有障碍者中希望对住宅各部分进行改造的比例见表7-1。

表7-1 身体有障碍者中希望对住宅各部分进行改造的比例

单位：%

障碍种类	希望改造的场所（占被调查者的比重）							
	厕所	浴缸	居室	厨房	玄关	楼梯	走廊	其他
视力	51.6	41.4	27.6	26.6	15.8	12.2	4.3	13.2
听力	38.6	39.6	33.3	29.0	18.0	4.7	3.9	14.5
肢体	56.3	50.6	24.4	19.9	13.2	13.3	4.9	8.2
内部	51.6	46.4	28.8	32.0	10.5	10.5	5.2	5.9
总数	52.8	47.4	26.4	23.1	14.0	11.8	4.7	9.6

资料来源：社会保障研究所编『住宅政策と社会保障』東京大学出版会、1990、234～237頁。

---

① 张舒英：《日本人口老龄化与社保制度改革》，《求是》2013年第6期。

对于一般健康人使用方便的普通住宅，在身体有障碍者看来有许多需要改造的地方。在人生阶段中，老年人出现身体障碍的比例最高。因此调查结果可以说在一定程度上也反映了许多老年人的愿望，显示以普通人为对象设计的住宅不能适应残障人士、老年人等社会弱势群体的需要。

老人主要以劳动报酬、年金和其他社会保障为收入，在发达国家中日本对就业的援助、对儿童的援助力度较大，但是公共年金的比例较低。工薪族退休后收入减少而消费没有显著下降，家计变得紧张，居住费用尽量节省。在城市化、家庭意识的变化中，家庭规模越来越小，老人家庭增加。随着女权的进步，离婚率上升，独居老人家庭越来越多。但随着年龄增长，期待三代同居的老人越来越多。

虽然日本在经济、科技等方面的水平早已与欧美并驾齐驱，但在包括住宅在内的社会福利方面还有差距。例如，适用于身体机能下降、使用轮椅者的宜居住宅，在内阁府 2005 年 12 月进行的调查中，日本只有 12.2%，远远低于美国（37.9%）、德国（26.6%）和法国（22.4%）。认为住宅对老人生活"多少有问题"的达 47.3%，远高于美国（23.3%）、法国（24.7%）和德国（34.1%）。数十年来，日本在公共住宅政策领域，一面以欧美先进国家为模范，一面反思自身的问题，进行大量的调查研究,[①] 制定了多种制度应对老龄化的挑战。

第二节　老年人生活保障的理念与住宅的关系

人进入老年期以后，生活结构上容易出现三个特点。一是收入有限。退休后劳动收入断绝，即使再就职收入也有限。尤其到了 75 岁以后，年金就是生活费的主要来源，一般依赖过去的储蓄补贴生活费的不足，或者依赖子女赡养。二是退休后容易陷入社会性孤立。离开职场后没有了同事，家庭中孩子长大、结婚离开家庭，家中只剩老人。三是身体、心理容易得病，甚至出现残疾。

[①] 周建高、王凌宇：《日本住宅统计调查的内容、特点与启示》，《中国名城》2013 第 11 期。

虽然日本民法规定了子女有赡养父母的义务，但是对老人进行社会性援助依然是必需的。因为，国民通过社会性劳动创造的财富，一部分充作培养下一代健全劳动力（抚养孩子）的所需费用，另一部分需要充作赡养老人的费用。但是一般日本工薪族的收入仅够维持核心家族的简单再生产，即只是作为扶（抚）养劳动者本人和妻子、子女的费用，不含赡养老人的费用。老人残疾或瘫痪时需要支出护理费，而老人年金或者子女工资中没有这一项，如果家中有需要护理的老人，就成为工薪族的沉重负担。赡养老人降低了普通工薪族的生活水准。老人虽然身体机能减退、劳动能力下降，但是都有自立生存的权利，保持作为人的尊严是受宪法保障的。另外，老人也有发展自己的权利。社会是承上启下绵延不绝的河流，现在生活的财富是在继承和发展老人过去所创造的财富来的。衰老是无法回避的自然规律，维护现有老人晚年的人权，让他们安宁生活，会给中青年群体带来稳定的期待。因此，社会建设怎样的物质条件及系统来保障老人的权利应该是福利政策要面对的课题。

鉴于社会老龄化的发展，为了综合推进老龄社会对策，谋求经济社会的健康发展和国民生活水平的稳定提高，1995年11月8日日本制定了《高龄社会对策基本法》，提出了"公正而有活力、以地方社会自立与连带精神为基础形成丰裕的社会"的目标。规定政府每年向国会报告已经实施和即将实施的老龄化对策措施。老龄化对策措施分"就业及收入""健康与福祉""学习与社会参加""生活环境"四个部分。1996年7月5日内阁会议通过了《高龄社会对策大纲》，与住宅相关的内容属于"生活环境"项。为确保老人稳定富裕的居住生活，对策大纲提出的措施是促进住宅生产的合理化以提高居住水准，对应多样的居住形态。适应老人身体机能的下降，促进带护理设施的住宅的普及，与福利政策配合，供给具有生活支援功能的住宅。[①]

在城市及居住空间中，生活功能、居住功能以安全、卫生、舒适为目标。居住空间不仅是生活再生产的场所，也是身份认同的共同体。住宅虽

[①] 財団法人高齢者住宅財団・人にやさしい建築・住宅推進協議会編著『高齢社会の住まいと福祉データブック』建設省住宅局住宅整備課監修、風土社、1998、43~44頁。

是个人可以自由构筑的空间，实际上只有高收入阶层能够确保良好的空间。老人以基本固定的年金为生活费，很少有收入增加的指望。租房居住者会有房租上涨、被房东赶出的压力，自有住宅的人则必须支付较高的固定资产税、继承税等，老人有时只得从长久住惯的地方搬离。而且，由于老人与残障人士生活风险较高，容易出现火烛事故、损坏住宅、滞纳房租等现象，民间房屋租赁业者不太愿意租房给他们，老人经常遇到租房遭到拒绝的情况。这类依靠市场无法解决的问题，理所当然应由公共力量承担。居住权利的保障，指无论谁、无论身在何处，人们入住自己想居住的地方或住宅的平等机会得到公共力量的保障。这是老后生活安定的基础。

在居住权利保障上，二战后西欧国家在建设福利国家过程中，制定了生活水准的国民最低标准。通过居住法等，以国家责任保障国民最低标准的居住空间。日本对居住权利的保障最早是 1921 年制定的《借地借家法》，保障借地人、借家人的居住权利。类似西欧国家的对居住空间最低国民标准的保障，即由国家直接或间接供给最低限度的住宅，是在战后经济高速发展、社会财力较为充裕的 20 世纪 80 年代，虽然未曾立法，但是被政府作为努力措施实行的。[①] 原田纯孝早在 1985 年就指出，要应对老龄化社会，必须充实住宅以及居住环境政策。如何把作为市民及其家人生活场所的住宅，与都市自身组成部分的居住生活环境配合进行社会性保障，是越来越重要的课题。

保障包括老年人在内的国民居住机会平等，日本是通过公共住宅供给、对自有住宅或租赁民间住宅的补贴制度实现的。

第三节　公营住宅的应对

在迎接社会老龄化的挑战中，长期以来日本构筑了比较完善的应对体系，老龄化对策包括就业与年金、健康与医疗、社会参加与终身学习、生活环境、老龄市场等领域。日本公营住宅制度建立至今近 70 年，

---

① 社会保障研究所编『住宅政策と社会保障』東京大学出版会、1990、195～196頁。

其间日本经济社会发生了巨大变化,住宅制度不断修改完善。在老龄化形势下,公营住宅为适应社会需求也做出了积极的改变。

一 赋予老人优先入住资格

受建设成本(特别是地价)快速上涨和公共预算的约束,公营住宅建设数量有限。而低廉且稳定的租金(一般为市场房租的四成左右,甚至三成)、良好的建筑质量吸引较多的申请者,使公营住宅一直供不应求。

由于公营住宅僧多粥少,分配之际对申请人根据住房困难的不同程度进行分类,设置了不同的中签率。针对住房困难程度,在公营住宅制度上对老人的优待始于1959年。本来以家庭年收入作为主要分配根据的公营住宅制度,当年开始把老人家庭与单亲母子家庭、残障人士家庭作为特殊情况,给予其申请资格,准其参与对公营住宅分配的抽签竞选。1964年厚生省(今厚生劳动省)、建设省(今国土交通省)发布政令《关于老人家庭公营住宅建设》,要求公营住宅在设计和建设时适应老人需求,而且把老人家庭作为住宅困难度较高者,优先安排入住。

1972年以后,随着进入老龄化社会,日本开始关注老人的住宅难问题,国家在公营住宅建设中按照一定比例安排老人住宅,而且根据入住老人的收入情况减收房租。1980年修改了《公营住宅法》,把原先必须以家庭为单位申请的规定,修改为认可老人(男性60岁以上、女性50岁以上)单身入住的权利。

在市场和政府两种力量密切合作下,经过长期坚持不懈的努力,日本国民居住状况得到较快改善。到了20世纪80年代,战后住宅供应紧张的状况已经根本改变,社会对于住宅的关注点从数量转移到质量上。1996年建设省大幅修改了《公营住宅法》。关于入住资格,正式放宽了老年人的申请条件,废除此前的第一种、第二种的区别,把老人、残障人士等的收入基准线从全社会收入分位的25%提高到40%,使部分中等收入的老人也具备了公营住宅的申请条件。东京都都营住宅申请资格除了收入条件外,还有甲、乙两类优待资格。甲类优待资格指准多子家庭、残障人士、公害病患者、难病患者等。这些家庭申请者抽中率是一般家庭的 5 倍。乙类优待资格指单亲家庭、老人家庭、残障人士家庭、3 个孩子以上的多子家庭等，这类申请者抽中率为一般家庭的 7 倍。老人家庭是指申请者本人 60 岁以上，所有同住的亲属符合下列条件之一的：（1）配偶；（2）大体 60 岁以上；（3）未满 18 岁；（4）《身体障碍者手册》中的 1～4 级障碍者；（5）重度或者中度智力障碍；（6）《精神障碍者保健福祉手册》中的 1 级和 2 级。[①]

公营住宅房租低廉，竞争者众多。对于老人入住，公营住宅先是特殊优待，后来逐步扩大到普遍优待，允许单身申请、抬高收入基准线、设定更高的抽中率，都使老人得到较多享受公共资源的机会。

二 改良住宅的硬件条件

老年人因身体机能下降，在普通住宅中生活经常会出现困难。据统计，老人在居家生活中因事故导致的死亡率是全年龄段的平均三倍以上，死于住宅内事故者数量接近死于交通事故者的两倍。为了适应老年人的身体特点，公营住宅制度早就从住宅硬件方面做出了应对。

1964 年，有的地方政府开始供应面向老人的"特定目的公营住宅"。[②] 这是一种把老人家庭与母子家庭、残障人士家庭等作为"特定居民"，赋予优先入住、房租减免等优惠措施，而且住宅标准较高的制度。例如，一般公营住宅为二室一厅的结构，但面向老人、残疾人等开发的住宅为三室一厅。1965 年，这种面向老人家庭的公营住宅建设及优先入住制度上升到国家政策层面推向全国，成为日本最早的针对老人的住宅政策。把面向 60 岁以上老人夫妇家庭、老人与儿童同住家庭供应的公营住宅称作"老人家庭特定目的公营住宅"。当时建设省发布公营住宅建设的指导意见，要求公营住宅在建设之际，选择适应老人需求的区位，避免出现全是老人家庭的小区，以促进老人家庭与一般家庭的社会融合，老人家庭住宅限于平房或者共同住宅的一楼，设计的时候尽量考虑适应老人生

[①] 東京都都市整備局：「都営住宅の優遇抽せん」、http://www.toshiseibi.metro.tokyo.jp/juutaku_keiei/261toei3.htm、2014 年 3 月 8 日検索。

[②] 社会保障研究所編『住宅政策と社会保障』東京大学出版会、1990、46 頁。

活，小区内应该设置庭园和其他适合老人余暇利用的设施。扩大卫生间面积，安装带扶手的坐便器，在餐厅、厨房的地面铺设榻榻米，在走廊壁根安装脚灯。寝室、厕所等处安装报警铃，以便紧急时可以通知护理人员。配备的电话机带有扩音装置，以便听力下降的老人使用。如果申请公营住宅的低收入家庭有老人同住，则安排三居室或四居室的住宅，确保老人寝室处于有日照的南侧。[①] 1970年日本进入老龄社会后，建设省的意见受到重视，1975年开始向与老人同住的家庭提供规模、设备等方面特殊设计的公营住宅。在1980年的公营住宅政令修改中，把面向有老人的六人以上家庭供应的住宅面积标准提高5平方米，第一种住宅面积从80平方米增加到85平方米，第二种住宅从75平方米提高到80平方米。[②]

　　因应20世纪80年代独身老人急剧增加的形势，1982年度开始逐渐进行对既存公营住宅消除阶梯及安装扶手、电梯等的无障碍化改造工程。1987年建设省与厚生省联合推出了"银发住宅工程"。这是在公营住宅、公团住宅、公社住宅等的公共租赁住宅中，建设一批适宜老人生活的样板住宅，以此倡导住宅建设考虑老龄社会需求的政策。在公营住宅上，建设省负责将硬件改造成适宜老人生活的样式，例如家门外边设置扶手、座椅，便利老人休息或搁置物品；定制边沿较宽的浴缸，可以坐在浴缸边上；消除室内地面的高低差，防止绊倒、跌伤；家里安装呼叫器，紧急情况下可以呼叫援助员。1991年日本推出公营住宅、公团住宅对应老龄化的式样标准，规定此后新建公共住宅照此标准执行，同时推进对既存公营住宅的改善工程。随着技术的进步，住宅内家居用品向电气化、自动化发展，银发住宅中安全和便利设备日益增加。例如，现在住宅楼入口处有对讲器，出入凭安全卡。冲水马桶都连接了节奏传感器，当马桶水箱内的水在一定时间内没有流动，就自动向援助员发出通知。迄2005年3月末，在日本全部219万户公营住宅中，进行了某种程度无障碍化改造的有93

---

① 佐武弘章・荒木兵一郎・船曳宏保編『高齢化社会政策の実験』新評論、1991、28頁。
② 野村歓：「高齢者・障碍者の住環境」、社会保障研究所編『住宅政策と社会保障』東京大学出版会、1990、239頁。

万户，占总数的 42%。① 老人住宅的无障碍化改造当前依然在按部就班地进行。

银发住宅的建设费是国家和地方各出一半，日常经营费用由国家负担 40%、都道府县负担 20%、市町村负担 20%、第一号保险费负担 20%。住户承担的房租根据住户年收入确定，当前的月租金为 1 万~10 万日元。由于有生活援助员在身边照料，加上住宅是无障碍设计，可以安心生活，因此银发住宅一直供不应求。迄 2009 年度末，银发住宅工程共在 869 个小区有 23298 户。根据国土交通省对 2000 年度以前制订了供应计划的 210 个小区所做调查的结果统计，银发住宅很少发生居民主动退出的事例，多数入住者持续居住直到死亡。② 这说明银发住宅得到了老年人的认可和欢迎。

三　住宅与福利机构结合

在日本行政系统架构中，住宅建设由建设省管辖，福利事业由厚生省管辖。实际上老人居住问题与建设部门和福利部门都密不可分，形势需要两个行政领域互相协作。1964 年 4 月 1 日厚生省社会局长与建设省住宅局长发布通知，确立了一般公营住宅的一楼部分给老人优先入住的制度。这是两个行政部门在老人住宅问题上的首次联手。③ 建设省与厚生省正式的合作事业始于 1987 年的银发住宅工程。在银发住宅工程中，建设省负责硬件建设，不仅包括住宅，还包括配套的服务老人的生活咨询室、团聚室等。厚生省负责在银发住宅中配置福利服务事业，当年厚生省推出了"生活援助员（LSA）④ 制度"，即对于纯粹老人家庭，每 10 户~30 户配备一名生活援助员，与老人等居住在同一住宅楼中。生活援助员的职责主要是向老人提供各种咨询，处理跌倒、急病、火灾等紧急情况，以及临时性的家务援助等，在紧急情况下与相关机构联络。这种生活援助员制度首

---

① 「住宅のバリアフリー化に向けた取り組み」、『高齢者が安心して暮らし続けることができる住宅政策のあり方について（答申案）』、24 頁、http://www.mlit.go.jp/common/000031368.pdf、2014 年 2 月 20 日検索。
② 国土交通省：「高齢者向け賃貸住宅のハード・ソフトのあり方調査（平成 18 年 12 月）」。
③ 佐武弘章・荒木兵一郎・船曳宏保編『高齢化社会政策の実験』新評論、1991、27 頁。
④ LSA 是"生活援助员"的英文 Life Support Adviser 的缩写。

先在东京都葛饰区、神奈川县藤泽市、兵库县神户市等（1987年度）和大阪府大阪市、富山县富山市等（1988年度）开始实施。公寓中设置生活援助员的专用住所，援助员的服务时间有的是白天工作，有的是24小时不间断，各地不尽一致。此外，公营住宅公寓中还设置高龄者生活咨询所，给老人提供各种咨询服务。

　　起初，公营住宅由地方政府负责建设、经营和管理，20世纪90年代行政改革中公共住宅制度主体多元化，民间企业和其他公共机构也参与到公营住宅的建设和经营中。民间的普通公寓和住宅公社、都市再生机构的住宅符合一定条件的话也可作为公营住宅利用。1993年对银发住宅制度进行扩充，银发住宅楼或住宅小区引入老人日间照料中心、养护老人之家、特别养护老人之家、轻费老人之家、老人福祉中心等福利机构。[①] 进一步加强了服务老人的功能。例如东京都世田谷区在深泽4丁目的一栋共60户、五层的公营住宅公寓中，设置了17户银发住宅（14户单身家庭、3户二人家庭）。住宅楼的一楼是会议室、日间照料中心、公共活动室。二至五楼为住户，户型是单身家庭为38平方米的一居室，二人家庭为53平方米的二居室。2008年11月5日共有16户、18人（男性6人、女性12人）居住，年龄最低者68岁、最高者94岁，平均80.8岁。管理者提供的业务有日常的安否确认、生活指导，紧急情况下的应急护理、与有关机构的联络等，还有入住者恳谈会、生活咨询等业务。随着社会老龄化的日趋严峻，福利机构和设施在不断发展。例如2000年日本建立了护理保险制度，厚生省当年开始设置"认知症老人组屋"，改变以往对有智力障碍的老人进行集中护理的做法，让他们在普通社区的自己家里享受福利机构提供的服务，经费由保险金支付。

　　1995年7月投入运营的京都府京都市南区东九条市营住宅是一栋五层住宅楼，占地面积4590平方米。在总共79户家庭中，普通家庭49户、银发住宅老人家庭30户。住宅楼的一楼设置特别养护老人之家、日间照料服务中心、在宅护理支援中心，还有生活咨询团聚室70

[①] 野村歓：「高齢者・障碍者の住環境」、社会保障研究所编『住宅政策と社会保障』東京大学出版会、1990、239～241頁。

平方米、集会室 95 平方米。① 东京都面向老人的公营住宅称作"银发朋友",迄 2011 年 3 月末东京都共有 10135 户入住（定员 11913 人）。具有紧急时对应、安全确认系统。② 这种与福利设施结合的公营住宅使老人足不出户就能够享受到各种福利服务，可以在自己久居习惯的社区安心生活。"银发朋友"老人住宅在硬件方面很好，但是舆论调查中被认为最好的是其设置了看护员、生活援助员，每天看护居住的老人，万一发生情况有人帮助联系。

四　创造社会融合的环境

丰富、便利的物质条件与周到贴心的服务构成老年人优质生活的基础，但并未充分满足老人的需求。社会交往是人类生活必不可少的内容，对于老人生活质量影响很大。2006 年一项关于日本老人集合住宅的调查显示，绝大多数老人期待社会交往。被调查者中认为与邻居交往"非常重要"者过半数，而回答"可有可无"的只有 7%。而且，乐于社会交往的老人对现状满意率高。在回答"非常重要"的人中对现状满意者达到六成以上，越是轻视与邻居交往者，对现状越是不满足。③

（一）成对住宅流行一时

日本在 1965 年推出的最初的老人住宅政策中，就已经注意到老人的社会交往问题。当时提出要避免老人住宅的集中，应谋求老人家庭与普通家庭的社会融合。1969 年公营住宅开始供应"成对住宅"，住宅公团受此影响，1972 年住宅公团大阪支所长青树英次的提案也获得社会赞同。成对住宅制度是让亲子两代家庭相邻而居，各自有独立空间，老人住一居室的住宅，年轻夫妇住二居室的住宅，两户相隔距离以送一碗汤不变凉为标准，方便年轻夫妇照料老人。其中的老人住宅设计成可以晒到太阳的阳光间，还有放置佛龛的空间。这种制度得到居民欢迎，各地相继仿效，成对

---

① 財団法人高齢者住宅財団等編著『高齢社会の住まいと福祉データブック』風土社、1998、65 頁。
② 「都営住宅申込資格・単身者向シルバーピア」、http://www.to‐kousya.or.jp/toeibosyu/sikaku/sikaku2_8/silver_tansin.html#3、2014 年 3 月 8 日检索。
③ 関川千尋・櫻井真由美・宋美玉：「高齢者集合住宅に関する研究：コレクティブハウジングの事例を通して」『京都教育大学紀要』109 号、2006。

住宅一度如雨后春笋般出现。但是成对住宅房租较高，而且年轻人调动工作或者老人死亡之际，必须两户同时退房。这些缺陷使成对住宅制度在流行了数年后偃旗息鼓。①

（二）交流住宅方兴未艾

尽管成对住宅流行时间不长，但是在考虑老人居住生活时重视老人社会交往的思想始终未变。随着20世纪80年代以来国际交流的扩大，一种在北欧国家发展起来的集体住宅②制度被日本认识。同时在日本社会变迁中，因双职工家庭、单身老人等的增加，社会追求育儿共同化和人际交流的意愿也随之增加。于是日本模仿北欧集体住宅创设了"交流住宅"制度。北海道的音更町先行一步，于1991年3月制定了条例，决定设置老人与青年的交流住宅，以促进老人与青年的交流，提高老人在家福利。1996年4月1日开始施行。③ 1995年阪神大震灾后，临时住宅中发生多起独身老人的"孤独死"，引发社会的关注，因此1997年兵库县在建设安置灾民的公营住宅时，专门建设了老人用交流住宅，让老人互相帮助。最早建立的"兵库县营片山交流住宅"是共六户人家的二层木结构建筑，不仅有电梯、服务人员专用房间，还开辟了较多的公共空间。每户专用面积28平方米，共用一个53平方米的宽大客厅，居民穿着拖鞋就能进入大客厅。还有公共厕所、开放的洗衣机摆放处，都是创造机会使居民间增加交流。神户市长田区浜添地区的"真野交流住宅"是利用一栋七层钢筋混凝土建筑的一部分改造而成，1998年12月投入使用。房间有大、中、小三种，由27户单身者住宅（其中21户是供老人使用）和8户普通家庭住宅构成。住户前的阳台贯通，从室内和走廊上可以互相关照，还设有多功能食堂。④把老人住宅与普通住宅混合搭配，老人住宅小规模集中，在

---

① 佐武弘章・荒木兵一郎・船曳宏保編『高齢化社会政策の実験』新評論、1991、28~29頁。
② 集体住宅（collective housing），1925~1935年起源于斯德哥尔摩，是情投意合的人聚居一处的居住形态。在一栋住宅楼或者一个住区中，除了各户住宅外，设有共用的食堂、育儿室等公共空间和设备，便于人们互相联系，加强交流。这种住区减轻了女性的家务负担，有助于消除独身老人的生活不便。在瑞典、丹麦、荷兰等地得到发展。
③ 「音更町高齢者と若者のふれあい住宅条例」、http://www1.g-reiki.net/otofuke/reiki_honbun/a183RG00000379.html、2014年3月3日検索。
④ 「神戸復興コレクティブ住宅『真野ふれあい住宅』」、http://www.k-sodo.jp/article/13240487.html、2014年3月~3日検索。

便利福利机构提供服务的同时，增加了老人的社会交往机会，有利于促进老人与社会的融合。

五　制度评价

为了应对老龄化的挑战，在老龄社会来临的 1963 年日本政府就制定了面向全体高龄者的社会福利政策，具体表现就是《老人福利法》。该法规定，保障老人的各项权利是国家义不容辞的责任，国家和社会应该收养出于经济和健康上的原因而难以继续在家养老的老人，途径是兴建老人福利院、开展福利服务和终身教育等。此后随着老龄化社会的发展，老人福利政策不断修改、充实。1982 年颁布的《老人保健法》改变了以往一味注重福利设施收养由国家包揽的做法，强调家庭和社区是老人保健的社会基础，由设施养老向居家养老过渡。设置了专门的老人医院，设立看护派遣所。长寿化带来人们生命周期和生活方式的巨大变化。离开工作岗位后的在家生活时间延长，与住宅相关的问题对生活的影响凸显。因老人身体机能下降，以普通人为对象设计的住宅对老人产生诸多不便。尤其是低收入、患病、身心障碍等弱势老人群体，面临的问题更多。这是市场机制无法解决的难题，只有依靠国家以公共资源予以支援。面对老龄化社会的诸多问题，在行政服务社会方面，日本有各种翔实的调查统计，根据社会需求的变化，反省既有法律、政策的成败得失，探索合理可行的改善之策，由此推动制度日益完善，使民众福利日渐提高。1989 年 12 月由厚生省、大藏省、自治省共同制定的《老人保健福利推进 10 年战略计划》，提出老人福利向居家养老、住宅看护方向发展，实现设施福利与住宅福利并举。住宅福利是以市町村为主体，对居家养老的老人或者不愿意进入老人福利设施的老人提供与养老院等设施内同样的保健福利服务。计划 10 年形成一支 10 万人的家庭护理员队伍，对居家老人进行家庭访问、看护和帮助做家务等。[①]

迄 2010 年日本共有公营住宅 214.43 万户。银发住宅分布在 869 个小区，共有 2.3298 万户入住。自 1987 年开始至今，适应经济社会形势的变

---

① 张暄：《日本社区》，中国社会出版社，2007，第 179~187 页。

迁，地方发挥各自的创造性，银发住宅发展为交流住宅、集体住宅，从居住生活角度对于老年人的照顾日益全面。2003 年 10 月进行的对神户 9 处集体住宅的问卷调查显示，对于住宅设备的硬件方面、人际关系的软件方面的满足度，回答"满足"和"基本满足"的占六成，"不满"和"基本不满"合计占 12%。可见作为公营住宅应对老龄化的主要设施的银发住宅，适应了老年人的需求。

需要指出的是，在住宅政策对应老龄化方面，公营住宅制度只是其中一个分支。为满足老人社会对于安定、舒适居住的需求，住宅政策囊括所有形式的住宅。（1）对自有住宅，鼓励进行无障碍化改造。地方政府提供补助，住宅金融支援机构提供优惠利率，还有所得税、固定资产税上的优惠。（2）对于民间租赁住宅，先后有 1995 年开始的融资优待制度和 2001 年起步的债务保证制度。（3）在公共住宅领域，除了公营住宅外，住宅公团和住宅公社于 1990 年创设了长辈住宅制度，1998 年又推出高龄者优良赁贷住宅制度。不同类型的住宅领域都有对应老龄化的措施，并且日本始终在不断修改、完善这些措施。老龄住宅政策与地方和国家财政的关系、对于经济的影响等诸多课题（例如，东京都内建设特别养护老人之家的成本是每人 2000 万日元。预计到 2025 年东京仅这项就须支出 3 万亿日元[①]），中国学界的研究还极少，今后亟须填补。

第四节 长辈住宅制度

继银发住宅之后，住都公团于 1990 年创设了长辈住宅制度。这是一种便利老年人生活的租赁集合住宅。从 1993 年开始，住都公团在住宅设计和建设中采用了适应老人生活特性的设备、式样，住宅区设置诊所、食堂、护理所等，以便利老人日常生活。[②] 与作为面向低收入老人家庭的廉价公租房的银发住宅不同，住都公团建设的长辈住宅面向中等收入阶层，

---

① 「少子高齢時代にふさわしい新たな『すまい』の実現 PT 報告書」東京都、2009 年 11 月。

② 「URシニア賃貸住宅」、http：//www.ur‑net.go.jp/kourei/、2013 年 12 月 12 日検索。

因此房租较高。为了便利老人克服房租的负担，长辈住宅制度设置了多种房租支付方法。房租、物业管理费、基础服务费等可以按月付或者按年付，还有月付与年付两者结合的支付方法。如果在入住时办理年付，即使中间遇到物价上涨，根据与高龄者住宅财团①的契约，保证不用中途加钱。高龄者住宅财团承担住户的欠租保证责任，方便了老人们利用长辈住宅。

各地方的长辈住宅制度多少都有些自己的特色，例如横滨市1995年创设了长辈住宅"好时代横滨"，具备紧急时的应对能力和生活健康咨询，提供前台服务，住宅式样与配套设施适应高龄者生活特性。例如厨房水槽可以坐着使用，下带推拉框；燃气灶可以防止空烧；地板采暖；浴室烘干机带暖气功能；厕所照明采用人体感应灯，可以自动开关；洗面台设置生活节奏传感器，如果在一定时间内没有使用洗面台，就会自动紧急通报生活服务中心。居室的天花板上安装有自动灭火器，火灾时会自动喷水。②还有多种零碎服务等可供老人们个人定制。

第五节　高龄者优良赁贷住宅制度（高优赁）

为了促进具备良好居住环境的面向老人的租赁住宅的供应，日本于1998年度创设了高龄者优良赁贷住宅制度（高优赁），2001年8月公布《高龄者居住安定确保法》（亦称"高龄者居住法"）后正式实施。高优赁住宅是指具备适宜老年人长期居住的结构、设备，得到地方政府认定的民间租赁住宅。制度内容如下。

一　住宅的硬件和软件标准

民间业者建设高优赁住宅的计划须获得县级首长（知事）的认定。

---

① 高龄者住宅财团成立于1993年，对银发住宅及其他面向老人的住宅政策做调查研究、管理长辈住宅、承担长辈住宅房租债务保证等。参见「高齢者住宅財団トップページ」、http：//www.koujuuzai.or.jp/html/page01_01.html、2014年3月5日检索。

② 「プラン例・費用例」、http：//www.ur–net.go.jp/kourei/yokohama/model.html、2014年3月5日检索。

主要认定基准如下。5 户以上，每户地板面积 25 平方米（如果有共用的客厅、食堂、厨房、浴室等，则 18 平方米就行）以上。住宅必须具备耐火结构或者准耐火结构，各户应该有厨房、水冲便池、收纳设备、洗脸设备及浴室，或者有共用的厨房、收纳设备、浴室等亦可。住宅的结构、设备须适应老人身体机能，如无障碍化，浴室、寝室、卫生间三处设置紧急通报设备，万一发生紧急情况可以联络保安公司等。以 60 岁以上老人为供应对象。东京都从 1999 年度开始，对致力于高优赁住宅事业的区市町村进行资助。住宅须符合四个条件：要符合高优赁住宅建设标准；住宅管理业务要由事先确定的人按照知事规定的标准承担；入住者应该公开招募；要提供 24 小时的紧急应对服务。

二　政府的支援措施

1. 对建设费、房租减额的补助

高优赁住宅的建设以地方为主体，国家给地方政府补助。在住宅建设费上，国家给地方 45% 的补助金（地域住宅交付金）。如果住宅以收入分位 80% 以下的家庭为供应对象，国家对公用设施、加龄对应结构的建设费补助三分之二。国家对房租的补贴不是直接支付给居民，而是通过住宅经营者进行。如果住宅供应收入分位 40% 以下的家庭而且对住户实行减租，则国家以每户 4 万日元为上限补助给经营者。如北九州市的做法是，补助期间为住宅完工后 20 年，补助额度在契约房租的三成以下，入住者支付的是契约房租减去补助额的部分。如果房租是每月 7 万日元，补助额则至多为 2.1 万日元，居住者实际支付房租为 4.9 万日元。[①]

2. 所得税、法人税方面给予民间经营者优惠

住宅金融支援机构提供专门针对无障碍化租赁住宅的融资。地方政府、都市机构、住宅公社、民间企业都可以参与高优赁制度，而且尽量利用存量建筑资源。例如，东京都品川区利用某废弃小学建立了保健城作为

---

① 「高齢者向け優良賃貸住宅とは?」、http：//www.city.kitakyushu.lg.jp/ken－to/file_0043.html、2013 年 12 月 17 日检索。

高优赁住宅供应。一楼开设儿童乐园，二楼、三楼改成保健住宅。2009年接纳了42户，住宅面积分为21平方米、32平方米、38平方米三种，对应的每月房租分别是8万、9万、10万日元。保健城提供的服务有安全确认、紧急通报、前台服务、生活咨询等。根据入住者要求，还可以提供饮食服务、护理服务。以入住21平方米、收入分位在10%（月收入12.3万日元以下）以下的住户为例，每月8万日元的房租可以获得约6.8万日元的补助。[①] 迄2007年度，日本共有高优赁住宅30159户。[②] 高优赁制度于2011年10月为带服务功能的高龄者住宅制度代替。但是部分地方实行房租补助等制度，作为"地域优良赁贷住宅"制度延续着。

第六节　信息提供与债务担保
——高圆赁与高专赁

银发住宅、长辈住宅、高优赁住宅等老人住宅，都属于公共住宅制度，其建设费、房租都依赖公共资金补助，难以普遍供应，在租赁市场中只占小部分。租赁住宅大部分只得依靠民间市场提供。据调查，1993年在日本65岁以上的租房老人家庭总数107.1万户中，租住各类住宅的比例是公营住宅为26.5%、公团和公社住宅合计6.4%、职场住宅为2.9%，其余64.2%都是民间租赁住宅。但是，因老年人体力和精神衰退，容易发生火灾、急病甚至死亡等不测情况，且收入下降致使支付房租可能遇到困难，加之顾虑到左邻右舍的反应，不少民间业者不太愿意出租住宅给老年人。调查显示，民间房东出租住宅时，对租房资格设置某种限制者占76.3%，其中29.9%的房东拒绝老人租用。[③] 在住宅租赁市场上，老年人是名副其实的弱者。为此，日本建立了支援老人寻求民间租赁住宅的信息提供和债务担保制度——高圆赁与高专赁。

---

① 「国土交通省住宅局．改修による高齢者向け優良賃貸住宅の供給事例」『高齢者住宅施策について　資料2』、2010。
② 『高齢者が安心して暮らし続けることができる住宅政策のあり方について（答申案）』、http://www.mlit.go.jp/common/000031368.pdf，2014年2月20日検索。
③ 財団法人高齢者住宅財団等編著『高齢社会の住まいと福祉データブック』風土社、1998、30～31頁。

一 高圆赁制度

所谓"高圆赁",是"高龄者圆滑入住赁贷住宅制度"的简称,创立于2001年。它是针对不少民间房东不喜欢租赁住宅给老年人而致使老人租赁住宅困难的问题,帮助老人在租赁市场顺利获得居所的制度。其基本内容有两项。一是信息公开,都道府县把不拒绝老人入住的民间租赁住宅信息登记并且向社会公开,以便老人寻找租赁。登记项目包括出租住宅者的姓名或机构名称,租赁住宅的位置、户数、规模及结构,房租和公摊费的概算额。二是债务担保,对租赁住宅建立房租滞纳保证制度。如果老年租户出现房租滞纳等情况,则由"高龄者居住支援中心"作为房租债务的保证人。担保对象一般是60岁以上者,担保额相当于6个月房租债务,保证期为2年,保证金为房租月租金的35%。迄2007年度,高圆赁登录户数达到125592户。房租债务保证方面,有29697户缔结了基本约定,承担了560户的债务保证。①

二 高专赁制度

高圆赁住宅仅是不拒绝接收老人居住的民间租赁住宅。当求租者多于可供出租的住宅数量,房东可以在复数的求租者之间自由选择时,老年人显然处于劣势。为了更加牢靠地保障老人租赁住宅的机会,在高圆赁的基础上,政府又进一步推出"高龄者专用赁贷住宅制度"(简称"高专赁")。它也是一种信息服务制度。以2001年10月1日全面实施的《高龄者居住安定确保法》为根据,2005年12月1日开始了高龄者专用赁贷住宅登录制度。高专赁住宅登记的项目比高圆赁详细,便于老人们比较选择。除了高圆赁登记内容外,加上了住宅户数,入住之际缴纳费用的概要,共用客厅、食堂、厨房、收纳设备、浴室的有无。还包括是否提供饮食、入浴、排泄等护理以及其他日常生活上的照应,有无先付金的保全措施等项目。而住宅大小、设施、附属服务等并非必须登记项。

---

① 『高齢者が安心して暮らし続けることができる住宅政策のあり方について(答申案)』、http://www.mlit.go.jp/common/000031368.pdf、2014年2月20日检索。

高专赁是民间租赁住宅面向老人的信息公示制度，住宅条件各式各样。有的就是普通租赁住宅，有的带有呼叫按钮，有的提供饮食，有的设有诊所，有的提供扫除、洗涤等家务服务。高专赁最初标准宽松，居室的质量、附带服务的质量等大多数没有保障。2008年受到行政评价局的批评后，2009年5月20日对制度进行了部分修改，国土交通省与厚生劳动省合作，从住宅与福利两个方面综合性地帮助老人解决居住问题。高专赁更新了登录基准，确定了住宅规模、结构及设施等方面的最低标准，还要求报告住宅的管理情况，强化了政府的指导监督。2010年开始登记居室面积、服务项目的信息。

高专赁住宅登记，自2005年以来逐年增多，2009年度为13112户，为2005年2331户的5.6倍。2005~2009年累计达42878户。2011年10月，第177届国会通过了《高龄者居住安定确保法》的部分修正案，把高优赁、高圆赁、高专赁制度统一为"带服务的高龄者住宅"制度。

第七节　安心长期居住的契约保护
——建筑物终身租借制度

从日本住宅体系看，国民居住房屋自有率约六成，其余为租赁住宅。在老年人群体中住宅自有率较高，统计显示60岁以上年龄段人群住宅自有率超过了八成。少部分没有自己住宅的老人处于弱势。对于居住租赁住宅的老人而言，租赁契约的稳定性是最担忧的问题之一。为了让老年人能够安心地在租赁住宅中终身居住，日本根据《高龄者居住安定确保法》创设了"建筑物终身租借制度"，核心内容是各类事业主体把适合老人居住的无障碍住宅经过知事认证，与老人租户签订终身租赁契约。制度要求住宅地板没有高低差、浴室等处设置扶手、走廊宽阔等，面向60岁以上的老人提供。为了保障双方利益，还对于住宅租赁契约设置了一些约束条款。例如东京都的条例规定，租住老人死亡后，同住老人在一个月内提出申请就可以继续居住，房东不能轻易变更、解除契约，除非住宅老朽无法继续使用。与此相对，老人租户自己要解除契约的话，条件则比较宽松。在老人需要进入疗养机构、老人之家等地方，或者要与亲族同住等，或者事业主没有按照知事指令改善住宅等情况下，只要提前一个月提出申请即可。建筑物终身租借制度对老人和民间住宅租赁经营者都有利。对老人来说，可以安心地居住，免除了中途更换居所的麻烦；对事业主来说，获得了长期固定客户，免去了更换住客期间住宅空置的损失。[①] 迄 2008 年 3 月末，利用终身租借制度签订契约的老人家庭共有 845 户。

第八节 结语

福利国家的出现是 20 世纪（主要是二战后）世界历史上的一个显著特征。由国家干预，不管其身体、经济状况，主要针对失业者、残障人士、老人、低收入者等社会弱势群体，运用组织化的权力，给予个人和家庭最低生活水准的保障。福利国家的基本逻辑是，自由竞争的市场力量在高效配置资源的同时，必然导致贫富差异和社会矛盾，对于非自身怠惰出现的如患病、年老等"社会性事故"导致生活困难者，由国家通过财富再分配的形式给予救济，让弱者保持做人的尊严，有利于缓和矛盾、促进和谐，避免阶层固化窒息社会活力，于社会整体有益。[②] 日本自进入 20 世纪 70 年代以后，老龄化即成为社会关注的话题，经济、社会各界都在探讨应对之策。住宅政策正式应对人口老龄化始于 20 世纪 80 年代，此后日益受到重视，从住宅和小区的无障碍化等硬件方面，到提供生活咨询、生活援助、房租债务担保等软件方面，至今已经形成多种制度构成的较为完善的老龄化社会住宅政策体系，给老人尤其是在租赁住宅中生活的中低收入老人，创造了能够比较安全、放心生活的环境。在内阁府于 2010 年 11 月进行的以全国 60 岁以上老人为对象的"关于老人住宅与生活环境的意识调查"中，对"你现在是否感受到某种生活价值（喜悦、愉快）"的问题，肯定回答（感受到生活愉快者）占 85.8%，否定回答（没有感受到生活愉快者）占 12.9%，而且在肯定回答中选择"充分感受到"者达

[①] 東京都都市整備局：「終身建物賃貸借制度」、http://www.toshiseibi.metro.tokyo.jp/juutaku_seisaku/syushin_tatemono/、2014 年 3 月 5 日檢索。
[②] 圷洋一：『福祉国家』法律文化社、2012、14 頁。

到48.4%。① 可见日本老年人对于住宅及其相关状况，感到满意者占绝大多数，住宅政策在支援老人安定生活方面显然发挥了积极作用。

在日本，住宅政策涉及立法、行政、金融、税收等多个方面。老人居住设施分三个层次。一是护理保险设施，有特别养护老人之家（护理）、老人保健设施（康复）、护理疗养型医疗设施（医疗）。二是居住设施，有收费老人之家，面向中高收入者；廉价老人之家，面向低收入者；阿尔茨海默症老人组屋，面向阿尔茨海默症患者；养护老人之家，面向低收入者、穷困度高者。三是租赁住宅，指银发住宅、高优赁住宅、高专赁住宅等。从事业主体看，有地方政府、社会福祉法人、医疗法人，还有民间营利法人。2011年1月，日本有65岁以上老人2946万人，而包括银发住宅、收费老人之家、组屋等所有的老人居住设施在内共有居室155万个，仅占老人总数的5.3%。其中银发住宅约2.3万户，相对于老人数量的供给率仅为0.078%。② 面对严峻的老龄化形势，日本在公共住宅政策的应对方面还存在许多问题，有待更细致的观察和分析。限于篇幅，本书仅仅从行政角度对银发住宅、高优赁等制度做初步探讨，希望更多同人加入老龄化与社会保障问题的研究，因为中国面临比日本更严峻的老龄化挑战。

---

① 「高齢者の住宅と生活環境に関する意識調査結果（概要版）」、http://www8.cao.go.jp/kourei/ishiki/h22/sougou/gaiyo/、2014年3月5日検索。

② 「シルバーハウジングとは?」、『有料老人ホーム（高齢者施設）と介護保険の基礎知識』、http://www.homemate-s.com/useful/grounding/silver/、2014年2月27日検索。

第八章 集合住宅的问题与对策

　　住房作为人类生活必需品，其生产、交易、使用、继承，在现代世界早已不再纯粹是私人事务，尤其在城市，住房相关事业不仅与经济直接相关，而且成了社会问题，是政府工作的重要内容之一。

　　在日本，住宅分类方法在不同场合不一样。根据建筑风格分，有和风住宅、洋风住宅、欧风住宅等几类。按照所有关系分，住宅有"持家"（自有住宅）和"贷家"或"赁贷住宅"（出租住宅）之别。住宅统计上一般根据建筑结构方法，分为"一户建""长屋""共同住宅""其他"。"一户建"是一栋一户的独立住宅。"长屋"是两户以上住宅并立联结为一栋者，相邻住宅共用山墙，各户有分别通向外部的出入口。长屋有平房，也有二层至五层的低层楼房，是日本传统的城市住宅形式。"共同住宅"指共用走廊、楼梯等的复数住宅，由两家以上的住宅重叠建成的房屋。楼下为商店、楼层有二层以上且有两户以上的住宅也可作为共同住宅。"其他"指工厂、事务所中用于居住的非住宅建筑物，包括公司和学校的宿舍、医院和疗养所、宾馆、旅店、临时应急房屋等。日本学界一般把法规上的共同住宅、长屋这类"复数的家庭居住于一栋建筑物中的住宅形态"统称为集合住宅。集合住宅是相对于一家一户的独立住宅而言，一栋住宅建筑中有两套以上的住宅，生活着复数的家庭，邻居之间的距离压缩至极限，部分共用山墙、屋顶、楼梯或走廊，各户有独用的通向外部的出入口。集合住宅在近代以前较罕见，随着以机器生产为特征的大工业的发展而首先作为工人宿舍在工厂、矿山出现，因人口向城市的集中，集合住宅逐步在近代城市多起来。集合住宅带来的人口密集有节约土地等资源、提高公共设施效率的长处，因此成为城市住宅的典型形式，在有些国家的城市中甚至占据了住宅形式的主体地位。中国学界对日本集合住宅的研究主要是从建筑学视角，以介绍性的文章为主，较早的如罗劲介绍了20世纪80年代后期日本建筑界在集合住宅设计中新尝试表现的10种类型。① 周燕珉的论文部分论及20世纪90年代集合住宅随着经济社会变迁而出现的设计思想、形式上的变化。② 马韵玉、于萍叙述了日本可持续型集合住宅设计中骨架与填充体分离，以及城市协调发展等五个准则。③ 另外还有几篇较短的介绍性论文。总体上关于日本集合住宅的论文数量很少，人文社会科学领域似乎还未有人关注。作为城市住宅的主要形式，集合住宅在当今城市化时代对社会影响很大，是公共管理的重要对象之一。

第一节　日本集合住宅发展轨迹

近代之前，日本的集合住宅主要是城市里的长屋。东京普通市民居住的长屋，是两三户或多至五六户人家并排连接的平房，不临街的"里长屋"每户面积仅10平方米左右，邻居共用室外的水井、厕所、垃圾箱等。据研究，海军技师真水英夫于1904年在《建筑杂志》上发表的文章首先介绍了美国公寓（apartment），同年三菱合资公司在东京丸之内地区建造了两栋地下一层、地上两层的砖木结构公寓，是日本最早的西式公寓。第一次世界大战中日本产业化、都市化得到很大发展，集合住宅有所发展但总量不多，平均每年建成一栋或两栋。日本集合住宅真正的发展，是在1923年关东大地震的灾后重建中，以部分救灾捐款1000万日元为基金建立的"同润会"④ 开始建设比较耐震、防火的钢筋

---

① 罗劲：《现代日本集合住宅》，《世界建筑》1994年第2期，第60~65页。
② 周燕珉：《日本集合住宅及老人居住设施设计新动向》，《世界建筑》2002年第8期，第22~25页。
③ 马韵玉、于萍：《日本可持续发展型集合住宅的五个设计准则》，《住宅产业》2005年第11期，第84~85页。
④ 1923年日本发生了关东大地震，东京的建筑损毁严重。为了支援灾民的住宅建设，日本内务省以社会捐款为基金，于1924年设立了财团法人同润会，在东京和横滨进行住宅建设。共建设了15处集合住宅小区。

混凝土结构的公寓。从1926年至20世纪30年代初，共建设了15个集合住宅区（东京市内13个、横滨市2个），主要供应给城市中产阶级。①

二战后初期，政府为尽快解决众多家庭的住房困难，首先在东京港区的高轮建设了一批公寓作为公共租赁住宅。1951年日本公布《公营住宅法》，1952年起连续实施了5个公营住宅建设三年计划，城市里开始大量供应公营住宅。但公营住宅只供应给社会收入线25%以下的居住困难家庭，为满足大批涌入城市的工薪族的住宅需求，1955年设立的住宅公团致力于面向更广泛的阶层提供集合住宅，于是出现了集合住宅建设热潮。进入20世纪60年代，在靠近东京都心部地区，由民间开发商、地方政府建设的集合住宅开始销售，中高层②公寓大量供应，公寓作为城市住宅的一般形态普及开来。外来语mansion这个词也随之在日本社会生根③，它指规模较大的共同住宅，有独立可供居住用的各个房间的住宅，基本是钢筋混凝土结构，分属不同所有者。确定不同住户之间权利划分依据的《建筑物区分所有权法》于1962年开始施行后，政府和民间投资集合住宅力度加大。因主要建在大城市交通便利的地方，职住接近、居住空间利用效率高，集合住宅很受年轻人家庭的欢迎。经济高速发展带来人口向都市集中，促进了集合住宅在都市尤其是大都市的发展。到2008年，全日本已有公寓213.97万栋，在全部住宅建筑3302.51万栋（住宅共5758.6万套）中占6.5%。④

---

① 内田青藏等编著『図説・近代日本住宅史』鹿島出版会、2008、74、78~79页。
② 日本对于楼房低层、中层、高层的称呼，没有明确的定义。一般把3层以下的称为低层，4~5层的称为中层，6~19层的称为高层，20层以上的称为超高层。
③ 英文中，集合住宅用apartment一词，mansion指大宅邸。在日本，集合住宅被称作apart（apartment的简称）或mansion，起初没有明确分别。据说1955年房地产开发商开始把钢筋混凝土结构的集合住宅称作mansion，是为了给人高级感。apart一般指规模较小、木制结构或者轻钢结构的低端住宅。民间没有统一说法，后来国土交通省调查中把3层以上中高层共同住宅称mansion。本书中按照中国习惯，把mansion和apartment之类共同住宅均称作"公寓"。
④ 「平成20年住宅・土地統計調査（速報集計）結果の概要」総務省統計局、http://www.stat.go.jp/data/jyutaku/2008/10_2.htm、2012年7月10日检索。

第二节　当代集合住宅的特征

住宅是人类生活必需品，也是文明的体现。日本集合住宅随着科技和经济社会的发展而变化，当代集合住宅主要有以下特征。

一　功能分区

传统日本住宅中，各个房间没有明确的功能区分，饮食、会客、休憩往往用同一个房间。集合住宅从最初的同润会公寓开始，就是设施现代化的住宅。每户住宅室内配置有电灯、燃气、自来水、垃圾井道、冲水马桶等，室外有公共食堂、娱乐室、浴室和洗衣房，当时是最现代化的住宅。1951年《公营住宅法》公布后，城市里开始大量建造的被称为"51C型"的公营住宅，是按照西山卯三的"食寝分离论"设计的，拥有两间卧室、厨房兼餐厅、一间厕所，使用面积约35平方米，一梯两户。这种住宅内没有起居室，也没有洗澡的地方。进入20世纪60年代后，住宅公团适应社会需求，以"51C型"公营住宅为基础，扩大房间面积，增加房间个数，配置浴室。集合住宅多设置外走廊，每套住宅都是小开间、大进深，在DK（D指dining room，餐厅；K指kitchen，厨房）基础上增加了起居室（living room）而形成LDK，厕所、浴室加上数间各自独立的寝室，被称为"nLDK型"，以后成为集合住宅的标准模式。当时的集合住宅设计特别关注居住的隔音、采光、隔热、保温和保证空气质量等性能。这种住宅后来成为城市住宅的主流并沿用至今。

二　类型多样

日本集合住宅类型多样，居民选择自由度很大。首先是住宅套型十分丰富。同润会集合住宅考虑了和式、洋式不同生活方式的需要，面向家庭的户型有87种，面向独身者的有41种。当代日本建筑师们，适应时代变迁和社会发展，创造了更加多样的住宅形式。20世纪70年代出现房间可以自由分割的公团住宅，还有跃层、错层等形式。自20世纪80年代开始，集合住宅出现内部功能浓缩化、外部功能高级化和公用化，住宅向都市旅馆和度假娱乐设施方向接近。由新居千秋事务所设计的千叶县"新村"集合住宅是典型的多代混合型。早川帮彦设计的东京杉并区"迷宫"集合住宅,以中庭为中心把通往各户的通路立体交叉布置,居民们可以时刻感觉到一种"非日常性"的立体视觉效果。1989 年在福冈市香椎浜出现的"NEXUS WORLD",是以整个街道为"调色板",每栋建筑就是一种色调的多彩型集合住宅。[1] 20 世纪 90 年代以来,随着家庭小型化、老龄化、养老服务社会化以及在家上班者的出现,日本建筑师做出了应对。在住宅结构上设计面向单身者的小户型、面向老人的户型、面向在家办公者的户型、满足相互扶助型生活需求的协同居住型集合住宅(各住户共同负担食堂、厨房、活动室、大厅等公用设施,形成部分集体生活)等。

三 注重社会交往

人类对住宅的要求,不仅是能够躲避风雨寒暑,社会交往的便利性也是宜居的重要内容。在公营住宅、公团住宅等公共住宅中,日本建筑师就充分考虑了这一点。例如两代居的住宅、"分散近居"的设计,指小家庭和父母家庭居住在同一栋楼的不同套间里,既保持自己的独立,又相互邻近可以彼此照顾,实现了不同年龄层的社会混合。为了适应老龄化社会的需要,配备完善的医疗设施和服务的供老人们集中居住的"老人之家"型集合住宅在日本各地出现。还出现让老人积极参与社会生活的多代混合型居住体。例如千叶县"新村"集合住宅把一般家庭(夫妇和孩子)198户、多代家庭(夫妇、孩子和老人)54 户和单身老人 153 户同时放在一个组团中,通过多户型的变化和娱乐服务设施的完善,构筑了一个跨代交流的"新村"。入住者可以根据各自的愿望选择多代合居、近居或邻居的形式。还有的集合住宅修建有宽阔的楼内通道,使楼内通道不仅成为通行的场所,还成为妇女聊天、儿童游戏的场所。[2] 为适应经济社会变化,20 世纪 90 年代以来建筑师们在集合住宅设计中,改变过去把餐厅和起居室放在住宅最里面的做法,而面向公共走廊、楼梯间等近邻公用空间

---

[1] 罗劲:《现代日本集合住宅》,《世界建筑》1994 年第 2 期,第 60~65 页。
[2] 胡慧琴:《集合住宅的理论探索》,《建筑学报》2004 年第 10 期,第 14 页。

布置，使与邻里之间的视线交流成为可能。把中高层住宅中的竖向交通空间街道化，在设计上重视垂直交通与连廊之间的联系，创造出有利于儿童游戏、邻里交流和富有韵味的公共空间。这有利于促进邻里关系的密切化及社区的自然形成。①

第三节 集合住宅存在的问题

在经济高速发展时期，大量人口向大城市集中，为了满足新来者的居住需求，在都市郊外建设了许多新住区。根据2008年的住宅与土地调查，虽然从住宅建筑栋数看，集合住宅（长屋和共同住宅）合计占总数的8.3%，但是从住户分布看，生活于集合住宅中的家庭数量占全国家庭总数近四成，在以东京为核心的关东大都市圈为55.0%，在都心二十三区约为七成。② 集合住宅问题对城市居民以致对整个社会影响很大。在2008年的公寓现状调查中，选择"非常满意"者占22.6%，"基本满意"者占38.5%，合计61.1%。不满的理由，最多的是难以得到部分居住者合作，占51.9%；其次是物业公司职员业务不熟练，占24.8%；物业管理不好，占24.2%。③ 以公寓为主的集合住宅的问题主要有以下几个方面。

一 安全

（一）犯罪问题

高层住宅必须使用电梯，电梯这一密闭空间易成为犯罪场所，尤其对于幼儿、女性而言。建筑容易出现死角，加上邻居间相互不熟悉，难以分辨可疑者。虽有监控仪器，也难以完全消灭死角。住宅结构雷同也给侵犯空宅的罪犯以可乘之机，侵入过二三次住宅后便轻车熟路。1951年在美国密苏里州圣特利斯建设了由著名建筑师设计的公共高层住宅，然而其所

---

① 周燕珉：《日本集合住宅及老人居住设施设计新动向》，《世界建筑》2002年第8期，第22～25页。
② 周建高：《从统计看当今日本住房状况》，《中国社会科学报》2012年4月23日，B-02版。
③ 「平成20年度マンション総合調査結果について」国土交通省、http://www.mlit.go.jp/report/press/house06_ hh_ 000022.html、2013年3月5日检索。

在地本来就是贫民窟，高层住宅宽敞的公共空间反而让犯罪分子能随意侵入，最终整个小区沦为犯罪窟，住户纷纷迁离，几年后空房率超过七成，终于在建成后仅20年的1972年爆破拆除。

（二）日常生活安全问题

（1）儿童对高度感觉迟钝，高楼蕴含坠伤的危险。织田正昭曾经在东京都某高层住宅的保育园内，借NHK制作电视节目的机会做了实验，证明在高层居住的儿童对于高度的恐惧显著弱于在低层居住的儿童。习惯了高层居住的儿童对于高度感觉迟钝，容易麻痹大意，增加了坠伤的危险。日本《建筑基准法》规定阳台栏杆高度必须在110厘米以上，但仍然有儿童坠楼事故发生。（2）高楼抛物、坠物风险。1995年10月，大阪府守口市某高层公寓有三轮车扔下，11月该公寓18层扔下三个灭火器，其中一个正好砸中了一个小学女生，致其死亡。（3）火灾等非常事件。1998年8月东京都江东区28层公寓第24层的一个房间失火，可能是日本首起高层公寓火灾，所幸无人伤亡。织田正昭应邀参加了灾后一个月NHK的评论节目，观察发现当感到危险迫近时，有的孩子容易从阳台跳下；有的吓得迈不开腿、无法行走了；有的孩子因恐惧不再去发生过火灾的高层公寓玩。根据日本《消防法》《建筑基准法》，一定规模以上的公寓有义务设置防火设备。例如居住者50人以上的地方必须设置防火管理者，15层以上、总地板面积30000平方米以上则必须设置防灾中心。但是实际上在多数情况下，高层公寓的避难训练只有在住民方便的时候进行，且只有能够参加的人参与，不参加训练的居民众多。

根据织田正昭对高层小区的调查，家中有入园小孩的母亲，不管居住哪一层，乘电梯时感到某种不安的占62%。具体说来，担心电梯停电者有78.1%，担心地震者有64.3%，担心犯罪、猥亵者有59%，担心火灾者有44.4%，担心事故者有30.3%。[①]

二 公寓管理问题

扇田信把集合住宅的管理归纳为四个方面：（1）建筑物与设备的维

---

① 織田正昭：『高層マンション子育ての危険』株式会社メタモル出版、2006、34頁。

持管理，指清扫、修理、点检等；（2）事务管理，包括管理费的征收、保管、支付等；（3）生活管理，为不给他人添麻烦而制定公约礼仪、规则等；（4）业主会的运营管理，指居民相互协商、决策等。[①]

　　日本公寓管理主体是由居民代表组成的管理组合（相当于中国的业主会）。公寓管理需要专业知识，业主会未必具备。公寓楼一般10～15年需要大修一次。2003年公寓综合调查发现，制订了25年以上的长期修缮计划者在管理组合中只占20%。因为制订适当的长期修缮计划需要专门的知识，需要对建筑物的调查诊断，同时业主间达成合意很不容易。过去没有发生过困惑的业主只有7%。绝大部分公寓业主会都发生过问题，问题内容十分繁杂，如理事会、业主会的运营，区分所有法、标准管理规约的解释，物业费的滞纳，因噪声、宠物等产生的邻居纷争等。调查发现，41.4%的公寓出现过公积金滞纳问题，公积金滞纳成为众多公寓中的严重问题。根据日本于2008年10月所做的针对物业管理者和户主的问卷调查，公寓居住存在的问题有居住者的礼仪、违法停车（包括自行车）、建筑物状态不好、物业管理、邻居关系、业主会的运营、费用负担、管理规约等。公寓管理中费用拖欠现象较普遍。调查显示存在拖欠物业管理费、维修公积金3个月以上住户者在公寓中占38.5%。公寓越是老旧、总户数规模越大，存在拖欠户的公寓比例越高。有拖欠达6个月以上住户者的占24.5%，存在拖欠1年以上管理费者的公寓在总数中占17.7%。对业主会议不积极也是一个问题。虽然参加一般业主大会的住户比例平均为80.3%，但是如果剔除参加接受委任状、提交议决权行使书之类活动的话，一般业主会议出席比例平均只有34.1%。小区总户数越多，业主会出席比例越低，单栋公寓业主会出席率为35.8%，小区型业主参会率只有28.4%。超过四成的居民对于业主会的活动不关心。[②] 加上公寓居民高龄化、租赁化，以致业主会担任者人数不够、活动停滞，妨碍了公寓的维持管理。

[①] 扇田信編著『住居学概論』朝倉書店、2002、150 頁。
[②] 織田正昭：『高層マンション子育ての危険』株式会社メタモル出版、2006、34 頁。

三 社会交往问题

从不动产投资者角度看，公寓这种集合住宅因极端密集而能获得收益最大化。但是从居民角度看，居住过度密集也会带来社会交往问题。奈良女子大学住生活学研究室的今井范子在1976年9月对日本住宅公团香里团地384户租赁住宅的调查中，把住户相互间造成的邻居麻烦共分为九类。（1）生活杂音：冲水马桶和浴室的排水声、儿童的叫喊哭泣声、弹奏乐器声、开关门声、讲话声、家具移动声等。20世纪80年代曾经有因上楼和隔壁邻居声音而产生纠纷，导致居民间杀伤事件。（2）漏水、滴水。（3）灰尘：主要是阳台上拍打毯子、被子、衣服等产生的。（4）宠物问题如叫声、毛发、气味。（5）气味：犬、猫、兔等的粪尿，阳台盆栽的肥料，邻居家烹调鱼、大蒜的味道等。（6）烟雾：楼上楼下烹饪产生的烟气。（7）隐私不易保护，自家动作容易被对面楼栋的人看到。（8）受打扰：邮寄报刊等的丢失、不时经过的商贩的铃声、自行车爆胎。（9）其他：有的人完全不参加清扫楼梯、道路，垃圾随意抛弃、放置不管。[1]

2008年公寓生活调查，在"关于过去1年间公寓困惑发生状况"条目中，被调查者认为"困惑"中有关居住者之间的行为、礼仪的占63.4%，有关费用负担的占32.0%，没发生什么特别困惑的占22.3%。比起单栋公寓，公寓小区遇到问题的比例较高。关于居住者间的行为、礼仪的具体内容，选择生活声音者最多，有37.1%；其次分别是饲养宠物（34.8%）、违法停车（31.2%）。关于建筑物状况的困惑最多的是漏水，占22.0%。费用负担方面最多的是管理费拖欠，占31.2%。调查显示邻居的声音、上下楼的声音都令人厌烦。有时虽然音量没有大到违反法令的程度，但是音质、频度也引起人的不愉快，不愉快的程度因人而异。很多公寓停车场不足，公寓周边也没有便利的停车场，想拥有新车的居民，只有等待现有车位的腾出。停车位供不应求，有的人等待数年都等不到。这些也是公寓生活中令人不满的因素。

---

[1] 扇田信编『住居学概論』朝倉書店、2002、159頁。

第八章　集合住宅的问题与对策

随着建筑技术的发展，作为集合住宅之一种的高层住宅在现代都市越来越多。织田正昭从医学、母子保健学立场，就高层住宅对儿童和孕产妇的不利影响做了重点研究。他发现，高层公寓的居民因出门较麻烦而减少外出，由此产生多种问题。成人对于周边的各种声音很敏感，容易感受到环境压力。育儿期母亲的自觉体力要比实际年龄老很多。过度的压力积累加快人的老化，降低人的免疫机能，使人容易患癌，这也是女性皮肤粗糙的原因。高层住宅生活对于儿童生长发育有不少负面影响。有些机构为了节能，高层公寓电梯隔几层才可停止，如兵库县某高层小区里电梯每5层才可停一次。因此，母亲、孩子外出频率跟自宅与电梯可停止的楼层的物理距离相关。外出不易加上担心事故、犯罪等，居住高层的儿童减少了无效外出，对游戏机等电子设备的依赖越来越强。母子成日黏在一起，导致相互依赖过强，妨碍了婴幼儿日常生活的自立。调查显示，在高层住宅（14层以上）中生活的儿童在刷牙、漱口、招呼、穿脱衣服等基本生活习惯上的自立比例，比低层住宅（5层以下）的儿童低。高层居住使问题儿童比重增加。在保育园观察到的儿童行为中，被判断"有问题"者的比例，低层群组只有3%，而高层群组达到36%。[1] 问题包括拒绝入园、极端自我中心、粗暴行为、欺侮等。3~5岁幼儿的尿床比例，5层以下的群组中占9.5%，而在高层群组中达到27.3%。尿床的关联因素很多，其中之一是压力感的心理因素。母子间过度的心理依赖，使孩子持续产生心理压迫感。儿童在生长发育阶段的能量无处发泄，在家担心影响邻居而无法进行体力游戏。儿童游乐需要时间、空间和伙伴三个要素。高层公寓中的孩子们缺乏玩乐场所，空地都变成了停车场或者网球场。少子化时代，家中兄弟姐妹少，社区里玩伴少，而玩乐是儿童顺利走向成人社会的阶梯。调查发现，儿童每天户外游玩时间，普通住宅居住者平均2.7小时，集合住宅居住者只有2.2小时，而在6楼以上的高层居住的儿童只有2.1小时。[2] 而且集合住宅形式雷同，住房结构都一样，儿童失去到朋友家玩乐的兴趣。织田正昭让高层小区保育园的孩子们自由地画出自己的朋友，借此观察儿童的活动程

---

[1]　織田正昭：『高層マンション子育ての危険』株式会社メタモル出版、2006、101頁。
[2]　織田正昭：『高層マンション子育ての危険』株式会社メタモル出版、2006、68頁。

度,结果,居住在独立住宅、低层住宅中的儿童一画就是5人、10人,占满了画纸,而在高层居住的儿童画出的朋友只有1人,至多2人。①

四 住宅建筑及其设备的问题

20世纪70年代就出现过东京新宿站西口的高层楼房过于集中,妨碍了电波信号,导致高楼周边电视画面扭曲的现象。2008年调查显示公寓生活在过去一年间遇到的麻烦中,居第二位的是有关建筑物的状况,占36.8%。建筑本身及其附属设施存在的问题主要如下。

(一)公寓建筑的老朽

老朽公寓日益增多,存在各种问题。根据2003年住宅与土地统计调查数据,经国土交通省再计算得知,1970年前建设的公寓,总地板面积50平方米以下者占36%,而且绝大多数没有电梯,中层公寓(四层、五层建筑)电梯设置率只有6%。这些无法满足现在居住者的需求,需要大规模修缮、改造等。②

(二)公寓建筑质量问题

专门研究建筑质量问题的岩山健一,在接受居民委托进行公寓检验时发现,几乎所有的住宅都存在某些质量瑕疵,实际状况超出想象。③ 关于公寓建筑物的瑕疵问题,小林清周分析认为原因有如下几种。(1)构成建筑物的各种材料会还原到自然本来的形态,如铁会氧化等。(2)风雨、寒暑、日照、湿气等都会损害材料及接合部。近海地区的盐分、化工厂地带的有害气体等会腐蚀金属。(3)地基问题。软地基造成沉降不一,交通振动会造成下沉,地铁工程也会影响地基。(4)天灾。地震、滑坡、水火灾害。(5)公寓使用产生损耗。(6)设计、施工不完备。④

---

① 織田正昭:『高層マンション子育ての危険』株式会社メタモル出版、2006、154~155頁。
② 国土交通省:「『分譲マンションストック500万戸時代に対応したマンション政策のあり方について』答申案」、http://www.mlit.go.jp/common/000031177.pdf、2013年5月6日検索。
③ 岩山健一:『さらば欠陥マンション』情報センター出版局、2006、39頁。
④ 小林清周:『分譲マンションのすべて』鹿島出版会、1980、26~67頁。

（三）电梯的问题

中等规模的高层公寓，很多住宅楼中只有一台电梯。一般经过 10 年电梯就会磨损，使用时会经常出故障。电梯修理一般必须花费数个小时，特别在只有一台电梯的情况下，日常无法做保养，修理时往往要一整天。于是居民与电梯厂家经常发生纠纷。

五 居住者老龄化

日本住宅政策的总原则是鼓励、支持国民自有住宅，在金融、税收等方面都有配套的政策。社会中间层多数利用国家和职场的多种支持政策，自建或购买独立住宅。为了满足经济高速增长时期大量涌入都市的年轻人的需求，主要在大都市郊区，建设了不少公营住宅、公团住宅和公社住宅，其中集合住宅占相当部分。这些集中建设的集合住宅及其配套工程形成了新城。随着经济社会的变迁，后来出现的问题之一是新城居民日益老龄化。大阪府附近的千里新邑于 1975 年人口高峰时有 12.9 万人，到 2001 年只剩 9.4 万人；65 岁以上老人比例，大阪市为 15.7%，而千里新邑为 21.0%。同时还有住宅设施的老朽化，商业设施的游戏化，学校关门，地方活力下降等问题。[①] 2008 年的公寓调查显示，当前公寓居住者以单身、老人为主。

第四节 集合住宅问题的应对及其启示

住宅问题本来似乎与向国民提供公共服务的国家行政机构无关，但下列因素迫使行政机构必须做出应对。（1）公寓等集合住宅如果得不到恰当的维护管理、更新，不仅对居住者，而且可能对周边居住环境、社区共同体产生不利影响，譬如影响住宅的社会评价和出售、出租价格。而且，持有多样价值观的众多居民分别拥有一栋建筑的权利，在议事之际难以做出决策。集合住宅在形成有活力的地方社会方面是重要元素，因此既是个人资产也是一种社会性资产。（2）牛嶋正指出，

---

① 住田昌二：『マルチハウジング論』ミネルヴァ書房、2003、78～80 頁。

虽然战后出现的高层集合住宅从居民看来未必舒适，被外国揶揄为"兔子窝"，但供不应求。集聚于都市的人可以自行解决衣食问题，而最重要的居住问题绝大多数人难以独力解决。努力保障人们生命财产安全、健康生活是行政的职责，因此应提供公共住宅。[①] 居住是个人和家庭的重要事务，集合住宅影响面广泛，需要公共政策的介入。探索日本公共部门如何应对集合住宅的问题，对于了解日本行政、对于认识和解决中国的同类问题都有参考价值。

一 立法的应对

日本由宪法、法律、命令（政令省令）、告示组成的法律体系，对社会生活各个方面做了规范。迄今为止与住宅建筑相关的法律有46部，从1896年的《民法》，经1950年的《建筑基准法》至今，囊括了土地、劳动、城市规划、消防、自来水、废物处理、道路、停车场等现代生活的方方面面。1987年被联合国大会决定为"国际住房年"，1996年第二次人类居住会议在《伊斯坦布尔宣言》中确定居住权利为新的基本人权。国际形势引起日本社会对于居住问题的重视，在与住宅建筑相关的46部法律中，1995年以来颁布实施的就有16部，居住日益受到日本社会的重视。关于集合住宅的立法，1962年日本制定了《建筑物区分所有法》（以下简称《区分所有法》），2000年开始施行《集合住宅管理合理化推进法》（以下简称《合理化法》），2002年又开始施行《便捷实现集合住宅重建法》（以下简称《便捷重建法》）等。

二 行政机构的应对

在日本的行政系统中，与公寓政策有关联的主要是国土交通省（前身为建设省），还有法务省及其他相关省厅、地方政府等。为了促进公寓等集合住宅的管理，1962年制定了《区分所有法》，确立了建筑物的共用部分管理规则。1983年对该法进行了修改，目的是处理伴随公寓快速普及而产生的新的权利关系、管理关系问题，扩充关于规约、集会、管理者

---

① 牛嶋正：『現代の都市経営』有斐閣、1999、33頁。

130

等的制度。2002年又做了修改，降低了居民议事决策的条件，以使老朽住宅改建能够顺利进行。

从20世纪70年代开始，媒体开始把有关高层公寓、高层住宅的问题作为社会问题提出。1977年政府规定集合住宅销售者必须与入住者签订服务契约，销售者有检查、修理非建筑物本来缺陷的义务。居民入住后若发现有不合契约规定的方面，可追究销售公司的服务责任。1982年制定了《中高层共同住宅标准管理规约》，作为各个公寓制定管理规则的范本。随着公寓数量的增加，有关公寓管理的各种问题日益增多，2000年制定了《合理化法》，规定了公寓管理士制度（给业主会提供咨询、指导的公寓管理士在2008年3月有15661人）、公寓管理业登录制度、公寓管理合理化推进中心规则。同时，国土交通省制定了《关于公寓管理合理化指针》，为了支援管理组合、专家制定问题对策，2003年制定了《关于公寓改建共识形成手册》和《公寓改建或修缮判断手册》。2004年新公布了《公寓标准管理规约》，以便业主会适应各公寓实态在制定、修改管理规约之际做参考。2005年制定了《公寓管理标准指针》，明确了有关公寓合理管理基本事项的标准。为促进老旧公寓的更新改造，国土交通省根据《便捷重建法》的宗旨，制定了各种指南、手册等，对业主会、居民进行业务指导。

三　对中国的启示

集聚效益是城市化的基本动力。集合住宅使居住集中，节省土地、建材等资源，而且便于政府提供道路、教育等公共服务，这些优点使集合住宅在一些国家成为城市住宅的基本形式。当今中国集合住宅发展程度可能是世界最高的。但是几户、几十户人家共同居住在一栋建筑内的集合住宅，除了福建的土楼外，在中国传统建筑、传统住宅形式中似乎没有，而是近代以来首先在沿海城市的外国租界中出现的，在城市住宅总数中只占极小部分。因长期处于内忧外患中，工业化、城市化发展缓慢，集合住宅建设也极少。1949年中华人民共和国成立后，为适应工业化的发展，在一些重要工业城市、矿山兴建了一批工人新村。工人新村的住宅有些是二三层的楼房，有些是平房，建筑标准较低，居住密度很高。总体上讲直到改革开放之前，由于实际上的"重生产、轻生活"的建设方针，城市人口急剧增多而住房建设很少，极度供不应求。改革开放以来随着经济发展，城乡面貌发生巨大改变，尤其是20世纪90年代末开始实施住房制度改革以后，在城市改造中，拆旧建新的建筑业蓬勃发展带来城市面貌日新月异。在城市住宅建设中，为了节省土地，起初平房变楼房，最近十多年高层住宅在各个大中城市如雨后春笋般出现。集合住宅在城市住宅总数中的比重越来越大，2009年在全国城镇中平均为89.3%，在35个大中城市存量住宅中占97.2%。在2010年上海市5.264亿平方米住宅总面积中，带有独立院子的"花园住宅"仅占3.92%。因此可以说中国城市住宅已经集合化了，而且在当前城镇化、新农村建设中，许多地方正在推进农民居住集中化。这种现象在世界上独一无二。美国总计1.19亿（2001年）套住宅中独立住宅占76.8%，七层以上的集合住宅只占1.8%。东京都区部依然有约三成居民生活于独立住宅中。在中国，人们都发现了以集合住宅促进居住集中的利益，但是对集合住宅、过密居住对于健康、安全和社会生活等的负面影响尚缺乏足够的重视，相关的研究屈指可数。[1] 对问题的应对也没有上升到公共政策的层面，缺乏专门针对集合住宅的法律、政策。其实，本章上述日本集合住宅的问题，在中国城市住宅中都存在，有些可能更加广泛、严重，例如建筑质量问题、物业管理问题。随着城镇化的推进，今后中国将有更多人口生活在集合住宅中。因此，集合住宅问题是影响亿万人民日常生活的重大问题，必须引起高度重视，首先应该从调查统计、科学研究着手，掌握实情、揭露问题，探索解决之道，才能为人民安居乐业创造条件。[2]

---

[1] 例如：徐雷《高层居住环境邻里关系分析》，《新建筑》1987年第2期；董光器《应该控制高层住宅在新建筑中的比重》，《城市发展研究》1999年第6期；杨军《当代中国城市集合居住模式的重构》，《建筑学报》2002年第12期；于一凡、李继军《谈城市集合住宅建筑的规模问题》，《规划50年~2006中国城市规划年会论文集（下册）》；周建高《论我国住宅集合化的弊端与破解路径》，《中国名城》2012年第7期；周建高《降低居住密度与治理城市拥堵的关联度》，《改革》2016年第4期等。

[2] 周建高：《日本集合住宅的问题与对策》，《现代日本经济》2017年第2期，第21~29页。

第九章 灾害中受损住宅的认定与救助

美国前总统罗斯福说过,检验我们进步的标准,并不在于我们为那些家境富裕的人增添了多少财富,而要看我们是否为那些穷困贫寒的人提供了充足的社会保障。日本是自然灾害多发的国家。国土面积为全世界陆地面积的0.25%,但是从日本发生的灾害占全世界的比例来看,6级以上地震次数占20.8%,火山活动数占7.0%,灾害损失金额占18.3%。[①] 住宅是人们生活的基础,是众多家庭最重要的财产,也往往是自然灾害中容易受到损害、对受灾家庭来说损失最大的部分。战后日本随着经济高速发展,包括教育、医疗、就业、养老、住宅等内容的社会保障制度也得到很快的发展和充实。对于在自然灾害中损失生命和财产、影响生业的家庭,建立了较为完备的灾害救助体制,以帮助受灾群体重建生活,维持社会整体的安定和谐。对于住宅因灾受损家庭的援助是灾害救助体制中的重要内容。

第一节 日本的灾害忧患意识与防备

台风、暴雨雪、地震、火山、海啸等自然灾害,每年都给人类生命财产造成巨大损失。经济活动的频繁相应增加了灾难发生的可能性,物质文明的进步在给人类生活带来种种便利的同时,也增加了祸患发生的可能性,例如机械使用不当致身体伤残,燃气、电力电器导致火灾等屡见不鲜。灾害预防、救助和灾后恢复等,成为世界各国日益重视的问题。

---

① 武田文男:『日本の災害危機管理』ぎょうせい、2006、3頁。

日本是个灾害多发国家，也是忧患意识强烈的国家。从受灾经历中日本认识到范围大、影响人口众多而且突然发生的重大灾难，仅仅依靠消防队之类常备的职能部门，甚至动用军队进行救灾有时也显得远水不解近渴。国民具备防灾意识和基本自救逃生技能，对于减少灾害损失十分重要。1995年阪神大地震时从倒塌房屋中救出的3.5万人中约八成是家人、邻居们救出的。因此，日本在加强灾害应对、充实公共防灾救灾力量的同时，积极致力于启发国民的防灾意识，促进防灾自助组织的结成，展开了减轻灾害受损的国民运动。2006年4月21日第17次中央防灾会议确定了推进国民运动的基本方针，主题口号是"在安全、安心中发现价值行动"。2009年设置了"关于减轻灾害受损国民运动恳谈会"。

日本有老少无遗、形式多样的防灾教育。学校防灾教育起步于1961年《灾害对策基本法》的颁布实施。在地方自治的民主原则下，防灾教育是各地各个学校自主开展的，时间、内容、形式多种多样。学校拟订方案后报到当地教育委员会，被批准后就可以实行。各地中小学都重视防灾组织的建立、教师进修、学生防灾知识的学习和防灾演练等工作。中小学一般都把防灾教育列入学校正式教育计划中，编制符合学生年龄特点的防灾教育课程。在政府通过颁布《学习指导要领》、培训教员等方式促进学校防灾教育的同时，内阁府制作了面向PTA（家长教师协会）、公民馆等处一般社会人的防灾教材《众人减灾》，通过都道府县、市町村行政当局的防灾部门、全国公民馆联合会等发放到全国。除了学校外，每年都有各种各样的面向全社会的防灾教育。为使政府、地方公共团体等有关防灾机构以及广大国民加深对于台风、海啸、地震等灾害的认识，1960年6月17日内阁会议通过决议，以每年9月1日为"防灾日"。1982年5月11日内阁会议再次确定防灾日，并且把包括这天的一周定为"防灾周"，1983年5月24日中央防灾会议把防灾周固定为每年的8月30日至9月5日。每年防灾周期间，在地方行政机构、防灾推进协议会的合作帮助下，全国各地轮流举办防灾节。以展示会、研讨会、讲演会、讲习会等多种方式，普及防灾知识，提高防灾意识。

日本的防灾教育，不仅是自上而下的文字、图像、声音等的宣传，而且十分重视技能训练。科研部门设计制作了地震体验车、自然灾害体验车等，逼真模拟灾害发生的现场，使从未经历过灾害的人能够获得对于灾害的切身体验。在避难训练中，有全体学生向室外运动场的快速转移，救济粮的发放、品尝，以及熟悉避难场所、防灾物资仓库的位置，还有灾难发生后选择回归住宅的路径，以及从教室、高楼中逃离的方法。政府鼓励国民自行组织防灾自救训练。日本政府把防灾作为自己责任，各项事业、活动都注重国民参与，坚持以国民为主体。鼓励国民结成防灾团体，扶持民间自主防灾组织的生长发育。除了常备消防机构消防本部、消防署外，民间的防灾组织主要有防灾邻组、消防团、水防团等。[①]

第二节　对灾害损坏住宅的认定与评估

为了救助自然灾害中的灾民、维护紧急情况下的社会秩序，以1947年10月公布的《灾害救助法》为标志，日本确立了现代灾害救助制度。法律规定地方政府是实施救助的主体，对受灾地区、受灾家庭的救助内容包括：提供饮食、临时住宅；提供或借予被服等生活必需品；医疗及助产；应急修理住宅；给予或贷给灾民谋生必需的资金；埋葬；清理灾害带来的住宅或其周围堆积的杂物。由自然灾害导致住宅灭失、损坏者是生活救济的主要对象之一，阪神大地震中，灾害救助共花费约1800亿日元，其中应急临时住宅约1450亿日元、食品约180亿日元，剩余的约170亿日元用于设置避难所、购置生活必需品以及医疗花费等。[②] 可见援助居住的支出是灾害救助费用的主要部分。

公共救助根据灾害损失情况、灾民自身家庭状况而不同。对于自然灾害中受损住宅的救助，首先必须确定住宅损失程度的判定标准。日本对于灾损住宅的鉴定评估标准，起初在消防厅、建设省等行政部门间存在差异，至1968年6月做了统一。此后建筑技术进步带来住宅材料、结构、建造方式上的变化，20世纪90年代日本内阁组织了"灾害中住宅等受

---

① 周建高：《日本的防灾国民动员》，《东北亚学刊》2011年第2期，第58~61页。
② 『災害救助法』、http：//ja. wikipedia. org/wiki/% E7% 81% BD% E5% AE% B3% E6% 95% 91% E5% 8A% A9% E6% B3% 95、2013年3月5日检索。

损认定基准检讨委员会"进行研究，于 2001 年 6 月 28 日发布《关于灾害受损认定基准》，通知各有关部门执行。该认定基准对"住家全坏（全烧毁、全冲毁）""住家半坏""住家""非住家"的概念都给予明确定义。例如"住家全坏"是指住宅丧失其居住的基本功能，即住宅整体倒塌、冲毁、埋没、烧毁，或者住宅损害过甚以致难以修补复原再使用。具体是指住宅损坏、烧毁或冲毁部分的地板面积达到住宅地板总面积的 70% 以上，或者住宅主要部分的经济损失占住宅全体损失的比例达 50% 以上。"住家半坏"（半烧毁等）是指住宅丧失其居住的部分基本功能，补修后能够复原再使用。具体是指损坏部分在住宅地板总面积的 20%~70%，或者住宅主要构成要素的经济损失占住宅整体损失的 20%~50%。"住家"指目前住人的建筑物，而不必是社会一般观念上的住宅，如果机关、学校、医院、神社等建筑里经常住人，那么建筑的住人部分也作为住宅。①

　　基层的市町村处于遭遇自然灾害的最前线。为了使灾民尽快得到救助，日本以市町村为住宅损害认定的主体。为了使市町村能够迅速且准确地进行住宅受损认定，根据 2001 年的认定基准，2009 年 6 月内阁府发布了《住宅因灾受损认定基准运用指针》。指针中把住宅按其主要结构材料分为"木造、预制件"住宅和"非木造"住宅两大类，把住宅损坏程度分为"全坏"、"大半坏"、"半坏"和"小半坏"四个等级。对于灾害受损住宅的调查方式，因地震、水灾、风灾等灾害种类不同而有差异，例如，对于地震致灾住宅的调查分第一次调查、第二次调查。第一次调查是外观目视调查，根据目视损坏状况，测量倾斜程度以及住宅主要构成部分判定损害情况。如果受鉴定的住家对调查结论不满而提出申请，则进行第二次调查。第二次调查的方法是外观目视与进入室内调查相结合，原则上户主必须在现场见证。但如果出现房屋有倒塌危险而无法入内等充分理由，也可以只看外观。水灾和风灾的住宅受损调查，除了一看就能判定全坏等情况外，原则上都需

---

① 「災害の被害認定基準について」、http://www.bousai.go.jp/taisaku/pdf/030110.pdf、2012 年 12 月 23 日検索。

要受灾者现场见证。调查后，如果受灾者对于判定结果不服而申告，市町村就仔细审察不服的内容，如果认为有再调查的必要，就对之进行再调查，调查后把判定结果告知灾民。集合住宅原则上按照一栋整体判定，判定结果作为各户的受损认定。调查结果以表格、照片等记录整理好，如果受灾者需要，就可以提供判定结果及其理由。[①]

2001年6月制定的《住宅因灾受损认定基准运用指针》（简称"运用指针"）由"地震""水害""风害"三编组成。对于住宅损害，根据住宅的材料、结构方法、住宅各个部位，制定了详细具体的测量、计算方法。算定住家全体损害比例的方法是，逐个部位算出损害比例，求得住宅全体的损害比例。具体算式是：部位损害程度×该部位占住宅全体的构成比例（根据运用指针，地板、屋顶等逐步确定构成比例）＝住家全体损害比例。住宅部位对于全体的价值占比，灾害种类不同则算定比例也不同。例如，木造住宅和预制住宅的外墙在整体中的比重，在地震灾害中以80％计，而在水灾、风灾中则以10％计。《住宅因灾受损认定基准运用指针》对于自然灾害导致的住宅受损判定方法，规定得十分详细具体，包括很多图示说明，形成228页的手册。以屋顶损害的判定为例，见表9-1。

表9-1　木造、预制住家屋顶灾损判定标准（摘录）

损伤示例	损伤程度
●脊瓦（冠瓦、平瓦）部分错斜、出现破损	10%
脊瓦的错斜、破损、掉落显著，但其他瓦破损不多 ●石板瓦、石棉瓦部分出现裂纹 ※因浸水等使屋顶铺茸材料可见拱起 ◎屋顶部分地方因飞来物有轻微碰砸痕迹	25%
●脊瓦全面错斜、破损或掉落 ●脊瓦以外的瓦错斜显著 ※可见因浸水导致屋顶隔热材料、防水材料功能丧失／因浸水导致石板瓦等屋顶铺茸材料损坏、掉落／因浸水导致垫底材料损伤 ◎金属板铺茸材料剥落一半 ◎屋顶部分地方有被飞来物戳穿、贯通痕迹	50%

[①]「災害に係る住家の被害認定基準運用指針」、http://www.bousai.go.jp/hou/pdf/shishinall.pdf、2013年3月4日检索。

续表

损伤示例	损伤程度
●屋顶出现若干不平 ●小屋可见部分破损 ●瓦大部分错斜、破损或掉落 ●石板瓦、石棉瓦等的裂缝、错斜显著 ●金属板铺茸材料接合部可见脱离 ●屋顶露台地面出现断裂、不平 ◎屋顶大半部分有众多飞来物的撞击、戳穿和贯通痕迹 ◎外部基础地板部分脱落	75%
●屋顶可见显著不平 ●小屋受损显著、屋顶材料大部分被损坏 ●屋顶平台可见全面积的不平、龟裂、剥落 ◎屋顶大面积因众多飞来物而产生冲击、戳穿、贯通痕迹 ◎外部基础地板损害显著	100%

注：※表示仅因水灾和风灾致住家受损场合的示例；◎表示仅因风灾导致的住家遭损场合的示例。

资料来源：「災害に係る住家の被害認定の概要（5）損傷の例示（木造・プレハブの住家の屋根の場合（抜粋）」、www.bousai.go.jp/taisaku/pdf/gaiyou.pdf、2013年3月29日検索）。

立法都是基于以往经验制定今后的行为规范，但大千世界丰富多样，针对实践中出现的问题，日本对法律不断反思和修改，或者在新情况下谋求对于法律的灵活运用。鉴于新潟、福井暴雨灾害后一连串的暴雨、台风等灾害导致住宅浸水损害，2004年10月28日内阁给各都道府县知事发出《关于因浸水等致住宅损害的认定》通知，要求各都道府县积极从事住宅损害认定，努力支援受灾者。通知的主要内容如下。

第一，地板材料、壁材、隔热材料等建材，有时一旦浸水就丧失了本来的功能，或者显著妨碍了通常追求的居住舒适性。因此以下几种虽非直接的地板受损，但在认定灾损时应该作为"地板"灾损对待。①因浸水致榻榻米膨胀；②因浸水致合成树脂类地板材料污损、开裂剥离；③因浸水致地板基础等吸水、膨胀；④因浸水致楼梯踏板等污损、浮起；⑤因浸水致楼层板材的分层剥离、浮起等；⑥浸水位虽然不高，但是因壁内的热水管、隔热材料吸水致墙壁全面膨胀，应作为内壁全面损伤对待；⑦浸水致外壁的粉刷层、瓷砖等污损、剥离，应作为外壁损伤处理；⑧因浸水致粉刷层剥落，作为外壁、内壁损伤对待；⑨因浸水致壁纸剥离、表面劣化，作为内壁、天花板损伤处理；⑩因浸水致屋顶隔热材料、屋顶防水材料功能损失，应作为屋顶损伤处理。

第二，住宅的门窗与浴缸等回水卫生设备为住宅的构成要素，灾损认定之际也应该评定其损害。尤其这些设备有时一旦浸水就无法使用，因此即使初见未曾损坏，也必须确认是否处于实际可以使用状态。具体说来，门窗的损伤包括：①室内隔断、门变形而致开合困难，浸水致门面膨胀剥离；②浴缸、脸盆、冲水马桶、厨房水槽等设备，会因浸水致其卫生设备功能损失，这时该作为设备损伤处理。

第三，浸水损害多数伴随着强风损害。在认定浸水损害之际，要把强风损害合并认定。如因强风致屋顶损坏浸水，天花板等吸水膨胀，要作为屋顶、天花板损害处理。

第四，在台风灾害中，常因堤防溃决带来的泥石流损坏住宅，把对柱子、基础等住宅重要部位的损害与浸水损害合并认定：①因泥石流致柱子受损变形时，要作为柱子的损伤处理；②泥石流导致住宅基础冲毁、开裂，要作为基础损害处理。

此外，因浸水致榻榻米、墙壁整面膨胀，而且浴缸等回水卫生设备功能受损的情况下，一般说来可以认定为"大半坏"或者"全坏"。在被认定为"半坏"而住宅不得不拆除时，与"全坏"同等对待。因浸水损坏，为去除流入的泥沙、难闻的恶臭而不得不拆除住宅时，作为"不得不拆除"之物，与"全坏"同等对待。①

住宅损害的鉴定评估需要花费很多时间，也需要专门知识尤其是建筑学方面的知识。而且不仅国家救助灾民时需要住宅灾损评估，跟住宅保险相关的企业为了方便理赔也需要灾损评估，日本为适应形势需要设置了"家屋被害认定士"资格认定制度。县政府从与灾害救助相关的行政机构（消防、建筑、警察等）职员中选定一些人，进行关于受灾者支援制度，

---

① 「浸水等による住宅被害の認定について」、http：//www.bousai.go.jp/hou/pdf/higai.pdf、2013年4月5日检索。

受损调查及受灾证明发放相关业务,灾害损失的调查方法、判定方法等的培训,学习内阁府制定的《住宅因灾受损认定基准运用指针》等。完成培训者由知事发给结业证书,县里保存有家屋被害认定士的档案。灾害发生后,市町长任命家屋被害认定士为调查员,根据需要向受灾者说明有关受灾调查的方法、判定基准及其理由。县里对于登记在册的家屋被害认定士,在有关法令和认定基准修改后也组织重新学习。兵库县自 2005 年 2 月至 2007 年 10 月开办了 4 期家屋被害认定士培训,424 人参加,398 人获得认证。[①]

日本自然灾害多发。与商业性的灾害保险不同,国家的灾害救助制度是利用公共力量进行资源再分配的一种手段,公平是救助制度的基本原则。住宅损坏认定制度为灾害援助提供了较为客观统一的标准,便于行政机构的操作,也有利于实现灾害援助的公平。

第三节 对住宅受损灾民的多种援助制度

住宅是自然灾害中容易受到损害、灾后救援中最急需恢复或重建的对象。2011 年东日本大震灾中,以住宅与宅地为主的建筑物的损失额达 10.4 万亿日元,占财物损失总额的 61.5%。本节探讨的主题是日本在发生自然灾害后如何应对灾民的居住问题。

一 公共住宅的现物供给

对于在自然灾害中失去住所而无力自行解决居住问题的灾民,国家支援的途径之一是提供公共住宅。日本公共住宅有公营住宅、公团住宅、公社住宅等多种形式。

(一) 公营住宅

为在自然灾害中丧失住宅的灾民专门建设的公营住宅,称为"复兴公营住宅"。阪神大地震后建设了 3.8 万户复兴公营住宅。

[①] 「資料 1 『兵庫県家屋被害認定士制度』要綱」、http://www.bousai.go.jp/hou/daikibo/kentou2/siryo1.pdf、2012 年 12 月 26 日检索。

经过长期不懈的建设，日本公营住宅存量充足，统计显示20世纪90年代已经出现供过于求的状态，2010年约有5万套空置。① 空置的公营住宅在自然灾害后得到利用。根据当前的标准，在自然灾害中失去住宅而无法自己解决居住问题的家庭，如果家庭月收入在21.4万日元以下（灾害发生日开始三年后的收入标准为15.8万日元），就可以申请入住公营住宅。在灾害造成的住宅毁坏达到一定户数以上的地区，可放宽申请条件，对于丧失自己住用房屋者，没有亲族同住与收入基准的要求，只要是当前明显住房困难者就可以申请公营住宅。2011年东日本大震灾后，迄2012年底的复兴公营住宅建设计划是岩手县5340户、宫城县15000户、福岛县1300户。②

（二）特定优良赁贷住宅

居住困难的灾民除了申请公营住宅外，还可以申请特定优良赁贷住宅（简称"特优赁"）。特优赁也是公共租赁住房，开始于1993年，建设主体既有都道府县、市町村等地方政府，也有民间土地所有者和地方住宅供给公社。民间土地所有者参与建设可获得地方政府补助，然后由政府征借为公共住宅。特优赁主要面向收入水平处于全社会25%~50%的中间阶层出租，但收入水平处于50%~80%的家庭或者低于25%的家庭，地方政府首长可以酌情处理。居住者承担房租分两种形式，一种叫作"倾斜型"，第一年为市场租金的一半，以后每年上升3.5%；另外一种叫作"平面型"，原则上租金固定不变，接近市场租金的四分之三。特优赁房租与市场租金之间的差额由政府补助，补助最长可享受20年。③ 补助随着家庭收入的增加而减少，高收入家庭不能享受补助。

享受政府房租补助的特优赁，平时申请入住有收入限制，灾害中住宅受损的家庭不论收入高低都可以申请入住。

---

① 「平成22年国勢調査」、http：//www.stat.go.jp/data/kokusei/2010/index.htm#kekkagai、2013年3月5日検索。
② 塩崎賢明：「住宅復興とまちづくり」『世界』2013年1期、182頁。
③ 国土交通省：「特定優良賃貸住宅等供給促進制度」、http：//www.mlit.go.jp/jutakukentiku/house/seido/10tokukyokyu.html、2013年3月13日検索。

（三）雇用促进住宅

日本的雇用促进住宅是国家对因调动工作地点而出现住房困难的人的支援措施，也称"转移就职者用宿舍"，属于公共廉租房，当前平均房租为每月2.5万日元。现在由独立行政法人"高龄、残疾与求职者雇用支援机构"管理运营，实际上委托给财团法人"雇用振兴协会"管理。迄2006年8月末，全国有1532处、3838栋，共141722户。入住率不足七成，有不少空置。雇用促进住宅始于1961年设立的特殊法人"雇用促进事业团"，给接受转岗培训的工人提供至多两年的临时住所。但是后来居住长期化，雇用促进住宅成为变相的公营住宅，增加了公共财政的负担。2001年12月政府就决定研究尽快废止雇用促进住宅的方案，中间几经讨论研究，最终在2007年确定了在2021年度前全部转让雇用促进住宅的计划，开始将既有雇用促进住宅向地方政府、民间个人或组织转让，空置住宅也不再安排新人入住。但是，由于2008年末经济不景气，又决定放缓处置节奏。① 2011年东日本大震灾后，空置的雇用促进住宅也成为安置灾民居住的重要公共资源。迄2012年3月22日的统计，以岩手县、宫城县、福岛县为首，共有38767套住宅可供安置，已有7473户决定入住。

（四）公务员宿舍

公务员宿舍也叫公舍，民间一般也称作"官舍"。多数是公营，现在也有部分民营。地方政府运营的是地方公务员宿舍，国家运营的是国家公务员宿舍。迄2011年9月全国公务员宿舍约有20.4万户。

2009年调查发现，公务员宿舍有13797户可以使用而空置，空置率达到6.65%。2011年东日本大震灾后，部分闲置的公务员宿舍就被利用来安置灾民居住。灾后次日即2011年3月12日，财务省、各地财务局就向14个道县的地方政府和对策本部提供国家公务员宿舍信息，把空置的公务员宿舍无偿提供给灾民避难。同月20日组成了灾民生活支援队，财务省理财局把全国能够利用的国有宿舍信息整理公布

---

① 「14万戸もある『雇用促進住宅』とは何か?」、http://www.nikkeibp.co.jp/article/column/20090224/134254/、2014年3月13日检索。

在网站主页上。东京都江东区的国家公务员宿舍"东云住宅"有787户闲置,当年10月7日前安排了来自南相马市、浪江町、富冈町等灾害警戒区域的372户入住。福岛市内的"吉仓住宅"和"渡利住宅"向福岛县无偿提供109户,用于安置5月15日以后来自计划避难区域饭馆村的居民。

二 提供临时住宅或住宅的应急修理

公营住宅、公务员宿舍等公共住宅大多在城市尤其是大城市,灾民入住公共住宅得远途迁徙,离开自己熟悉的家乡,这是多数人不愿意的。而且公共住宅数量有限,其中只有少量闲置住宅才能接受申请入住,当需要安排居住的灾民较多时,公共住宅远远不敷需求。为此,国家尽可能在灾民的家乡,通过建设应急临时住宅、对灾损住宅维修加固来解决灾民的居住问题,使他们能够延续日常生活。

(一)建设应急临时住宅

《灾害救助法》规定,对于灾害导致住宅"全坏"、烧毁或者冲毁且无法自力获得居所的灾民,应当提供应急临时住宅。应急临时住宅的建设标准,根据2010年的灾害救助基准,每户面积平均29.7平方米,每户造价在238.7万日元之内。应急临时住宅自灾害发生日开始20日以内开工建设,供给灾民居住期限为最长2年。如果新建住宅来不及,也可征借民间租赁住宅作为应急临时住宅安置灾民。若有数名老人,可设置福利临时住宅。① 东日本大震灾后,应急临时住宅有预制住宅、木结构临时住宅和征借民间租赁住宅为临时住宅的三种。② 截至2013年9月4日,应急临时住宅已经建设53194户,占需求户数的99.2%,其中大部分是工业化生产的预制住宅。分地区的建设情况见表9-2。

---

① 「災害救助法の概要」、http://www.bousai.go.jp/hou/shien_kentou/dai1kai/sankou4.pdf、2013年3月12日检索。
② 塩崎賢明:「住宅復興とまちづくり」『世界』2013年1期、179~180頁。

表9-2 东日本大震灾后应急临时住宅建设情况（截至2013年9月4日）

	必需户数	已开工户数	完成户数	完成率(%)
岩手县	13984	13984	13984	100
宫城县	22095	22095	22095	100
福岛县	17233	16800	16800	97.5
茨城县	10	10	10	100
千叶县	230	230	230	100
栃木县	20	20	20	100
长野县	55	55	55	100
合计	53627	53194	53194	99.2

（二）应急修理住宅

上述对受灾家庭提供公共住宅（包括应急临时住宅）以安顿居所，主要针对灾害导致住宅"全坏""大半坏"以致无法继续居住的家庭。对于灾害中住宅损坏不太严重、经过修理可以居住的房屋，国家提供应急修理。

应急修理制度是根据《灾害救助法》，对于住宅"半坏"而自己无力修理的家庭，国家出资给予受灾住宅的居室、厨房、卫生间等日常生活相关的部分以最低限应急修理。没有入住应急临时住宅而且自己无力修理的家庭可以申请，对申请人有收入、年龄限制。住宅"大半坏"的家庭则不问资力都可申请应急修理，"全坏"的住宅如果经过修理能够居住，也可以成为制度对象，但是"部分坏"的住宅不能成为制度对象。应急修理由灾害发生地的市町村组织，于灾害发生日之后一个月之内完工，但可以根据与厚生劳动省大臣的协议延长期限。

住宅应急修理制度属于国家对灾民的现物给付制度。都道府县、适用《灾害救助法》的市町村把修理费用由政府直接支付给施工方。按照2010年的灾害救助标准，住宅应急修理的援助金额以52万日元为上限。

三 土地、融资等其他多种政策

为了解决自然灾害中住宅严重受损灾民的居住问题，国家、地方政府除了直接提供公共住宅或者帮助维修受损住宅外，还有多种政策，涉及宅基地、金融、债务整理等领域。

（一）提供国有空地

地震、暴雨、海啸等自然灾害损害的不仅是住宅建筑，还有宅基地。包括居住在内的一切人类活动都与土地不可分离，不仅搭建临时住宅需要土地，清除灾损住宅、瓦砾垃圾等需要临时堆置场，灾民和外来救援队伍都需要停车场地。向受灾地区、灾民免费提供国有土地使用权是日本政府灾害支援政策的一环。在日本，国有土地由财务省和地方的财务局管理。自 2011 年 3 月 12 日开始，以东北财务局为首，各地财务局、财务事务所就向灾区各县及政府的对策本部提供了可以利用的国有空地信息。应地方政府的要求，无偿借予国有空地以作为应急临时住宅建设用地、瓦砾堆放场等。截至 2011 年 10 月 7 日，在青森县、山形县、岩手县、宫城县、福岛县、千叶县提供了合计 455.4 万平方米的国有空地。①

（二）援助灾民生活的现金支付

日本对于灾民的援助，除了上述住宅、土地等实物供应外，还有各种现金支援。在市场社会，作为一般等价物的货币可以交换各种用品和服务，现金支援带给了灾民选择的自由，各人各家庭能够按照自己的情况获得所需要的生活资源。

1. 灾民生活重建支援金

灾害导致住家严重损坏之际，往往还会损坏大部分家具和生活用品，仅仅有遮风避雨的居所，尚不能支撑起日常生活。根据 1998 年的《受灾者生活重建支援法》，都道府县利用社会募集的各种资金向灾民家庭提供"受灾者生活重建支援金"。生活重建支援金是现金给付，而且一次给完，不限用途。各个家庭获得支援的力度根据住宅受损程度而定，当前的标准是住宅"全坏"家庭 100 万日元、住宅"大半坏"家庭 50 万日元。

2. 居住安定支援制度

2004 年创设"居住安定支援制度"，专门规定了解决灾民居住问

---

① 緊急災害対策本部：「平成 23 年東北地方太平洋沖地震（東日本大震災）について」、http://www.kantei.go.jp/saigai/、2014 年 3 月 10 日检索。

题的规则。这也是现金给付制度,内容是对灾害中住宅"全坏""大半坏"的家庭,发放最高 200 万日元的经费,支援受灾家庭清除瓦砾垃圾、平整宅基地、建造新宅或者补贴住宅贷款利息。现在把居住安定支援制度的经费称作"加算支援金",上述本来的生活重建支援金称作"基础支援金"。基础支援金是受灾后立即发放以尽快使灾民恢复日常生活的部分,于灾害发生日后 13 个月之内申请均有效;加算支援金是支援受灾家庭住宅重建的资金,根据重建方法不同发给相应的经费。申请期限一般是灾后 37 个月之内。加算支援金的给付标准是重建或购买住宅发放 200 万日元,改建、补修住宅发放 100 万日元,赁宅居住(公营住宅居住者除外)发放 50 万日元。申请加算支援金时,需要提交申请表、工程预算书、施工合同。生活重建支援金对发放对象没有限制,特别是基础支援金不限用途,便利灾民自由支配,因此是一种普惠制度。东日本大震灾后据截至 2012 年 11 月 30 日的统计,日本已经向 183872 个家庭发放共 2515.57 亿日元的支援金,平均每户获得136.8 万日元。

(三)灾民居住重建的金融援助

与北欧、西欧国家公共住宅比重较大不同,日本在住宅政策上坚持以鼓励国民自有住宅为主、公共住宅为辅的原则。在国家对灾民的居住援助体系中,公共住宅主要作为应急过渡的手段。针对大多数灾民长期的居住重建需要,日本通过优惠的金融政策支援灾民自主努力。主要途径有:独立行政法人住宅金融支援机构的"灾害复兴住宅融资"针对重大灾害中受损住宅的所有者,提供购买新建住宅和次新住宅的贷款。自东日本大震灾后,住宅金融支援机构针对自宅遭灾需要重建、修缮或者购买住宅的家庭提供贷款。按照资金用途的不同,贷款分建造新宅、购买新宅、购买次新宅、修补住宅四种,都是长期固定低息,没有利率上升导致还款负担加重的风险。每种融资类型中都有多种制度可供选择,例如支援维修住宅的融资有"灾害复兴住宅融资""生活福利资金""母子寡妇福利资金"等。此外,还有针对宅基地的融资,面向住宅储蓄者的融资等。

四 制度效果及其评价

为了在灾害频仍的自然环境中生存，经过长期多次的教训，日本从法律、政策、技术、资金等各个层面建立了防灾、救灾、灾后复兴的比较完整的体系，而且在持续不断地修改、补充。对于自然灾害后灾民的居住事宜，日本根据住宅和宅地的损坏程度、居民自身的经济条件，通过公共资源给予灾民（主要是其中的弱势群体，例如低收入者、单亲家庭、残障人士家庭、老人家庭）以援助，建立了由多种制度组成的支援和保障体系。这个体系包含对住宅以及灾后最初阶段的日常生活用品的无偿实物供应、现金给付，长期复兴过程中多种较大幅度优惠的融资制度。此外，还有前文中没有涉及但是在人们解决困惑之际十分重要、在现代社会发展得已经比较充分的咨询服务，例如律师、建筑师等专业人士给灾民免费提供技术服务。灾民可以根据自己的情况，选择适合自己的援助制度。灾害援助制度种类多样，选择自由度高，能够覆盖各种人群，这是其第一个特点。

根据1995年阪神大地震后制定的《受灾者生活重建支援法》，灾民家庭可获得合计300万日元的援助金。东日本大震灾后，日本给予受灾地区和灾民的支援力度空前，加上地方政府的援助、社会捐助，灾民家庭能够得到超过1000万日元的现金支援。灾害中住宅被毁的家庭，以国家、地方和社会给予的援助金额，基本上可以重新购买或建造新宅。利用政策性金融措施"灾害复兴住宅融资"，以35年期2880万日元的融资为例，比同期民间金融可以少支付利息488万日元，约等于日本正式职工平均年收入（30人以上民营企业2006年人均月收入46.23万，其中当月获得的现金为37.46万，其余为退休金、福利费①）。另外还有因人而异的各种保险公司的赔付。各种资金集合，使一般家庭可以恢复到灾前的居住水平而不感到困难。对灾民的调查显示，住宅再建无须借款的家庭占62.8%，从金融机构借款者占30.4%。灾害援助力度大，是日本灾民居住生活支

---

① 「企業規模・産業，労働費用の内訳別常用労働者1人1か月平均労働費用（昭和55年~平成18年）」『第六十一回日本統計年鑑 平成24年』、http://www.stat.go.jp/data/nenkan/back61/zuhyou/y1620000.xls、2013年3月5日检索。

援体系的第二个特点。

　　日本对灾民的援助，本节讨论的主要是国家和地方政府层面的多种制度，虽然没有展开但是不可忽视的另一种资源是社会。社会援助表现之一是志愿者事业，这是从1995年的阪神大地震开始蓬勃兴起的社会新现象，东日本大震灾后，志愿者活动更加兴盛。社会援助的表现之二是社会捐款。东日本大震灾后至2013年末，日本红十字会、中央共同募金会等4个团体募集社会捐助3709万日元，发放了约174万人次，[①] 平均每人次21.26万日元。调查显示，灾民多数认可生活重建支援制度的作用。

　　由众多制度组成的灾民居住支援体系，仅是日本灾害救助体系的一个分支，与此并列的还有生活支援、中小企业支援、城镇建设支援三个分支，它们共同组成庞大的灾害援助体系。就像无数星系组成的宇宙，内容丰富的灾害援助体系组成了网目密集的社会救助网络，给自然灾害中物质和精神遭受损失和伤害的民众以触手可及的支援，成为灾民克服危难、走向新生的有力支撑，也是维持社会生生不息的保障。

第四节　灾害救助与国家的作用

　　日本由受损害住宅的应急修理制度、生活重建支援金、住宅安定支援制度、社会捐款、职场和地方政府的慰问金，加上保险公司的赔付，组成了多重援助网，可以解决多数住宅受损家庭的居住问题，使灾民重建住宅和生活不致很困难。对于受灾者生活重建支援制度的总体评价，很满意、满意两者合计41.4%，非常不满者、不满者合计23.8%，另有20.4%的人表示模棱两可，[②] 可见在受到制度支援的灾民家庭中，满意者多于不满意者。

　　在自然灾害中受到损失的灾民能够获得的社会支援，除了上述诸种制度外，还有金融政策、税收减免政策、公共费用免除等。本章研究的只是

[①] 復興庁：「復興の取り組みと関連諸制度」、http://www.reconstruction.go.jp/topics/main-cat7/sub.../20140310_sanko04.pdf、2014年3月24日検索。

[②] 参见内閣府『被災者生活重建支援法2013』。

日本灾害援助体系中的一个部分。对受灾者的救助一般有个人、社会、国家三个层次，日本在应对自然灾害中，国家扮演了主要角色。为了保护国土及国民的生命、财产避免灾害，救助受灾者以维持社会秩序和确保公共福利，日本于1961年制定了《灾害对策基本法》，规定了在防灾救灾方面国家和地方政府等的职责、灾害预防与应对的基本政策等。该法规定，国家有责任尽其组织和功能实行万全的防灾之策，制订关于灾害预防、应对及灾后重建的计划并且依法实施，综合调整地方和各个部门的关系以推进防灾事务的实施，适当负担防灾救灾经费。[1] 以该法为主，迄今为止与灾害应对相关的法律共有56部之多，构建了各种灾害的预防、应急管理、灾害重建的严密制度体系。日本的受灾者支援体系分经济与生活面的支援、居住的确保与重建支援、中小企业和自营业者支援、安全地方建设的支援这四个领域。除国家支援之外，来自社会的援助有灾害保险的赔付、社会捐款、职场捐款、亲戚支援等。在2009年2月的问卷调查中，受灾者接受过社会捐款的占72.3%，接受过本地地方政府单独的给付金、慰问金者占60.4%，接受了亲戚等的支援者占54.7%，获得损害保险等的保险金者占51.6%。除国家支援金之外，接受现金援助合计金额500万～1000万日元者比例最高，占19.6%[2]。灾民获得的来自国家的援助，有政策、资金、技术、指导等多个方面。对于灾后重建住宅及生活的支援，除了上述无偿援助之外，还有利息减免等多种金融政策。

　　社会、国家扶贫济弱的行为自古以来就有，但是古代主要是偶然的自发的行为，囿于物质力量和技术力量的局限，即使国家赈灾也至多提供食物之类最低限度的活命支援，无法顾及灾民的居住。当代日本比较完善的灾害救助支援体系的建立，不仅因为经济发展后有了较强大的物力财力，更主要是基于对国家、民族共同体成员相互间利害相关、休戚与共的理性认识进行制度设计的结果，是国家现代性的体现之一。人类组成国家就是为了保障仅仅凭个人和家庭力量无法保障的生命和财产安全，更好地趋利

---

[1] 武田文男：『日本の災害危機管理』ぎょうせい、2006、11頁。
[2] 参见内閣府『被災者へのアンケート調査結果2009』。

避害。天灾降临，禽兽四散，再富贵的家族也无力独自抵御灾害，只有组织起来才能渡过难关。作为公共力量代表的国家，即便在平常时日可以隐居幕后消极无为，放手民间殖产兴业发展经济和文化，但在灾害来临时就应该挺身而出，积极作为。帮助灾民应急、帮助地方重建，是国家义不容辞的职责，也只有国家拥有灾害救助必需的资源和力量。20世纪，人类经历了两次残酷的世界大战，作为对其的反制，人权意识和观念在全球范围兴起和普及。不管种族、性别和身份，所有人都享有生命、自由和财产权利，在疾病、年老、失业之际，以及教育、住房等方面，应该享受由国家提供的最低生活保障，以保持作为人的尊严。这种思想是促进二战后福利国家、社会保障制度出现和发展的根本动力，也是日本灾害救助体系日益完善的根源。[①]

[①] 坏洋一：『福祉国家』法律文化社、2012、40~43頁。

第十章 住宅统计调查与住宅计划

住宅政策作为公共政策之一，其决策的有效性取决于对于社会形势的认识。科学地认识世界离不开统计工具。进行基础的全国性统计调查是现代政府的基本职能之一，住宅统计调查是制定住宅政策、住宅计划的基础，或者说是住宅政策形成过程中必不可少的一环。

第一节 住宅统计调查

作为多数人最大的财产又是生活必需品，合适住房的拥有与否及住房拥有的公平与否，直接影响社会安定。因此发达国家早就把住房问题纳入公共政策领域，建立了一套比较完善的市场与社会相辅相成的住房制度。制定政策、解决问题，都必须对于问题本身有客观、全面、准确的认识，住宅的统计调查是制订城乡规划、经济社会发展规划的基础工作。关于日本住宅统计调查，中国学界只有屈指可数的介绍。郭奕康对1993年[1]、1998年[2]的住宅土地统计调查做过简要介绍，孟文强根据日本建设中心所编材料《日本的住宅状况2003》，简要介绍了与住宅统计相关的三项调查，即2003年的住宅与土地统计调查、住宅需求实态调查、建设业

---

[1] 郭奕康：《日本住宅统计调查》，《江苏统计》1995年第3期，第40页。
[2] 郭奕康：《1998年日本住宅和土地统计调查简介》，《统计与咨询》1999年第4期，第46页。

统计。[1]

这里以日本第 13 次住宅与土地调查为例，分析住宅统计调查的内容、特点，并在比较中得出几点对于中国事业的启示。

一 住宅与土地统计调查的性质与方法

日本跟住宅相关的调查，分布于国土、建设、金融、制造业等多个领域，由多种主体进行，总数达数十种。其中国家主持、规模最大也是最基本的是"住宅与土地统计调查"，它始于 1948 年开始的每五年一次的"住宅统计调查"，在 1998 年对调查统计的内容进行了调整充实后改称"住宅与土地统计调查"（简称"住宅调查"）。

住宅与土地统计调查属于 1947 年《统计法》中的指定统计调查，由国家组织实施，其目的是弄清各地各类家庭的居住状况、住宅和宅地的拥有状况以及家庭形态的变化等，作为科学制定与居住生活相关的各种政策的基础资料。2008 年的第 13 次调查，是从 2005 年国势调查的约 98 万个调查区中除去驻军区、水面区，按照住宅所有关系、高龄者比例进行等距抽样后进行的。根据市町村人口规模的不同设定调查区抽出率，全国共选定约 21 万个调查区。在这些调查区中，不足 70 户的为一个单位，70 户以上的分设单位，再从复数单位中抽出调查点。统计对象是调查期间在住宅以及非住宅而住人的建筑物中居住的家庭，每个调查区抽选 17 户，共调查了全日本合计约 350 万户家庭。

调查由总务省统计局主持，工作指令由总务大臣发出，经过都道府县知事—市町村长—指导员—调查员的顺序，最终到达被调查家庭。都道府县知事任命的调查员登门拜访调查对象、发放调查表，约定日期收取。第 13 次调查以 2008 年 10 月 1 日为调查时点，统计地域包括全国大都市圈、都道府县、市区人口 1.5 万人以上的町村。本次统计中首次采用了"当初集计"和"追加集计"这种两段统计方法。2009 年 7 月 28 日发表了《速报集计结果概要》，概要有 10 章、68 个附表，统计内容分 40 项。另

---

[1] 孟文强：《日本住宅统计调查体系》，《中国房地产》2006 年第 7 期，第 76~79 页。

外有三个附录，附一是调查概要，附二是用词解说，附三是三大都市圈定义。[①] 2010 年 9 月 10 日公布了追加集计结果，集计项目 62 个。

二 住宅调查中的统计项目

第 13 次住宅与土地统计调查的调查表所设的统计项目涉及九个方面，共 100 个问题。具体内容如下。

（一）关于住宅等的事项

（1）住宅以外建筑物的种类；（2）住宅以外建筑物的所有关系；（3）建筑物结构；（4）建筑层数；（5）一栋内的住宅数。

（二）关于住宅的事项

（6）居住家庭的有无；（7）空宅的种类；（8）住宅的种类；（9）住宅所有关系；（10）住宅建造方式；（11）建造时期；（12）住宅总面积；（13）建筑面积；（14）居室数量；（15）居室的席数；（16）居住面积；（17）住宅设备状况；（18）厨房类型；（19）水冲厕所的有无；（20）洋式厕所的有无；（21）适应高龄者的设备状况；（22）自动火灾报警器的状况；（23）节能设备等；（24）腐朽破损的有无；（25）电梯的有无；（26）公寓是否适合老人；（27）是否有存包柜。

（三）关于自有住宅的事项

（28）住宅的购买、建造、翻新等；（29）2004 年以后的增改工程等；（30）住宅所有者的名义；（31）共有住宅中的份额；（32）2004 年后适老设备工程的有无；（33）住宅耐震诊断的有无；（34）住宅耐震改造工程状况；（35）装修工程状况。

（四）关于家庭的事项

（36）家庭的种类；（37）家庭人员；（38）家族种类；（39）家庭的类型；（40）65 岁以上家庭人口的有无；（41）家庭内最高龄者的年龄段；（42）人均居室席数；（43）最低居住面积水准与诱导居住面积水准状况；（44）最低居住面积水准必要面积；（45）诱导居住面积水准必要

---

① 総務省統計局：「平成 20 年住宅・土地統計調查（速報集計）結果の概要」、http://www.stat.go.jp/data/jyutaku/2008/10.htm、2013 年 3 月 20 日検索。

面积；（46）家庭年收入阶层；（47）每月房租之合租费；（48）每月房租；（49）每席合租费；（50）每席的房租；（51）每平方米总面积的房租；（52）现在的居住形态；（53）现住宅的所有关系。

（五）关于支撑家计者事项

（54）支撑家计者性别；（55）支撑家计者年龄；（56）支撑家计者从业地位；（57）支撑家计者通勤时间；（58）支撑家计者入住时期；（59）支撑家计者从前居住地；（60）支撑家计者从前居住形态；（61）支撑家计者从前居室席数；（62）成家后子女居住地。

（六）关于现居住用地的事项

（63）用地所有关系；（64）用地权利取得的相对方；（65）用地面积；（66）用地取得时期；（67）用地所有名义；（68）共有用地中的份额。

（七）有关居住环境与都市计划等的事项

（69）连接用地的道路的宽度；（70）都市计划的地域区分；（71）调查区的建筑用地系数；（72）调查区的容积率；（73）公共下水道的有无；（74）至最近医疗机构的距离；（75）至最近公园的距离；（76）至最近公民馆、集会场所的距离；（77）至最近紧急避难场所的距离；（78）至最近老人日间服务中心的距离；（79）至最近宽度6米以上道路的距离；（80）至最近邮局、银行的距离；（81）至最近交通机构的距离；（82）至最近保育所的距离；（83）至最近小学的距离；（84）至最近初中的距离。

（八）关于住宅及土地的所有、利用状况的事项

（85）住宅与土地的所有状况；（86）现住宅以外持有住宅的有无；（87）现住宅以外持有住宅的主要用途；（88）现住宅以外持有住宅数量；（89）现住宅以外持有住宅的总面积；（90）现住宅用地以外持有宅地的所在地；（91）现住宅用地以外持有宅地等的所有形态；（92）现住宅用地以外持有宅地等的取得方法；（93）现住宅用地以外持有宅地等的取得时期；（94）现住宅用地以外持有宅地等的利用现况；（95）现住宅用地以外持有宅地等之上建筑物的所有者；（96）现住宅用地以外持有宅地等的主要使用者。

（九）关于利用率的事项

（97）建筑面积对用地面积的比例；（98）总面积对用地面积的比例；（99）居室面积对总面积的比例；（100）各住宅总面积合计对用地面积的比例。①

根据上列项目的调查统计，人们可以知道关于日本住宅的各个方面，可谓应知尽知。不仅是住宅的全国总数、空宅、学校宿舍、工厂宿舍、旅馆等数量，关于住宅自身方面有居室数量、面积，占地面积，住宅结构、有无破损、层数、建造时期，而且可以了解住宅与居住家庭的关系，即什么样的家庭居住在什么样的住宅中，住宅的不同形态比如一户建、长屋、共同住宅各占多大比例，共同住宅中平房、二层、三至五层、六至十层、十一层以上各多少栋数，等等。

三　日本住宅统计的特点

从上列内容可以看出，住宅与土地统计调查实质上是住宅调查，关于土地的内容很少而且仅限于跟住宅有关的部分，例如居住用地面积、宅地所有权等。归纳起来，日本的住宅统计有下列特点。

（一）概念周密、分类详尽

首先，对于统计调查对象的"住宅"概念有明确的定义。住宅是指独户住宅或者被完全分开的建筑物的一部分，为了一个家庭能够独立经营家庭生活而建造或改造的房屋。"被完全分开"是指以混凝土壁、板壁等固定的隔断与同一建筑物的其他部分完全遮隔的状态。"一个家庭能够独立经营家庭生活"是指必须满足四个设备条件：有一个以上的居室；有专用的厨房；有专用的厕所；有专用的出入口，指面对宅外的出入口，或者居住者和外来访问者随时能够通过的面向公共走廊的出入口（其中厨房、厕所共用时，不通过人家居室而随时能够使用的，也算住宅）。符合这些条件，即使平日无人居住，也是住宅。

---

① 「平成 20 年住宅・土地統計調査　集計項目別統計表一覧」、www.stat.go.jp/data/jyutaku/2008/pdf/koumoku2.pdf、2013 年 3 月 12 日検索。

该调查对统计对象的分类穷尽所有。住宅分当下有人居住的和无人居住的两类，不符合住宅定义而有人居住的建筑物也是统计对象。"无人居住的住宅"分为：（1）当前一时性利用的住宅，仅供昼间休息或者几人不固定地临时住宿，而没有持续居住者的房屋；（2）长期无人利用的空宅；（3）建造中的住宅。其中空宅又分为：①第二套住宅；②出租用的住宅；③待售的住宅；④其他住宅，指因转职、住院等而长期空置的住宅，或者因翻修而拆解中的住宅。其中第二套住宅又分为两种情况：别墅，平日无人居住，只是周末或度假时避寒、避暑、疗养等使用的住宅；其他情况，在日常居住的住宅之外，在下班较迟的时候过宿，偶尔过夜的住宅。建造中的住宅，又分为已经上梁而未安装门户的（钢筋混凝土建筑指外壁砌好者）；如果门窗安装完毕，只是没有装修的住宅，则作为空宅。如果虽然没有建筑完毕，但平日有人居住，则作为有人居住的一般住宅看待。① "住宅以外住人的建筑物"指不符合住宅概念但有人居住的建筑物，包括：（1）官厅、企业的单身职员集体居住的宿舍；（2）单身学生、学徒等集合居住的宿舍；（3）旅行者等临时歇脚住宿的旅馆等；（4）简易旅馆、社会设施（指养老院等）、医院、工作场地、事务所等，以及建筑工宿舍等临时建筑物。"居住着"指调查日当天居住者在该房屋已经居住3个月以上，或者包括调查日前后决定了定居3个月以上的情况。

（二）调查项目侧重于民生

住宅调查，不仅调查关于住宅自身的结构、面积、房龄等，凡是有人居住的建筑物，都在统计范围内。而且调查家庭情况如家庭类型、老年人状况、支撑家计者的情况，居住环境问题如从住宅到最近的学校、诊所、车站等的距离。统计项目的设计不是仅仅针对住宅这种建筑物，而是围绕人的居住生活为中心展开的。

根据统计结果，在2008年10月1日这一时点日本有5759万套住宅，4997万个家庭生活在4960万套住宅中，住宅空置率达到13.1%。从构成

---

① 総務省統計局：「平成20年住宅・土地統計調査 用語の解説」，http：//www.stat.go.jp/data/jyutaku/2008/1.htm、2013年2月2日検索。

居住环境最重要的道路交通看，在日本全国4959.83万套有人居住的住宅中，与道路相连的为4842.65万套，占97.64%。按照门前道路路幅分类的住宅，路幅宽度在2米以下者有230.47万套、2~4米者有1319.01万套等。住宅总数中有93%连通着宽度2米以上的道路，其中门前路幅4米以上的占66.4%（见表10-1）。

表10-1 不同道路宽度下住宅数量与比例

	住宅总数	连路住宅数	2米以内	2~4米	4~6米	6~10米	10米以上
住宅数量（万套）	4959.83	4842.65	230.47	1319.01	1751.42	1109.32	432.42
占总数比（%）	100.00	97.64	4.65	26.59	35.31	22.37	8.72

资料来源：「敷地に接している道路の幅員（6区分）別住宅数—全国，都道府県，18大都市（平成20年）」，https://www.e-stat.go.jp/stat-search/files?page=1&layout=datalist&toukei=00200522&tstat=000001028768&cycle=0&tclass1=000001040559&stat_infid=000008640399、2012年5月26日检索。

距离火车站1千米以内的住宅占总数的41.46%（见表10-2）。更详细的内容没能在表中反映。例如，在距离最近火车站1~2千米的1197.61万套住宅中，距离最近公交停靠站500米以内的占76.5%；在距离最近火车站2千米以上的1705.92万套住宅中，距最近公交站500米以内者占71.36%。住宅与道路、与最近车站的距离等统计项目的设计，体现了对住宅与出行关系的重视。统计项目中，大多数是住宅与人的关系，如适应老人生活、安全抗震等。

表10-2 按至最近火车站距离分的住宅数量与比例表

	总数	200米以下	200~500米	500~1000米	1000~2000米	2000米以上
住宅数(万套)	4959.83	309.8	677.02	1069.49	1197.61	1705.92
占比(%)	100	6.25	13.65	21.56	24.15	34.39

资料来源：「最寄りの交通機関までの距離（12区分）別住宅数—全国，都道府県，18大都市（平成20年）」，https://www.e-stat.go.jp/stat-search/files?page=1&layout=datalist&toukei=00200522&tstat=000001028768&cycle=0&tclass1=000001040559&stat_infid=000008640400、2012年5月26日检索。

(三) 统计的民主性

统计的民主性是日本住宅与土地统计调查的显著特征，主要体现在以下几个方面。

第一，公众参与决策。统计调查全过程，从方案的策划到执行，不是某个行政部门独揽，而是有社会的广泛参与。统计前一年的2007年10月5日，总务大臣增田宽也就调查计划向统计委员会提出咨询。统计委员会是由早稻田大学特任教授阿腾诚等13人组成的专门服务于本次调查的议事机构，调查结束就解散。委员会由大学、银行、公司等有学识有经验的专家组成，任务是根据总务大臣、总理大臣、有关行政机构首长的委托开展调查研究，提出工作方案，是事实上的决策核心。另外，统计项目的变更、活动标语、海报样式等都向社会征集。如活动标语向社会公开征集后得到1918条应征标语，对于应募的中小学生创作者给予特别奖励。① 追加统计的内容完全是根据公众需要设定的。自2009年7月28日发表了速报统计结果后至同年11月的约4个月间，在总务省统计局官网主页上募集统计内容表。最终，从大学、研究机关、民间事业者、地方政府等获得13件、总共73表。在研究了结果精度、利用需求等做成的可能性、剔除重复后，追加做成62表。进行了追加统计后，于2010年9月10日公布了追加集计结果。②

第二，尽可能地信息公开。行政信息公开不仅是民主的基本要求，而且在与社会各界的信息交流中获得知识能够促进事业的完善。2008年的住宅与土地统计调查，在调查设计、进行过程中都有媒体跟踪随时报道。此外，调查项目向社会公开募集，调查结束后尽快公布统计结果，分为速报统计和确报统计。刊行《速报集计结果》和由3卷组成的《确报集计结果》（第1卷为全国编，第2卷为都道府县编，第3卷为大都市圈、都市圈、距离带编）。从统计的策划定案到具体执行，通过报刊、广播电视、互联网等大众传媒及时发表。作为决策智囊的统计委员会的活动，包括人

---

① 総務省統計局：「報道資料」、http://www.stat.go.jp/info/guide/public/jyutaku/hyogo.htm、2013年3月27日检索。
② 総務省：「追加集計について」、http://www.stat.go.jp/data/jyutaku/topics/topi471.htm、2013年3月28日检索。

员组成、议事内容和经过、议事结果等，以及有哪些不同观点，都尽可能公开。政府网站开辟了问答窗口，解答与本次统计调查相关的公众问题，例如调查的理由、方法、内容、意义等。统计结果以书籍、刊物、互联网、CD 等途径广泛发布。

第三，重视成果的公众利用。统计调查结果不是仅为政府主管部门所利用，而且尽可能地扩大利用范围。2008 年住宅与土地统计调查中首次采用了"当初统计"和"追加统计"的两段统计方法。把统计资料分两段公布，首先公布的叫"当初统计"，是把社会急需的统计内容如住宅土地现状与变迁的资料尽早公布。"追加统计"是统计资料公布后，根据社会公众要求，对原始数据按照新项目进行整合后再公布。[1] 日本调查统计在统计结果公布前，先发布预告；在结果发表时，告知这种统计可以用于哪些方面、怎样利用等。各级书店都有各种统计资料、白皮书、报告的印刷品销售，互联网兴起后，一般统计资料大多可以从网上免费下载，以供广泛利用。例如，1993 年度的统计资料被用作国家及地方公共团体制订、充实土地利用计划时的基础资料。2003 年度的统计结果成为国家和地方公共团体《住生活基本计划（2006 年 9 月内阁决议）》的制订依据。另外，统计资料还供国家和地方政府在制订大都市圈整备计划、住宅总体规划、防灾计划、公营住宅建设计划等行政措施时，以及进行国土交通白皮书、环境白皮书等分析时使用的基础资料。当然也是国民经济预测、学术研究的基础材料。[2]

四 日本住宅统计的启示

在当前现代化快速发展中，中国包括住宅在内的基本建设规模不仅在中国史无前例，而且全世界罕有其匹，每年消耗的建材约占全球的一半。城市化过程中住房问题日益凸显，解决问题必须首先掌握全

---

[1] 総務省統計局：「平成 20 年住宅・土地統計調査で追加作成する結果表の募集（募集は終了しました）」、http：//www.stat.go.jp/data/jyutaku/2008/tuika.htm、2012 年 8 月 13 日検索。

[2] 総務省統計局：「統計調査結果の活用事例集　住宅・土地統計調査」、http：//www.stat.go.jp/info/guide/katsuyou/jyutaku.htm、2013 年 3 月 25 日検索。

面真实的客观情况，因此对于科学的住宅统计调查需求殷切。但现实却是迄今为止中国缺乏像日本那样覆盖全国、持续不断、项目详尽的调查统计。城市住宅信息因为行政体系中一直有房屋管理部门的存在而相对较多，而对于占全国住宅多数的农村住宅状况，从历史到现今都没有完整的统计。住房市场化改革以来，房地产业蓬勃兴起，迅速成为一些城市的支柱产业，相关的统计、研究随着信息化的发展得到广泛传播。加上媒体对于信息的需求，一批科研机构或者人员应势而动，开始做些调查和研究。但是，与日本住宅统计调查相比较，中国住房方面的统计概括起来有如下不足。

第一，民生角度的住宅统计缺乏。中国现有的住房相关的统计种类很少，在《中国统计年鉴》和各个大城市的统计年鉴中，在"居民生活状况"项下有城镇和农村的新建住宅面积、人均住房面积这类数据，在"农村居民家庭住房情况"表中，有住房价值、住房结构（分钢筋混凝土结构和砖木结构两种）的项目。如今中国有多种房地产年鉴，例如《中国房地产市场年鉴》（国家统计局中国指数研究院编）、《中国房地产统计年鉴》（国家统计局中国指数研究院编）、《中国住宅产业年鉴》（建设部办公厅编）、《中国直辖市房地产年鉴》（天津社会科学院出版社）等。这些房地产年鉴设计的统计项目以及最终汇集的大量统计数据，大多是从企业、资产的经济学角度关注价格、开工、库存和销售数量等。虽然以住房为关键词，但是着眼点在住宅商品的生产、交易、消费，因此涉及土地、金融、价格等较多，乐于进行宏观经济政策的分析解读。如《中国房地产统计年鉴》是从房地产的开发、建设、销售角度设计编制的，主要为企业和行政机构决策服务。其设置诸如房地产开发投资指标（分为住宅、办公楼、商业营业用房），房地产开发企业财务指标，施工、销售和空置面积指标等项目；在按照工程用途分组的投资额项目下有"住宅"项，与办公楼、商业营业用房、其他（指学校、图书馆、体育馆等）并列；在房地产开发企业销售面积项下有"商品住宅竣工套数"数据。[1]《中国

---

[1] 国家统计局中国指数研究院编《中国房地产统计年鉴 2009》，《附录七 主要统计指标解释》，中国统计出版社，2009。

住房发展报告》也主要是住房市场、住房金融市场、土地市场、房地产企业、市场监管、宏观调控之类角度的论述，服从于资本的利益追求，服从于行政部门的管理需求，而对于住房本身的状况、住房所有者或者利用者的状况则大多忽略。对于一个城市、国家全体居民的居住状况，特别是从民众的生活需要角度的统计，例如住房质量、室内设备配套、居住环境、满意度、问题点、今后的意向、居民的购买力、住宅形态的选择性、迁居情形等，都缺乏调查统计。至少，找不到公开发布的信息。这样，无论对于政府决策、学者研究还是对于居民的买卖租赁等交易，都很不方便。

第二，关键概念的定义粗疏。在中国的住房相关调查中，对于作为统计对象的关键概念"住房"缺乏详细具体的标准规定。在《中国统计年鉴》中载有中国1978年以来城市居民人均住房居住面积、农村居民人均住房面积的数据。1986年以后开始有城镇居民人均住房使用面积的数据。住房和城乡建设部公布，截至2011年中国城镇人均住房建筑面积为32.7平方米，农村人均住房面积为36.2平方米。[①] 2012年8月5日发布的由北京大学中国社会科学调查中心完成的《中国民生发展报告》显示，2011年全国家庭的平均住房面积为116.4平方米，人均住房面积为36.0平方米。[②] 对于这个数字，很多人表示难以置信。不同统计机构发布的数据不一致，"住房面积"也缺乏界定，含义模糊。众所周知，人们居住环境多种多样，住房有多种形式，花园独立住宅（即别墅）与帐篷、草屋、窑洞差异甚大。在住房面积中，"建筑面积"与"居住面积"数据有很大差距。没有分类、不加定义、笼统的"住房"面积，难以全面反映居住的真实情况。

第三，样本数量、统计项目过少。日本第13次住宅与土地统计调查对象为全国约21万个调查区内的约350万个住户家庭，2008年12月1日的"住生活综合调查"中统计家庭数为81307家。《中国统计年

[①] 姜伟新：《我国人均住房面积 城镇32.7平方米 农村36.2平方米》，央视网，http://news.cntv.cn/18da/20121112/105864.shtml，最后访问日期：2013年3月29日。

[②] 《中国民生发展报告：全国人均住房面积36平方米》，东方网，http://finance.eastday.com/eastday/finance1/economic/m1/20120806/u1a6761808.html，最后访问日期：2013年3月29日。

鉴》在"居民生活状况调查"中包含居住状况、家庭耐用消费品拥有量的统计,但是很不全面。对城镇居民家庭的抽样在 2001 年前仅限非农业户,2002 年后其对象改为市区和县城关镇区域住户。迄 2010 年底,参加国家汇总的调查样本量城镇住户为 6.5 万户、农村住户为 6.8 万多户。① 考虑到中国人口总数为日本的 10 倍多,而且社会阶层、地域差异巨大,以总数 13 万户左右的样本推定全国人民的居住状况,显然有很大局限。

中国住宅统计中另一个重大不足之处是统计项目过少。在各个城市统计年鉴中,关于住宅统计项目只有上海的稍微详细些,有"主要年份各类房屋构成情况"表,但是也很简略。房屋分为"居住房屋"与"非居住房屋"两类,居住房屋条下分为花园住宅、公寓、职工住宅、新式里弄、旧式里弄、简屋、其他。住宅面积只有某个年份按照建筑面积计算的全市总面积,无法了解住宅楼层数分布状况。只是高层建筑有粗略的数据,例如 2009 年 16~19 层的住宅楼有 3995 栋、4199 万平方米,30 层以上的住宅楼有 975 栋、3083 万平方米,仅此而已,连这些高层建筑是住宅还是非住宅的区分都没有。从现有各种统计年鉴中,关于住宅的许多方面无从了解。

第二节 住宅建设计划的制定与实行

战后日本的住宅建设计划,始于战败之初。由于战争对于日本本土城市建筑的损坏,战火一熄灭,最紧迫的事情自然是恢复建筑。住宅是日常生活每天需要之物。1945 年 9 月内阁制定了《罹灾都市应急简易住宅建设要纲》,这是一份在全国主要遭受战争灾害的都市建设 30 万户面积 6.25 坪(约 21 平方米)的应急简易住宅的计划。住宅建设主体为地方政府,对于执行计划的城市,由国库提供补助金并由大藏省提供融资。战后初期物资紧张,最初几年日本政府延续了战争时期的统制政策。例如,

---

① 《简要说明》,中华人民共和国国家统计局编《中国统计年鉴 2011》,中国统计出版社,2011。

第十章 住宅统计调查与住宅计划

1946 年 3 月发布命令，为了缓和住宅、粮食、交通运输的紧张，限制人们向 23 个人口 10 万人以上的都市迁徙。同年 5 月份又发布建筑限制令，为了保障住宅建设所需材料，禁止建设夜总会、小酒店等不急需的建筑物。9 月制定了《特别都市计划法》，发布了地价房租统制令。1947 年 12 月至 1948 年 10 月，短期实施过《都会地转入抑制法》，限制人们向东京、横滨、大阪、神户等 14 个城市迁入。

如果把应急简易住宅计划另作别论，正式的住宅计划始于公营住宅建设。在此之前，1949 年 5 月根据《住宅对策审议会令》，组织一些有学识的人组成了住宅对策审议会，作为建设大臣的顾问机关，研究讨论与国家住宅行政有关的事项。1950 年 5 月《住宅金融公库法》《建筑基准法》制定，之后根据 1951 年 6 月通过的《公营住宅法》，自 1952 年起每 3 年为一期制定公营住宅建设三年计划。第一个三年计划于 1952 年 7 月在国会通过。1955 年鸠山一郎内阁成立后，把住宅建设置于首要位置，制订了《住宅建设 10 年计划》，要在自 1955 年起的未来十年中每年建设固定需求的 25 万户住宅，填补当时 272 万户住宅的缺口，并决定于 1955 年建设 42 万户住宅。但是 1956 年 12 月石桥湛山内阁上台后，觉得十年计划太长，决定自 1957 年开始实行住宅建设五年计划，要在五年内填补 233 万户的住宅缺口。

无论公营住宅建设三年计划，还是住宅建设十年计划、五年计划，都建立在对于住宅需求、建设可能性的认识基础上。日本政府于 1948 年实施了首次"住宅统计调查"后，固定每五年实施一次。1960 年实施了第一次"住宅需要实态调查"。需求调查是制订建设计划的基础。正是掌握了社会需求、物品供应的可能性，才能使制订的建设计划既不浮夸也不保守，从而比较真实地掌握需求者的信息。从事后计划执行结果看，计划和实践基本一致。

1966 年 6 月，日本制定了《住宅建设计划法》。制定该法是为了通过制定有关住宅建设的综合性计划、并且组织适当的实施，有助于国民生活的安定和社会福利的提高。法律规定国家和地方政府必须致力于根据对住宅需求与供给的长期预计，按照住宅的实际状况，研究有关住宅的政策措施。

法律规定，建设大臣必须听取社会资本整备审议会的意见，在国民居住生活稳定于适当水准之前，自1966年起每五年一期，制订住宅建设方案，交内阁决定。大臣在制订五年计划之前，必须提前与相关行政机构首长协商，计划一旦在内阁通过，应立即通知都道府县，计划更改时也应这样。决定公营住宅建设量的时候，必须与厚生大臣达成协议。都道府县根据全国的计划，在与市町村协商后制订都道府县住宅建设五年计划。五年计划必须明确以公共资金建设的住宅量，必须与综合开发计划做好调整。"公共资金住宅"包括公营住宅、改良住宅、公库住宅、公团住宅，以及有关国家机构或者地方政府建设的住宅，或者利用了国家或地方政府的补助金、贷款等财政援助的住宅。计划中的建设目标，不仅是数量，还有住宅建设基准。建设大臣、地方政府要对住宅建设给予指导。

观察日本8个住宅建设五年计划的计划建设数量与实际完成数量，第1期、第5期、第6期都是超额完成计划，其余都没有完全实现计划数量。根据实际完成的建设量看，有公共资金参与并实际完成的住宅在总数中的比重，除第8期的数据暂时未获得外，其他7个五年计划分别是38.1%、37.5%、47.4%、52.9%、37.6%、52.7%、51.2%。总体上看，公共住宅数量在社会住宅总量中所占比重不小（见表10-3）。

表10-3 日本住宅建设五年计划一览

	背景	计划建设户数（千户）总数	计划建设户数（千户）公共住宅	实际完成户数（千户）总数	实际完成户数（千户）公共住宅
第1期,1966~1970年度	消除剩余的住宅困难,同时满足城市化产生的住宅需求	6700	2700	6739	2565
第2期,1971~1975年度	消除剩余的住宅困难,满足婴儿潮成家产生的住宅需求	9576	3838	8280	3108
第3期,1976~1980年度	住宅数量充足;立足长远,提高居住水平	8600	3500	7698	3649
第4期,1981~1985年度	以大都市为重点,努力实现居住水准提高;满足婴儿潮家庭的买房需求	7700	3500	6104	3231

续表

背景		计划建设户数（千户）		实际完成户数（千户）	
		总数	公共住宅	总数	公共住宅
第5期,1986~1990年度	面向21世纪,形成优良住宅资产,构筑稳定丰裕居住生活的基础	6700	3300	8356	3138
第6期,1991~1995年度	形成优良住宅资产,解决大都市地域住宅问题,对应老龄化社会	7300	3700	7623	4017
第7期,1996~2000年度	建设优良住宅资产；促进安全便利的城市居住；为长寿社会准备环境；建筑住宅和居住环境激发地方活力	7300	3525	6812	3487
第8期,2001~2005年度	以优质住宅资产满足国民多样需求；建设支撑少子老龄化社会的居住环境；推进城市居住和地方活力；建设消费者容易利用的住宅市场	6400	3250		

资料来源：各年度日本《建设白书》、《国土交通白书》和《住宅建筑手册》。

第三节 住宅相关法律、规划的修改

人类社会永恒的话题是自由与秩序。因文化传统的差异，各民族意志和性格的不同，对于自由的认识、追求，对于秩序的破坏与重建，贯穿了整个人类文明史。古代中国被尊为圣人的孔子、孟子，就是中国社会秩序的倡导者、维护者。君为臣纲、父为子纲、夫为妻纲，仁、义、礼、智、信，这"三纲五常"在近代新文化运动对于文化传统的反思中，受到很多批判甚至全盘否定，这在一定程度上是近代中国人在中西文化碰撞中因多次挫折而丧失文化信心的体现。其实孔孟之道的核心是维护和平的社会关系，是社会的凝合剂。古代社会比较简单，随着文明的发展，分工日益细密，交际日益频繁，近代以来各国都以成文法律作为人们的行为规范，法律条文数量繁多，都是为了把社会生活安置于和平的秩序轨道。

日本自近代以来努力建设法治国家和社会，与住宅规划设计、建设、管理相关的法律众多。现根据栗田纪之整理的结果，列为表10-4。

表 10-4 日本住宅相关法律

序号	法律名称	公布年份
1	《建筑基准法》	1950
2	《关于为使高龄人、残疾人等生活无障碍的法律》(简称《无障碍法》)	2006
3	《建筑物抗震改造促进法》	1995
4	《密集地区的防灾街区整备促进法》	1997
5	《受灾市街区复兴特别措施法》	1995
6	《建筑士法》	1950
7	《建设业法》	1949
8	《宅地建筑物交易业法》	1952
9	《劳动安全卫生法》	1972
10	《都市规划法》	1968
11	《都市再开发法》	1969
12	《都市再生特别措施法》	2003
13	《都市绿化法》	1973
14	《景观法》	2004
15	《土地区划整理法》	1954
16	《村落地区整备法》	1987
17	《国土利用规划法》	1974
18	《关于整备干线道路沿路的法律》	1980
19	《室外广告法》	1949
20	《都市公园法》	1956
21	《消防法》	1948
22	《自来水法》	1957
23	《下水道法》	1958
24	《净化槽法》	1983
25	《关于废弃物的清理及清扫的法律》	1970
26	《关于确保建筑物中卫生环境的法律》	1970
27	《机场周边航空噪声对策特别措施法》	1978
28	《能源使用合理化法律》(简称《节能法》)	1979
29	《建筑工程相关材料再资源化法律》(简称《建设再利用法》)	2000
30	《确保住宅品质促进法》(简称《品确法》)	1999
31	《促进长期优良住宅普及的法律》	2008
32	《有关为保全特定紧急灾害受害者的权利与利益而采取特别措施的法律》	1997
33	《有关防止倾斜地震灾害发生的法律》	1969
34	《住宅地建造规制法》	1961
35	《关于推进砂土灾害警戒区等的砂土灾害防止对策的法律》	2000
36	《特定都市河川浸水灾害防治法》	2003

续表

序号	法律名称	公布年份
37	《道路法》	1952
38	《停车场法》	1957
39	《有关促进自行车的安全使用及综合推进自行车等的停车对策的法律》	1980
40	《居住生活基本法》	2006
41	《关于确保特定住宅缺陷担保责任的履行等的法律》	2007
42	《租地租房法》	1991
43	《建筑物区分所有权法律》	1962
44	《关于推进集合住宅管理合理化的法律》	2000
45	《关于便捷实现集合住宅重建的法律》	2002
46	《民法》	1896

资料来源：吴东航、章林伟主编《日本住宅建设与产业化》，中国建筑工业出版社，2009，第38~39页。

表10-4的法律排序，是按照与住宅的关系密切度由高到低确定的。它们都是与住宅相关的建筑，与住宅无关的其他建筑方面的法律没有列入。

按照日本三权分立的政治架构，法律制定由唯一的立法机构国会承担，国会由代表民意的议员组成。在作为社会成员行为规范的法律体系中，宪法处于最高层，其次是国际条约、法律，它们都由国会制定或者国会批准。法律之下是命令，即为了实施法律规定而根据法律委任制定的规定，命令分内阁制定的政令和各省大臣制定的省令。最低层次的是省的告示，也具有法律效力。以《建筑基准法》为例，其下位有内阁制定的政令《建筑基准法实施令》，再下位是建设省颁布的《建筑基准法实施规则》，最底层是《建设省告示》。

一般行政行为做出之前，先立法。立法的过程是社会各界信息共享、意见交换、利害协调的过程。这往往耗费不少时间。法律制定后再开始行动，这是法治社会的一般做法。但是法律制定后不是一成不变的，人们的思想、行为并不因法律而固定，法律不会束缚社会文化的进步。法律调整的是当下人们之间的利害关系，目的是维持和平秩序，并不限制文明的发展。当代世界科技日新月异，各国经济、思想交流频繁，价值观多元，生产方式、生活方式时刻处于变动中。日本不断修改法律、规章，以满足经济社会发展的需求。例如《建筑基准法》因建筑技术的进步、城市化的发展，从1950年颁布实施后，到2007年就经过了23次修改。该法的基本框架大体得以维持，细节的修改间隔年限，长的是五年，短的是两年修改一次，甚至每年都修改，例如《建筑基准法》在1997年修改后，在1998年、1999年、2000年、2001年又连续修改。围绕法律的制定、修改而进行调查研究、讨论，就是议员们的日常工作。再如《公营住宅法》于1951年6月颁布后，在1959年、1969年、1980年、1982年、1989年、1993年、1996年都进行过修改，或者修改法律条文，或者修改法律施行令。其他如住宅金融公库法、地方住宅公社法等都经历过多次修改。

住宅对策审议会是决定住宅政策的核心机构。不仅内阁的国土交通省住宅局设有该机构，各个地方自治体也有。"住宅对策审议会"是最常用的名称，也有的地方称作"住宅政策审议会"。例如该机构在东京都就称作"东京都住宅政策审议会"。审议会是行政机构在制定政策前为了收集社会各界以及利害相关方的意见而设置的咨询机构，是民主的表现。以日本20世纪80年代中期的"临时教育审议会"（简称"临教审"）为例，审议会成立前先制定《审议会设置法》，法律规定审议会的任务、工作内容、性质、存在期限等。临教审是首相的私人顾问机构，首相任命或罢免审议会委员时必须得到众参两院的同意，任务完成就解除任命。选择任命审议会委员时一般要考虑学识、地域、阶层、性别等的代表性。审议会民主也称为协商民主，它与投票选择法律或者领导人的竞争性民主不同，不是非此即彼的选择，而是通过公开讨论，倾听不同意见，辩论取舍，达成合意后一致行动。[1]

---

[1] 周建高：《日本的协商民主——以临时教育审议会为例》，《日本学》第十七辑，世界知识出版社，2012，第181~192页。

第十一章　住宅政策改革：从重视数量到重视质量

日本的社会保障制度、住宅政策的正式建立和发展，是在第二次世界大战后，因以保障人权为根本宗旨的《日本国宪法》的制定，随着经济高速发展而实现的。不过，针对社会上的住宅问题，政府做出应对而形成住宅政策，则在二战前就存在了。1918年11月救济事业调查会提交给内务省的调查报告，最初以《细民住宅改良要纲》为题，后来不用"细民"一词，改为《小住宅改良要纲》，宗旨是提高低收入阶层的居住水平。其中已经具备了作为20世纪20年代住宅政策以及战后住宅政策核心的公营住宅、住宅金融公库的基本框架。《小住宅改良要纲》针对不同阶层拟定了不同政策，其中最大特点是住宅的公益性。1919年前后，内务省社会局长长冈隆一郎指出，要让下层阶级生活安定的第一要素，是让他们居住在自己的住宅里，这也会使他们在思想上变得安定。特别是在东方观念中，居住会改变气质，居住在清洁卫生的家中，会不知不觉养成清洁的习惯，又因此逐渐地带来精神上的安慰、带来好影响。为底层人民建造的住宅如果租金高，则真正最底层的人就不会入住，结果造成新的不良住宅，这就不是社会政策。[①] 长冈隆一郎认为，社会是有机体，如果有机体的一部分患病，社会绝不会发展健全。如果一部分无法自己生活，或者被置于贫困线以下，这部分疾患会导致社会从内部土崩瓦解。本间义人据此评论道，从内务省社会局的社会福利观看，当时已经从明治时代开始的救恤性的、扶贫性的社会政策转换为防贫性的，但是有浓厚的国家主义色彩，当时官方思考的重心，比起保障底层人民的生活，更重视消除社会

---

① 本間義人：『戦後住宅政策の検証』信山社、2004、49~50頁。

的不安因素。尽管如此，从社会政策的视角给低收入者提供廉租房，这点与战后的公营住宅是一致的。1918～1932年，日本在全国建设了4.6万户住宅，花费1.1亿日元。因政府奖励公益住宅建设，各地方政府很热心。

战后的住宅金融公库也不是无源之水，战前就存在性质类似的制度——住宅组合制度。救济事业调查会组织扩大而成为社会事业调查会，经过议会审议后于1921年4月公布了《住宅组合法》，同年7月开始施行，随后建立起住宅组合制度。都市生活的中间层自动联合，互助建设住宅。大藏省预金部通过府县政府给组员提供低息融资。住宅组合制度的事业有两项，一是住宅用地的造成、取得、租借、转让；二是住宅建设、购买。组合达到七人以上、经过地方长官许可后可以设立。建设的住宅面积如果在30坪（99平方米）以下，就免除登记税、地方税。住宅组合是一种民间的互助消费组织，虽然带有社会政策的色彩，但是算不上社会福利性的住宅政策。获取土地靠个人，手续繁杂，自己没有资金就无法加入组合，因此建设量不大。1921～1938年得到7400万日元融资，共建设3.5万户住宅。因此，战后日本住宅政策并非完全从欧美移植到日本，虽然与战前相比具有很大的不同，但社会政策的理念、做法在战前就有了。

第一节 日本住宅情况现状

一 家庭数量与住宅数量的变化

根据日本总务省《平成25年住宅与土地统计调查》，2013年日本全国共有住宅6063万户，家庭总数为5245万，平均每个家庭有住宅1.16户，空置住宅819.6万户，空置率为13.5%。这里计量住宅的单位"户"是日本用词，独立住宅的一栋称作一户，集合住宅中的一套也称作一户。13.5%的空置率是狭义的空置率，是空宅数量除以住宅总数所得的商。广义空置率，即无家庭居住的住宅在住宅总数中占14.1%。在819.6万户空置住宅中，有租赁住宅429.2万户、销售住宅30.8万户、第二套住宅（例如别墅等）41.2万户、长期不在等其他住宅318.4万户。另外，还有偶尔使用的住宅24万户，正在建设的住宅9万户。如果把偶尔使用的住宅与正在建设的住宅数量算进去，无人居住的住宅共有853万户。无人居住的住宅数量超过家庭数量的16%。[①]

1968年的住宅调查结果显示，全国住宅总数超过家庭总数，总体上实现了每个家庭一套住房的目标。1973年的住宅调查结果显示，所有都道府县都实现了住宅数超过家庭数。到1978年，全国出现了261万户空宅。住宅数量出现了供大于求的现象，直到现在，日本全国住宅数量总体上充足，与战后初期那种极端匮乏的状况比较，其改变可谓翻天覆地（见表11-1）。

表11-1 1958~2008年日本家庭数与住宅户数一览

单位：千户

	1958年	1968年	1978年	1988年	1998年	2008年
家庭数（A）	18650	25320	32835	37812	44360	49989
住宅数（B）	17930	25591	35451	42007	50246	57593
B/A	0.96	1.01	1.08	1.11	1.13	1.15

资料来源：住房和城乡建设部住房改革与发展司等编《国外住房数据报告NO.1》，中国建筑工业出版社，2010，第38页；吴东航、章林伟主编《日本住宅建设与产业化》，中国建筑工业出版社，2009，第3页。

二 住宅质量的改善

国民居住水平的衡量标准，除了成套住宅数量外，每户住宅的使用面积也是个重要指标。人的生活需要一定的空间环境，随着生活内容的日益丰富，家庭用品增多，尤其因电气化发展，电视机、洗衣机、冰箱、空调等耐用消费品都需要占用住宅的空间，同时，"汽车社会"也需要更大的道路、停车库面积。

从每户住宅的建筑面积看，1968年民间租赁住宅、公营住宅的面积分别是34.1平方米和37.8平方米，2008年度则分别为43.5平方米和50.9平方米。自有住宅的平均建筑面积从97.4平方米上升到122.6平方米。

从住宅的总地板面积看，日本于2013年达到平均94.42平方米。当然，不同类型的住宅差异较大，其中自有住宅平均地板面积为122.32平方米，租赁住宅中公营住宅平均每户总地板面积为51.91平方米、机构住宅和公社住宅为

[①] 『2013住宅・土地統計調査集計』第1表；国土交通省住宅局住宅政策課監修・住宅経済研究会編『住宅経済データ集』（平成27年度版）株式会社住宅産業新聞社発行、2015、10~12頁。

50.19平方米，民间租赁住宅为44.39平方米，职场住宅为52.60平方米。除了职场住宅外，其他种类住宅面积都在增加。总地板面积是各层地板面积的总和，车库面积、走廊面积、集合住宅的门厅等不计算面积。将日本各地比较来看，平均地板面积最大的是富山县，达到152.18平方米，其次是福井县、山形县、秋田县，面积最小的是东京都，平均每户住宅总地板面积只有64.48平方米。这是因为日本内陆地区，即使在城市也基本都是独立住宅，人口密度低、地价便宜，住宅比较宽敞。而东京这样的大都市，因地价昂贵造成房屋的购买、租赁都必须支付较高代价，居民总数中居住于集合住宅或者租赁住宅的比重较大，因此平均每套住宅的面积较小。总体看来，在日本全国住宅中，大都市圈、太平洋沿岸地带住宅面积普遍较小，日本海沿岸地区住宅面积较大。

三 住宅面积的国际比较

衡量一国居住水平的另一个方法是国际比较。人作为社会性动物，一般都会考虑自己言行可能在社会中产生的影响，也常常衡量自己在社会中的相对位置。对于日本而言，这一特性似乎特别明显，自古以来日本人总是自觉不自觉地在与他人比较中定位自己。观察近代以来日本的个人或团体的行为很容易发现这点。最近调查数据显示，在住宅地板面积的国际比较中，日本与欧美"主要先进国"大体为同一水准。从户均住宅地板面积看，自有住宅面积与美国相比当然不如，但是与德国、法国相近，比英国大13.8平方米。日本租赁住宅面积与欧美比较小，分别相当于美国的54%、德国的59%、法国的62%、英国的64%。按照国民人均住宅地板面积看，2013年日本为美国的2/3，与英国、德国、法国差距不大（见表11-2）。

表11-2 住宅面积国际比较

单位：平方米

国家（年份）		日本（2013）	美国（2013）	英国（2013）	德国（2011）	法国（2006）
户均住宅地板面积	自有住宅	122.3	157.2	108.5	129.3	119.5
	租赁住宅	46.0	85.1	72.1	77.9	74.3
人均住宅地板面积		39.4	61.1	45.7	46.1（2010）	44.0

资料来源：国土交通省住宅局住宅政策課監修・住宅経済研究会編『住宅経済データ集』（平成27年度版）株式会社住宅産業新聞社発行、2015、179頁。

第十一章 住宅政策改革：从重视数量到重视质量

第二节 住宅政策存在的问题

随着日本从第二次世界大战的战败中振兴，国民的居住条件也获得了根本性改善。住宅政策在居住状况的改善方面发挥了积极作用，但并不意味着不存在问题。当然，什么是问题，因观察者的问题意识、观察角度而异。总体看来，在自20世纪80年代中曾根康弘内阁以来直至小泉纯一郎内阁的行政改革中，各种公共机构，包括住宅金融公库、住宅公团、住宅公社等都发生了巨大变化。甚至有人称住宅政策已经"终焉"。各种各样的变革，无不因各种问题而存在、为解决问题而起。

一 住宅政策的经济影响

在二战后日本住宅建设中，公共机构的力量发挥了重要作用。一方面，住宅需求很大，既有住宅绝对数量不足而且普遍狭小、过密，有些是简陋的板房。另一方面，民间不动产开发商尚未成长起来，依靠市场机制难以满足社会的急需。同时，在产业化、城市化高速发展中，土地价格飞涨，普通工薪族要获得自己建房的土地实非易事。因此，20世纪80年代之前，日本实施以公共资金推动的住宅供给。但是20世纪90年代，政府把住宅政策作为经济政策的一环推进，企图通过房地产拉动经济增长，结果把住宅政策带入了死胡同。

住宅金融公库被充分用作提振经济的手段之一，始于20世纪70年代中叶。为了应对第一次石油危机后出现的经济不景气，1975年度日本政府采取了刺激经济增长的政策，其中重要一条是扩大住宅金融公库的融资规模，使住宅贷款户数从1973年的31万户急增到1978年的61万户。公库积极帮助政府刺激经济，扩大放贷规模。其基本考虑是：（1）历来经济低迷时日本都由个人消费、出口等拉动经济增长，但是1974年度这些最终消费需求很弱，因此必须以财政支出拉动公共投资和住房建设；(2) 公库融资不会给财源紧张的一般会计造成沉重负担，比较而言财政投融资可以弹性运用；(3) 住宅需求强劲，扩大公库融资可以促进住宅建设，从而刺激经济增长；(4) 住宅建设产业链长，能够以较少的财政支出产生较大的波及效果；(5) 住宅建设投资占 GNP 比重增大，刺激住宅建设，又进一步为 GNP 增长做出贡献；(6) 在国民存在强烈住宅需求的情况下，实现其潜在需求带动社会资本建设。公库融资住宅户数及其在新开工住宅数量中所占比例，1970 年只是 16 万户，占 10.6%；1979 年达到 49 万户，占 32.9%。特别是在自有住宅中公库融资住宅的比例，从 1970 年的 17.1% 急升到 1979 年的 49.9%，即在当年度新建的自有住宅中，平均两户中就有一户是公库融资住宅。

住宅投资主要是个人或者家庭新建、翻建住宅的费用，它与个人消费一起被包括在家计部门的需求动向中，它的经济性处于个人消费与设备投资的中间。一般把民间需求分为家计部门的需求和企业部门的需求。住宅投资和设备投资都形成固定资本，一旦投资就成为比较长期的资产。两者都容易受利率波动的影响，投资本身对于全体经济具有拉动效果。住宅投资的特殊性在于它受住宅政策、土地政策、社会政策等影响显著。在日本历年刺激经济增长、扩大内需的综合经济对策中，促进住宅建设经常作为支柱对策。根据住宅金融公库于 2002 年发行的小册子所做的说明，用国土交通省的"建设部门分析用产业关联表"测算，公库融资相关的住宅投资带来了约 2 倍的生产诱发效果。公库报告认为，基于对公库借款人的消费实态调查，推算购买耐用消费品的支出占对公库自有住宅投资的 11.6%。[①]

1980 年以后，作为刺激经济增长的手段，公库融资日益扩大。20 世纪 90 年代泡沫经济破灭后，1992 年 3 月在紧急经济对策中，提高了个人住宅融资限额，政府给予特别补贴增加融资额，同年 8 月作为综合经济对策，在 10.7 万亿日元的事业费中追加了公库融资 5000 亿日元、1 万户。把融资对象住宅的面积上限提高到 220～240 平方米。1993 年 4 月综合经济对策中追加公库融资 1.43 万亿日元、5 万户，发放宅地造成融资等。此后的细川护熙内阁、村山富市内阁、桥本龙太郎内阁等都增加公库融资。这一政策在促进住宅建设带动消费的同时也产生了负面影响。随着融资户数的增加，来自财投资金的借款余额以每年十几万亿日元的规模增

---

① 本間義人：『戦後住宅政策の検証』信山社、2004、96 頁。

加，政府从一般会计中支付的利息补助金达到每年 3000 亿日元。另外，与融资余额成比例的是借款人的延期还款、提前还款等的增加，造成特别损失金膨胀，陷入恶性循环的螺旋状况。政府利息补助金每年有 1 万亿日元左右，公库的特别损失金暂时达到 5000 亿日元。①

日本住宅政策在 21 世纪初小泉纯一郎内阁时迎来了大改革，但是其存在的问题在 20 世纪 80 年代中曾根康弘内阁时已经发现并且探讨了改革的可能性。中曾根康弘内阁的行政改革完成了国有铁道、电信电话公社的民营化，1986 年 6 月在检讨当时的住宅都市整备公团事业的行政改革调查报告中，提到住宅不足问题已经解决，与民间企业竞争的领域应该交由民间去做，此后住都公团事业实际上转移到销售住宅、城市更新等事业上了。本间义人称，战后住宅政策的终结事实上在 20 世纪 80 年代就开始了。住宅金融公库在 1982 年 7 月的临时行政调查会报告中已经提出与民间金融机构进行"适当的作用分担"，在 1985 年内阁决议《关于特殊法人的整理合理化》中把公库定位为"补完民间的机构"。但是随后在泡沫经济时期，住宅金融公库、地方住宅供给公社都扩大了事业，公团增加了土地收购。财投资金对公库、公团，公库和民间金融机构对公社大量注入资金。结果，公库的情况如前所述，公团 2002 年度总资产 17.7 万亿日元而负债达到 16.9 万亿日元。泡沫经济破灭、土地价格下跌开始后，作为政府的综合经济对策中的紧急对策事业，为了支撑持续下跌的地价，政府让公团等收购土地，20 世纪 90 年代前半期的 10 个月中在 57 个地方完成了 70 件、21 多万平方米、总额 1090 亿日元的土地收购。但是后来市场不买账，公共机构囤积的大量土地在泡沫经济破灭后的长期低迷阶段难以脱手，公库、公团、公社等都跌到了陷阱里，动弹不得。最终因负债累累而不得不破产。

二 社会公正问题

日本住宅政策受到批评、被要求民营化改革的重要原因，是在实际运行中偏离最初的宗旨，真正住宅困难的低收入者没有得到帮助，例如入住公营住宅机会少而不得不租赁价格高而质量差的民间住宅，而享受了财政补贴的住宅政

---

① 本間義人：『どこへ行く住宅政策』東信堂、2006、54～56 頁。

策受益者，尤其是公库住宅，却是中上等阶层。从财富再分配角度看，住宅政策以来自全民的税金补贴中上阶层的居住，已经使该政策丧失了社会公正。例如，岩本康志、福井唯嗣等人在《都市住宅学会会刊》2002年冬季号（第36号）中发表的题为《财政投融资、特殊法人改革》的论文中指出，"享受住宅金融公库活动恩惠的，限于能满足融资基准购买住宅的阶层。向这种阶层提供以税金为财源的补助，从所得再分配的观点看有问题"。因而，如果没有补助，公库融资与民间银行的贷款利率的差异就消失了，从事直接融资的意义就没有了，公库应该尽早从融资市场撤退。山崎福寿在同期刊物发表的题为《关于住宅补助与住宅金融公库融资的问题点》的论文中进一步指出，持有住宅的人是相对而言收入水平较高的人。利用住宅金融公库融资的人比不能利用的人的收入水平高，真正收入水平低的人无法购买住宅。政府支援收入较高的人们保有自有住宅这种财产，这不应为政策所容许。将贫困的人也缴纳的税金，补助给较富裕的人们，从分配上看明显是不理想的。从这个观点看，通过税务制度、补助金等积极地促进国民拥有私宅，从分配上看无法正当化。

对于上述观点，本间义人指出，本来政府介入住宅政策而不完全托付给市场原理，是因为住宅及其环境中有公共财产的性质，存在外部性。由于市场失败或者市场机制不起作用，可能给国民带来显著损害，因此，即使讨论部分住宅金融产品的市场化，也应该首先讨论部分住宅金融产品是否给国民造成了损害，但是现在欠缺这类讨论。岩本、山崎等人议论的绝不仅仅是所得再分配论。

肯定住宅金融公库作用的观点认为（例如2001年12月日本住宅会议、公团自治协等居民团体结成的"守护国民居处全国联络会"发表的共同声明），住宅金融公库的融资被国民广泛接受，还款中的用户达到547万户，公库融资利用者年收入800万日元以下的约占八成，为中低收入层能够取得住宅提供了长期固定低息的融资。同时通过诱导融资住宅的品质，为形成良好的住宅资产做出了正面贡献。对于地方建筑公司等住宅生产者而言，确保了他们的工作，在振兴地方经济中也发挥了极其重要的作用。[1]

---

[1] 本間義人：『戦後住宅政策の検証』信山社、2004、117~118頁。

第三节　住宅政策的改革

当今日本，一方面住宅数量充足、质量普遍提高，国民居住生活条件普遍有了较大改善。住宅政策当初制定时的目的基本上都达到了，社会对于住宅制度的需求降低了。另一方面，许多住宅制度在实行中出现了各种各样的问题，相关机构陷入债务泥潭难以自拔。而民间不动产企业成长起来了，分担了政府住宅机构的许多业务。因此社会舆论认为，在住宅建设管理事业上国家已没有必要参与了。

日本住宅政策事实上自20世纪80年代就开始部分改革了。1996年对《公营住宅法》做了较大修改，使公营住宅制度基本上走上了市场化路线。进入21世纪后，行政改革加快了进度。2001年5月上台的小泉纯一郎内阁，就是打着"结构改革"的旗号，在同年11月举行的特殊法人等改革推进本部会上，决定了首先改革占用巨大国家财政支出的七大法人，四个道路公团（日本道路公团、首都高速道路公团、阪神高速道路公团、本州四国联络桥公团）加上都市基盘整备公团、住宅金融公库、石油公团。在2002年12月内阁会议通过的特殊法人等整理合理化计划中，决定了都市基盘整备公团于2005年度废止，住宅金融公库则从2001年度起的五年内废止。

住宅金融公库于2007年3月31日废止。4月1日独立行政法人住宅金融支援机构（Japan Housing Finance Agency，简称JHF）宣告成立，并且继承原住宅金融公库的业务，机构由国土交通省与财务省双重管辖。住宅金融支援机构本部设在东京都文京区，东京本部兼首都圈广域事业本部。另有北海道分部（札幌市）、东北分部（仙台市）、东海分部（名古屋市）、北陆分部（石川县金泽市）、近畿分部（大阪市）、中国分部（广岛市）、四国分部（香川县高松市）、九州分部（福冈市）。营业地域为除了冲绳县之外的46个都道府县。机构不再直接提供住宅融资，而只是针对民间金融机构贷款困难的部分领域进行直接融资。一般的长期固定利率的住宅贷款让民间金融机构去做，机构提供资金帮助。

日本住宅公团于1955年7月设立，20年后的1975年9月成立了宅地开发公团。1981年10月这两个公团合并,设立了住宅都市整备公团,简称"住都公团"。1999年10月1日住都公团又改组为都市基盘整备公团。2004年7月,都市基盘整备公团与地域振兴整备公团的地方都市开发整备部门合并,设立了都市再生机构。它继承了过去住宅公团的业务,以前的公团住宅被改称为"机构住宅"或"UR住宅"。都市再生机构不再从事销售住宅的建设经营,而把业务重心放在大都市和地方中心都市的市街地建设和改善以及UR赁贷住宅(原公团住宅)的管理方面。主要收益来自出租住宅的租金、市街地整理中的土地销售收入,归属国土交通省管辖,主要的事务所设在横滨市。

1966～2005年,通过连续八个住宅建设五年计划,日本住宅数量充足,质量提高。日本虽然在1968年时国民生产总值就已经达到资本主义世界第二位,但是居住环境等社会资本、社会福利水平还较低。表现在住房问题上,根据总务厅的住宅统计调查,尽管1973年日本所有都道府县住宅总数都超过了家庭总数,但是1988年尚有357万户家庭的住宅达不到最低居住标准。[①] 面临少子高龄化的社会形势,住宅政策从确保数量转为提高质量。经过反复研究、讨论,决定《住宅建设计划法》执行到2005年度为止,并于2006年公布了《住生活基本法》。该法的核心目标是形成优质住宅资产留给将来世代继承;形成良好的居住环境;建设能够满足国民多种需求的住宅市场环境;对于特别需要考虑住宅的人,确保他们稳定居住。2011年3月内阁会议决定全面修改《住生活基本计划(全国计划)》,考虑到与家庭人数相适应,以实现丰裕的居住生活为前提,为了满足多种多样的生活方式需求的住宅面积,设定了"诱导居住面积标准"。该标准包括两类,一种是城市郊区、非城市地区的一般独立住宅的"一般型诱导居住面积标准",另一种是中心城区及其周边的共同住宅的"都市居住型诱导居住面积标准"。一般型诱导居住面积标准为:单身者55平方米,两人以上家庭是25平方米×家庭人数+25平方米。都市居住型诱导居住面积标准是单身者40平方米,两人以上家庭是20平方米

[①] 都村敦子:「住居費と社会保障」、社会保障研究所編『住宅政策と社会保障』東京大学出版会、1990、153頁。

×家庭人数+15平方米。计划设定的目标是，使家庭成员中有18岁以下儿童的育子家庭的居住面积诱导标准达成率，从2008年的全国平均40%提高到2015年的50%，大都市圈的达成率从2008年的35%提高到50%。还设定了与家庭人数相应的、作为完成健康的文化的居住生活必不可少的最低居住面积标准是单身者25平方米、两人以上家庭是10平方米×家庭人数+10平方米。计划尽早消除居住在未达到最低居住面积标准的住宅中的家庭。上述公式中家庭人数计算方式为：3岁以下者算0.25人，3~6岁者算0.5人，6~10岁者算0.75人；如果计算结果家庭人数不足2人，则都算作2人；家庭人数超过4人的场合，从上述面积中扣除5%。

人们对于物质和精神的需求不是一成不变的，总体上随着世界文明水平的进步而提高。住宅保障标准也是随着经济社会发展水平的需要不断修正的。法律、政策与时俱进地修改，可以维持社会的动态平衡。

第十二章　住宅问题中的市场与国家

第一节　国家介入住宅问题的理由

各种住宅制度和政策，无论是针对低收入者、中等收入者，还是针对老龄化、灾害中的住宅损害，都是国家利用公共资源对于居住困难的救济保障、支援。居住似乎是私人领域的事，国家介入居住问题在现代社会是普遍现象，自有其理由在。

第一，住宅是最基本的生活场所。人们选择居住场所时，不仅会考虑住所的安全、卫生，购买或者租赁的价格，还会考虑地理位置和就医、就业的便利与否。因此，住宅问题既是城市问题又是社会问题。与住宅相关的法律，涉及土地、城市规划、社会保障、环境保护等许多领域。

第二，住宅是健康资本，是福利的基础。住宅是支持人类生命、健康的"健康资本"。没有居住的稳定就无法形成社会。稳定居住是基本人权之一，保障人权的实现是国家的职责。《日本国宪法》第二十五条规定国家保障国民的生存权，增加居民的福利是政府的基本职责。要保障国民的居住权利，必须把住宅保障作为社会保障体系中的一环，通过公共力量强行介入。

第三，住宅具有公共产品的性质。住宅的使用主体是个人或者家庭，宅基地、住宅是市场体系的重要内容，但住宅不完全是私人产品。

经济学上，把社会产品分为私人产品、公共产品和混合产品三类。私人产品是指那些具有效用上的可分割性、消费上的竞争性和受益上的排他性的产品。效用可分割性指产品可以分割为复数的可交易的单位，效用只提供给付款人。消费上的竞争性指如果某人消费了某种产品，其他人就不能再消费该产品。受益上的排他性是指只有付费才能享受，不付费者则不能消费。私人产品的这些特征，意味着只要允许市场以某种价格提供竞争性产品，就可以确保人们在做出生产和使用产品的决策时，适当地考虑成本和收益。竞争性提高了产品生产消费的经济效率。私人产品可以由市场提供，或者只适宜由市场提供，因此也称之为市场产品。它是可以由个别消费者所占有和享用的，具有敌对性、排他性和可分性。绝大部分产品属于私人产品。

公共产品或劳务具有与私人产品或劳务显著不同的三个特征：效用的不可分割性、消费的非竞争性和受益的非排他性。公共产品是不可分割的，以国防、外交、治安等最为典型。消费的非竞争性指任何人对公共产品的消费不会影响其他人同时享用该公共产品的数量和质量。受益的非排他性是指新增消费者不需增加供给成本，如灯塔等。像路灯之类属于地方性公共产品，外交、国防等属于全国性公共产品。环境保护、公共秩序维护、公共基础设施之类典型的公共产品或服务，虽然与人们的日常生计密切相关，但在现实生活里却往往被许多人忽视，因为公共产品在内涵和特征上比较抽象，而且人们在消费时不用直接支付代价，不容易感受到其价值。公共产品消费中常见"搭便车"现象，公共产品和服务的提供者难以或者无法从增加的消费者中获得相应的收益，抑制了生产的积极性，因此难以或者无法通过市场机制提供，需要政府提供以弥补"市场缺陷"。

由于土地、区位的有限性，住宅无法像一般商品那样通过扩大生产规模、降低单位成本而使住宅最终价格和性能符合消费者需求。尤其在城市化快速发展阶段，地价上升带动房价上升，劳动者收入增长赶不上房价上升，难以通过市场获得合适的居所。即使租房居住，由于建设住宅成本巨大，依靠租金收入补偿建造住宅的代价是不可能的，市场无法提供符合劳动者支付能力的优质租赁住宅，因此只能由公共资金作为公共产品供给。另外，仅有房屋的物理空壳并不能成为住宅，房子只有具备与现代生活相关的环境和公共设施才能成为住宅。居住配套设施例如道路、上下水道、周围空气,住宅所在地的公共服务例如治安、公交、就业就医等,都是构成住宅价值的重要内容。在社会日益重视生活质量,人们具备在不同区位、不同城市自由选择的条件下,住宅外部环境在住宅价值中的比重越来越大。世界各地城市常见贫民窟,那些以廉价材料简单搭建的房屋里聚集大量人口。房屋本身是廉价的或者不舒适的,正是周边环境具备或者接近许多公共服务,才吸引许多人居住。因此住宅不完全是私人产品而具有公共产品的性质。

第四,平等是社会正义的基本内容之一,自由竞争必然导致两极分化,只有政府有能力对社会财富进行二次分配,纠正市场体制的弊端。平等不仅指机会均等、男女平等,不同阶层收入差距的控制,居住方面也要平等化。在改善居住条件上,个人即使付出十分努力,由于外部条件制约太多,作用毕竟有限。必须由公共力量即政府来承担创造公平居住环境的责任。

第五,保证经济社会稳定运转是国家的职责,就业既是经济问题也是社会问题。现代社会中,以追逐利润为目标的企业因集聚效应而多设置于城市,文化艺术、科学研究等依赖人际互动思想交流的事业机构团体也多选择同类相聚,因此城市成为就业岗位集中地。无论从社会稳定的角度还是经济社会发展的角度,政府都需要致力于促进和保障就业。要保障城市产业和事业的劳动力供应,必须解决劳动者的居住问题。

第六,房地产业是现代城市经济的支柱产业之一。住宅的规划设计、建造、销售、使用、维护已经形成完整的产业链,住宅问题是经济问题的重要内容。

总之,从经济发展、城市建设、社会公正、人权保障等众多角度考虑,住宅事务都需要国家的介入,而不能完全放任给市场。这是需要住宅政策的理由。

日本住宅政策随着经济社会形势变迁不断做出适应性改变。20 世纪六七十年代的住宅政策,主要是从社会政策观点制订的,解决国民的住宅达不到最低居住水平的问题。20 世纪 80 年代以后,从经济政策观点,把改善住宅质量作为扩大内需的支柱,扩大住宅减税、充实和加强住宅金融。[①] 在以扩大内需促进发展为目标的综合性政策中，促进住宅建设常常被作为核心之一。在调整经济结构中，历届内阁多把住宅与社会基础设施、土地政策、设备投资和消费并列，并且置于扩大内需的第一位考虑。从中曾根内阁开始，除了1987年11月至1991年11月的竹下内阁、宇野内阁、海部内阁和1994年4月到6月的短命的羽田内阁外，至世纪之交的其余内阁都把住宅公库融资作为扩大内需的经济政策的重要内容。

第二节 住宅问题与社会政策

现代社会的住宅问题，是社会变迁中必然产生的新问题。

在前近代，人类生存主要依赖自然资源，起初是采集经济、渔猎经济等，包括畜牧业。稍进一步是农业的发展，依靠土地为基本生产资料，在靠近水源的地方定居，加上对于作物的知识，种植作物兼饲养家禽家畜，以手工业、采集和渔猎为辅助生活手段。人们分散居住，生产力低下，不知道更大的可能性，安于朴素的物质生活。自瓦特改良蒸汽机引发工业革命以来，欧洲科学技术迅速发展，过去大部分时间闲置的地下矿产、地面的风力水力、人的智力被开发利用，以机器为动力的大工厂、矿山集聚众多工人，人们从乡村向城市移居，住宅问题随之出现。英国出现的住宅问题，其实与后来的日本或者其他国家类似，主要是工人住宅困难，包括住宅拥挤、简陋、肮脏等。住宅问题是凭工人的力量，或者自由放任的市场机制无法解决的问题。住宅困难是导致工人阶级不满现状、起身反抗的重要因素之一。为了缓和阶级斗争和社会矛盾、为了社会整体利益，19世纪中叶英国首先开始了由政府出面参与解决劳工群体住宅问题的公共政策。本书研究的内容，即日本住宅保障与住宅政策，包括对低收入的住宅保障、对社会中间层的支援、对灾民居住的援助、应对老龄化的住宅政策，都是国家利用财政资金、信息、技术等资源对于弱势阶层在住宅问题

---

① 经济企画厅综合计划局编《走向21世纪的基本战略》，李文实等译、孔凡静校，中国计划出版社，1988，第194页。

上的救济、帮助，属于社会政策领域。

政策意味着目的以及与手段相关的行动。"政策"一词一般意谓在问题意识下准备行动而定的方案。在确立竞争性自我调节的统一市场经济的维多利亚时代，英国经济学者认为社会就像有机生物体各个器官相互关联那样，社会各个成员、群体间是休戚相关的。社会政策的核心是通过国家的力量，对社会弱势群体，如贫困者、劳动者、老人、女性、儿童等提供帮助，使社会趋向于善。20世纪后发展为福利国家理论，包括社会保险、公共扶助、保健福利服务以及住宅政策。

社会政策是通过国家立法和政府行政干预，解决社会问题，促进社会安全，改善社会环境，增进社会福利的一系列政策、行动准则和规定的总称。其核心宗旨是解决市场经济下公民的社会风险。一般认为，社会政策起源于1872年德国学者为解决本国当时最迫切的社会问题——劳资冲突所组织的"社会政策学会"。第一个给予社会政策以科学概念的是瓦格纳（Adolph Wagner）。他在1891年发表的一篇论文中提出，社会政策是运用立法和行政手段，调节财产所得和劳动所得之间的分配不均问题。但是只有到了20世纪的中期以后，由于经济学、政治学和系统科学等学科的加盟，源于社会福利理论的社会政策才逐渐成为具有开放性、交叉性和系统性等特点的独立的应用社会科学学科。现代中文中与西方世界对应的"社会"以及相关的"社会主义"等词语，是近代中日交流中吸收日文词语的结果。日本学者较早地把源于西方的概念用汉字进行表达，时在19世纪末的明治维新时代。明治30年（1897年）成立了"日本社会政策学会"。上一章提到1918年前后日本内阁内务省社会局制定《小住宅改良要纲》，进行不良住宅改造事业，就是在社会政策理念下的行政作为。中国"社会政策"一词据说是于20世纪40年代初开始使用的。20世纪日本社会政策学领域较著名的理论有大河内理论、隅谷理论、荒又理论、岸本理论等。经过100多年的演变，社会政策已经形成了一个独立的研究领域，研究的问题主要是一系列与国家和社会相关的个人福利问题，涉及政府财政、收入分配等领域，以及非政府部门对个人福利的影响。具体而言，社会政策研究领域一般涉及社会保障政策、文化教育政策、医疗卫生政策、城市规划与住房政策、人口政策，等等。目前,越来越多的社会政策研究把就业政策也包括在内。

1942年英国战时联合政府委托无党派人士、经济学家贝弗里奇(W. Beveridge)起草了一份准备在战后实施的社会保障计划——《贝弗里奇报告》,该报告也被认为是社会政策的里程碑。其核心内容是:社会福利是社会集体应尽的责任,是每个公民应享受的权利。报告提出要以社会保险为主要措施,全面消除贫困、疾病、肮脏、无知、懒散等各种社会弊病。报告提出的关于"从摇篮到坟墓"的福利国家制度的许多具体设想在欧洲被广泛接受。从二战后到20世纪60年代,是社会政策在西方大发展的阶段。最初的社会政策主要针对《贝弗里奇报告》列举的肮脏、文盲、贫困、疾病、懒惰的改善,现代政策重点在于福利,贫困、疾病、恶劣的居住环境以及失业、不充分的教育制度等。本书研究内容住宅保障和住宅政策,属于社会政策范畴。

第三节 日本住宅政策的经验

日本作为亚洲第一个实现现代化的国家,其现代的制度系统是在接受源自欧美的经验的基础上设计完成的。社会政策、住宅政策都是以战后宪法保护人权为基本原则的。不论国民的种族、性别、经济状况,任何人都有权利从国家获得最低生活保障以维持作为人类的尊严。对于经济贫困阶层的居住权利保障,除了国家和地方政府提供的住宅建设、购买或租赁方面的支持外,还有通过职场参与住房问题的解决。企业给员工提供的不仅是劳动报酬,还有包括住宅在内的多样福利。其形式有提供租金低廉的公司住宅(社宅)、单身宿舍、房租补助、住宅融资等。在日本企业承担的职员法定以外福利费中,住宅方面的费用约占一半。政府通过税收优惠等政策鼓励企业参与解决职员住宅问题。企业支付给职员的住宅费用,随企业规模扩大而增加。在千人以上的较大企业中,有82.0%的企业向职员提供住房,66.0%的企业提供住宅补贴、房租补助(2007年)。[①] 在公务员较为完备的福利待遇中包括提供宿舍、房租补

---

① 〔日〕平山洋介:《日本住宅政策的问题》,丁恒译,中国建筑工业出版社,2012,第17页。

助、住宅融资等。根据平山洋介于 2004 年和 2006 年的调查，日本国民购房资金来源除了储蓄外，利用较多的依次是住宅金融公库（58%～65%）、工作单位借款（35%～61%）、民间金融借款（38%～45%）。①

一 社会政策具有生产性

公营住宅、公团住宅、公社住宅、公库住宅和特优赁住宅等多种制度组成了日本公共住宅政策体系。其中《住宅金融公库法》（1950）、《公营住宅法》（1951）和《日本住宅公团法》（1955）被称为日本住宅政策的三大支柱。日本主流社会的国民的居住历程，一般是大学毕业参加工作收入较低的时期，居住在工作单位提供的住宅或宿舍；以后随着工龄的增长而收入增加，至 35 岁前后部分人利用自己的积蓄和各种住宅金融政策购买自己的住宅；退休时大多贷款还清，住宅和宅基地成为老后生活的保障资本。战后日本通过经济高速发展使国民可支配收入普遍大幅增加，为国民自力解决住宅问题准备了基础条件。正是在国民收入提高和政府的公共住宅政策的相互作用下，仅仅经过二十余年，到 1968 年日本住房数量就超过了家庭户数，达到了平均每户 1.01 套。此后住宅建设速度下降，重心变为改善质量。虽然人口稠密的国情导致日本的人均住宅面积跟欧美先进国家比较有差距，但住宅结构、设施以及社区环境等方面都比较完善。日本公共住宅政策的积极作用，既表现为在不长时期内促使多数国民拥有了自家住宅，更体现在对于弱势群体居住条件的基本保障，国民不论财力强弱、资产多少，都能够满足基本的居住需求，促进了居住权利的均衡化。

日本住房相关投资，除了自有资金外的资金来源，主要有三部分。一是国家预算拨款。例如在 2000 年度日本一般会计预算年度总支出额 849871 亿日元中，用于公共事业的支出有 94307 亿日元，占 11.1%。公共事业相关费用包括：（1）治山治水；（2）道路整修；（3）住宅、市区对策；（4）农业农村支援；（5）港湾、机场建设；（6）下水道、卫生设施建设；（7）灾害复原；（8）其他。其中 2000 年度住宅、市区对策经费

---

① 〔日〕平山洋介：《日本住宅政策的问题》，丁恒译，中国建筑工业出版社，2012，第 58 页。

达12595亿日元，占公共事业费总额的13.4%。二是财政投资贷款。国家把邮政储蓄、养老金、公债等向公私机构进行投资和贷款，在日本财政投资贷款计划中，尤其在1980年、1985年、1990年计划中，住宅方面的占比分别是26.2%、25.4%、24.2%。进入20世纪90年代后有所提高，1995年、2000年的比例分别是29.5%和29.2%。三是地方债。以2000年为例，日本地方债总额为160332亿日元，其中公营住宅建设事业费计划为3158亿日元。

表面看来，社会政策是没有收益的单纯支出，其实不然。日本住宅政策虽然有自己的问题，但是除推动国民居住条件的改善之外，对于城市面貌改善、整体经济的发展都起了积极作用。

第一次石油危机后，日本物价腾贵，金融政策收缩，陷入战后最大的经济下滑区间。1975年政府调整政策，从抑制需求转换为积极的刺激政策，多次给出刺激经济增长对策，其中重要内容是扩大公库融资。通过财政支出推进公共投资、住宅建设适应对住宅的强烈需求，扩大公库融资能够使住宅建设增长，促进经济恢复景气。住宅建设关联产业的带动效果与公共投资齐头并进，能够以较少的财政支出获得较大的带动效应。在一般被视作拉动经济增长的消费、投资、出口三驾马车中，在1990年的日本国内民间需求中，最终消费支出约占56.3%，民间企业设备约占20.0%，住宅投资约占6.1%，成为第三大需求项目。住宅投资对于个人消费和设备投资的带动效果较强。国内消费包括家计支出和企业支出。企业支出由设备投资和在库投资构成，家计支出由个人消费与住宅投资构成。在以制造业为主的设备投资和企业收益低迷时期，因为物价稳定、利率降低，住宅投资和个人消费会持续增长。住宅投资具有与设备投资类似的性质，即形成固定资产。住宅投资由政府设定投资程度目标，与住宅政策、土地政策、社会政策等联系很强。在以扩大内需、促进发展为目标的综合性政策中，促进住宅建设常常被作为支柱政策。日本全国住宅数量与家庭数量的对比，从战后初期的住宅十分紧张到住宅总数超过普通家庭总数，仅用了20余年时间。[①]

[①] 宮崎正壽：『統計で読む日本経済』ぎょうせい、1991、73頁。

住宅问题的解决、居住条件的改善,不仅改善了国民生活。公库住宅、公团住宅、公社住宅等帮助大量社会中间层解决居住问题,或者租赁公共住房,或者自己买地建房或者购买商品房,使经济发展过程中大量聚集到城市的年轻劳动力能够安心工作。正如中国成语"安居乐业"所说的那样,住宅政策为大量公私企业解决生产过程中最关键的要素——劳动力来源问题发挥了积极作用。尤其在大城市,公共廉租房就像年轻人的蓄水池。因此,社会政策是一种生产性要素。这里的"生产性要素"被国际劳工组织就业和社会政策委员会理解为"特别通过提高每个工人或每个工作小时的产出水平(即'劳动生产率'),持续地提高经济产出总水平的一种力量"。社会政策并不是一种纯粹的政府财政支出,更不是经济增长和发展的负担或束缚因素,而是发展生产、经济增长或持续发展必不可少的促进因素。1996 年,时任欧洲委员会主席的雅克·桑特(Jacques Santer)在第一届"欧盟社会政策论坛"的报告中就提到了"就业和社会问题作为生产性要素"的观点。他认为"没有经济的发展就不可能有社会的进步;但是,反过来讲,没有社会政策的发展也不可能有经济的繁荣"。同时强调"社会向度不是花费或负担,而是能使我们应对未来挑战的力量源泉,包括国际竞争"。欧洲就业、劳资关系和社会事务委员会负责人弗林(Padraig Flynn)进一步指出"社会政策是生产性因素",他说,"经济政策决定如何生产和如何获取最大利润;社会政策则是决定在何种条件下进行生产,如何在利润被使用时获取更多的益处。所以,从本质上讲,社会政策是生产性因素"。1997 年,哈姆瑞杰克(An-on Hemerijck)在任荷兰轮值主席期间主办的阿姆斯特丹会议上准备的一个报告中,正式提出"社会政策作为生产要素"的观点,之后这一观点成为欧盟社会模式现代化改革的指导方针。2005 年,国际劳工局理事会就业和社会政策委员会在第四项议程中也提出了"社会保障作为生产性要素"的报告供讨论。

二 较低保障,鼓励自有住宅

日本经过战后数十年的发展,从生产技术水平、人均国民收入等方面看,到 20 世纪 80 年代已经与欧美处于同一水平上,有些方面甚至超过欧美，但是在住宅的社会保障方面比起欧洲一些福利国家来则低得多。这是由市场和国家两种因素共同作用的结果。与欧美诸国比较，日本住宅体系的一个特征是全部住宅中公共住宅比重较低而自有住宅比重较高。造成这种现象的因素，既有基于社会文化等的市场选择，也有政策的推动作用。

一方面，国民倾向于拥有自己的住宅。经济高速增长带来的收入增长使人们支付能力提高，1955～1970年日本经历了经济高速增长，GNP总额从47.24万亿日元增加到187.92万亿日元。随着生产发展，就业改善，符合生活保护条件的人逐步减少。根据《生活保护法》等确定的受保护人员数量，1946年达270.34万人，1955年、1965年、1975年分别是192.94万人、159.88万人、134.92万人。保护率（每千人中的受保护人数）1947年为顶点达37.7，到1960年、1970年分别为17.4、13.0，1995年降低到7.0，受保护人数到1995年减少到88.22万人。经济高速发展中收入快速提高使更多国民有了置宅意向和能力。同时，相对于租赁住宅，自有住宅面积宽敞适宜有孩子的家庭生活，且居住安定、可以自由改建。而且，从投资角度也促使更多人拥有自己的住宅。在战后日本经济发展中，不动产价格的快速上涨远远超过工资和物价，稀有性使土地具有保值功能。公营住宅的房租与同时期的民间租赁住宅比较算是低廉，但是对于贫困线以下的被保障群体来说依然不低，因此不少人认为与其付房租不如利用贷款自己置房。自有住宅还是中产阶级的象征，这些因素促使人们拥有住宅以形成自己的资产，即使是在社会保障范围内的群体，住宅自有率与社会平均水平的差距也不大。

另一方面，国家政策鼓励国民拥有住宅。首先，在日本行政架构中，负责公营住宅建设管理的是建设省，负责社会福利的是厚生省。后者主张多建设福利性的公营住宅，但前者在行政机构中更为强势。建设省负责的公营住宅事宜，主要从建设、经营的成本回收角度考虑而设定公营住宅的租金。公营住宅收益较低，因此对建设公营住宅比较消极。其次，重视市场经济的学者对于国家提供公共住宅能否真的带来社会公正持怀疑态度。早在昭和初期的1927年，贵族院委员中岛守利就针对改良住宅问题,提出与其把破旧住宅拆除新建后给居民,不如直接把钱给贫民。当代经济学者山崎福寿也认为,为保护一定收入准线以下的人,须进行所得再分配,但给温饱都成问题的人提供住宅,未必理想。给他们发住宅补助,实际上降低了住宅价格,他们会选择超过必要的大房子。对于低收入群体来说,最急需的不是更大的住宅,如果不是发住宅补助而是提供所得补助,他们会节约居住费而把收入转用到更急需的方面。抽签决定公营住宅分配方案,真正急需住宅的人未必能够获得及时帮助,产生了不公平。正是基于这些理由,日本没有像欧洲福利国家那样大批建设公共住宅,而是通过住宅金融公库、地方住宅供给公社之类机构,支持、鼓励国民建设或者购买自有住宅。最终形成如今以私有住宅为主体的住宅体系。

第四节　关于中国住宅问题的思考

改革开放以来,中国城乡面貌发生了根本的变化。尽管存在各种各样的问题,但整体上有了巨大的改善。人民生活水平,先是在20世纪末全国总体上实现了小康,解决了温饱问题。最近20年来,伴随着各个领域改革的推进,中国全面融入全球化,在经济高速发展的同时,百姓的居住和交通也出现了巨大的改善。纵向比较,中国人的居住水平有了很大进步。但是,对照人民群众的物质文化需求,对照中华民族伟大复兴的"中国梦"的要求,以及与先进国家的横向比较,在中国住宅事业(住宅市场、住宅政策等)中还存在不少问题。

为了了解居民对住宅的使用满意度和对住宅开发企业的评价,中国质量协会和全国用户委员会举办过"百万用户评住宅"的活动。住宅产业用户满意度测评标准指数满分为100分,2004年测评结果是67.49分,比上年提高了3.49分。住宅用户对自己居住质量因素评价值由高到低依次是:施工质量、物业管理、户型功能、小区环境、配套设施。[①]

[①] 周运清主编《中国城镇居民住房居住质量》,社会科学文献出版社,2008,第153~154页。

一　中国住房问题

（一）住宅建筑质量问题

2006年，建设部住宅产业化促进中心受建设部工程质量安全监督与行业发展司委托，进行了一项中国住宅工程质量状况的课题研究。课题组广泛搜集国内外有关资料，到中国消费者协会、国家建筑工程质量检测中心调研，赴哈尔滨、郑州、江阴、张家港、厦门等地，通过座谈会、专家访谈等形式，从不同视角对进入21世纪以来中国的住宅工程质量状况做了调查。最终调查报告在肯定中国住宅工程质量取得明显进步的同时，指出的主要问题有以下几点。（1）住宅的适用性能、环境性能、经济性能、安全性能、耐久性能方面还有待提高，居民对住宅工程满意度不高。住宅小区的环境建设、配套建设、物业管理的问题十分突出。（2）住宅质量的通病久治不愈，一些工程技术落后。（3）在住宅节能技术推广中，施工技术跟不上，缺乏可靠的节能效果监测手段。（4）住宅装修带来的质量问题比较普遍，难以监管。（5）住宅质量投诉处理难度较大。（6）村镇住宅质量监管存在空白且难度较大。课题组分析造成这些问题的原因在于劣质建材充斥工程领域，建筑市场主体行为不规范，房地产开发采用项目公司模式不利于责任落实和遗留问题处理，施工队伍劳务群体业务素质低，没有完全实现个人执业负责制，住宅市场消费者质量意识不足。[①]

（二）居住环境问题

1. 过度密集

中国住宅呈现显著的城乡差异。虽然农村土地归集体所有，对于农民住房也未曾给予法律确权，事实上农民住房一直由私人所有和支配。住房形式由户主根据自己财力和喜好确定，随着社会的开放和分化，住宅形式多样化，绝大多数是一户一栋的独立住宅。城市住宅自中华人民共和国建立以来，除了少数市民为生活而搭建的违章建筑外，新建住宅基本上不再

[①] 建设部住宅产业化促进中心编著《中国住宅工程质量》，中国建筑工业出版社，2007，第5~11页。

有平房。从节省土地出发，住房一律变成了集合住宅。如今在中国城市里，除了极少数历史建筑、公用建筑外，普通市民的一户一栋的住宅所占比例极小。当代居民住用的房屋基本都是数十户共居一栋的集合住宅。例如，2010年上海住房总面积5.264亿平方米中拥有独立院子的花园住宅只占3.92%。① 在2001年的《北京统计年鉴》中，只有关于住宅的施工面积、竣工面积、投资额等数据，没有全市住宅分类信息。在竣工的商品住宅面积中，2010年"公寓别墅"② 所占的比例为12.2%。③ 从建成区人口密度来看，北京、上海等城市建成区人口密度是东京都区部的1.7倍。在《城市居住区规划设计规范》（GB50180-93）中人口密度参考值为2.7万人/平方千米，事实上4万~5万人/平方千米密度的地方很常见。21世纪以来，北京市域内人口密度有了大幅增长。2000~2010年1200平方千米面积内人口密度上升了50%（从5000人/平方千米增加到7500人/平方千米），2000平方千米面积内人口密度上升了48%。④ 2010~2013年首都功能核心区的人口密度平均增加了541人/平方千米，西城区的人口密度则增加了1182人/平方千米。核心区居住密度除了香港较高外，巴黎约为北京的1/3，伦敦约为北京的1/4。美国城市更低，纽约才是北京的1/6，洛杉矶、旧金山更是不足北京的1/10。高密度居住结果是低质量生活。目前对于密集居住的负面影响尚缺乏充分的认知和研究。

2. 住宅集合化

城市居住密度取决于城市住宅和住区形态。国外作为低生活质量象征的集合住宅，在中国一直是城市住宅的普遍形式，最近十来年更向高层发展。如今中国城市中除了历史建筑外，普通民居已经没有了

---

① 上海市统计局编《上海统计年鉴2011》，中国统计出版社，2011，第178页。
② 现在房地产市场中经常使用"别墅"概念，其实指独立住宅。中文的"别墅"和英文的villa，都是指在郊外或者风景地的休闲度假用的非常用住宅。中国当代语言中把日常住用的独立住宅称作别墅，该说法不确切。
③ 北京市统计局、国家统计局北京调查总队编《北京统计年鉴2011》，中国统计出版社，2011，第146页。
④ 国务院发展研究中心、世界银行编《中国推进高效、包容、可持续的城镇化》，中国发展出版社，2014，第143、151~157页。

独户住宅。公寓是相邻两户的间距被压缩至极限的集合住宅，通过竞争买到国有土地使用权的不动产开发商尽可能地高强度开发土地，居住区容积率会使用到规划标准的极限甚至突破这一限制，因此楼间距也小到了极限。我国城市居住密度达到了可能限度内的极限，举世罕见。

占中国城市住宅绝大部分的公寓，还有学生宿舍、军队营房、工厂矿山等的职员宿舍，都属于集合住宅。在当前的城乡一体化、新农村建设中，不少地方把一家一户的农民住宅改造为公寓式住宅楼。进入21世纪以来，住宅向高层化发展，十多层、二十多层的住宅楼如雨后春笋般涌现。一栋多层住宅有数十户，一栋高层住宅则往往有一百多户甚至几百户。住宅向高层化方向发展，不仅见于特大城市和大城市，现在越来越多的中小城市加入到高楼竞赛中。2001年，在全美国总计1.19亿套住宅中，独立住宅占76.8%，七层及七层以上的集合住宅只占1.8%，其余是联立式低层住宅、联排式多层住宅、一梯2~4套公寓的集合式住宅。根据日本2008年内阁总务省的"住宅与土地统计调查"和国土交通省住宅局的"住生活综合调查"，在全日本总共3302.51万栋住宅建筑中，独立住宅占91.23%。公寓楼栋中二层者占59.04%，三至五层者占33.01%，六至十层者占6.09%，十一层以上者只占1.72%。从三大都市圈住宅状况看，住宅总数中独立住宅所占的比例，关东大都市圈为86.87%，中京大都市圈为91.49%，近畿大都市圈为90.84%。[①] 自有住宅的83%为独立住宅。东京都中心区域集合住宅居民约占居民总人数的七成，独立住宅住户依然达到三成。

3. 形式单调

中国城市住区存在着住宅形式的单调与社会需求的多样复杂的矛盾。集合住宅形式有限，规模化大生产，缺乏个性化。不仅一栋楼、一个小区，乃至整个城市、整个中国，所有住房的外观、内部结构、面积大小的

---

① 国土交通省住宅局：「統計からみた我が国の住宅」、http：//www.stat.go.jp/data/jyutaku/topics/topi47.htm、2011年12月22日検索。

种类都十分有限。城市规划大师简·雅各布（Jane Jacobs）于1961年就指出，无论从经济角度还是从社会角度看，城市都需要尽可能错综复杂并相互支持的功能与空间的多样性。① 美国住宅有多种形式，包括高层住宅、中高层住宅、联排式多层住宅（即 townhouse 和 duplexes，例如两户联立或四户联立）、联立式低层住宅（rowhouses）、户式独立住宅（one family detached house）。英语中表达住房的词语有 house、home、duplex、triplex、condo、townhouse、apartment、mansion、villa 等多个。中国城市住房中占绝大部分的是一般被称作"公寓"的集合住宅，外形、内部结构类型屈指可数。而且小区建设往往是集中连片开发，同一小区住宅楼外形相同，不易辨识。2013年6月7日，刚来南京两天的法国人罗耶晚上独自出门办事，回来时却找不到自己的住处。他所在小区的91幢住宅楼都一模一样。唯一的朋友电话联系不上，语言不通无法问人，小伙子急得坐在小区大门口哭了起来。小区保安见状只得报警，在民警帮助下，罗耶直到凌晨1点多才找到住处。②

4. 交通拥堵拥挤

居住过度密集的结果是城市到处拥堵拥挤。中国城市化率、家庭汽车普及率都刚刚达到世界平均水平，但城市交通拥堵已经十分严重。每千人小汽车拥有量，美国1930年为174辆，英国1960年为119辆，法国同年为108辆，日本1975年为156辆。中国2014年每千人拥有民用汽车113辆（其中私人汽车中轿车仅55.5辆）。中国汽车普及率约相当于40年前日本的水平。每年根据GPS模块上传的数据对全球主要城市的道路拥堵情况进行排名的荷兰交通导航服务商TomTom，在2015年4月5日发布的基于全球36个国家218个城市数据的榜单中，道路拥堵（不含高速道路）前30名中有10个中国城市，重庆、天津、北京分别据第12、14、15位；前100位中有21个中国城市。如果将高速公路拥

---

① 转引自于一凡、李继军：《谈城市集合住宅建设的规模问题》，中国城市规划学会编《规划50年——2006中国城市规划年会论文集（下册）》，中国建筑工业出版社，2006，第128~129页。
② 《南京一小区91幢楼房外形相似 老外找不到家大哭》，网易财经，http://money.163.com/13/0613/10/918ATL4U00252G50.html，最后访问日期：2017年5月20日。

堵进行排名，北京为全球第 6 位，上海为第 7 位。重庆、天津的拥堵指数达到 38%，北京为 37%。①

（三）老龄化应对不足

特别值得指出的是，中国城市人口老龄化日趋严重。日本、美国都普遍推广适合老年人的住宅，或者对现有住宅进行适当改造以适合老年人居住。在住宅建设上应对老龄化似乎还未引起中国社会的足够重视，六层以下的住宅建筑一般都不设电梯，部分城市甚至有七层、八层的不设电梯的住宅。住房不在第一层的老年居民、身体障碍者、婴幼儿等，出入家门很不方便。包括青壮年在内的所有居民携带货物或者得病时更是十分不便，因楼梯而摔倒亦非罕见。

中国住房问题，还有住房价格过高、上涨速度过快，房价收入比过大；住房市场地域差异极大，过剩与不足并存；销售住宅比重过大而租赁住宅比重过小；住宅保障和住宅政策力度不够、种类少。而且导致社会问题的是住宅市场、住宅政策存在地域和户籍差别（歧视），阻碍人口流动和社会公平，等等。

二 住宅政策的出发点

怎样协调市场与公共机构（国家、政府）的关系，在充分发挥市场机制在资源配置上的高效作用的同时，通过一套政策体系弥补市场体制的缺陷，在使国民获得良好的居住条件的同时又带动经济健康可持续发展，是当前中国面临的紧迫课题。

鸟有巢、兽有窟，住宅是人类文明生活的必需品。只要人类存在就有住宅需求，而且随着文化的发展，人类对于居住生活越来越重视，要求日益提高。从经济视角看，住宅与一般日用消费品不同，其价值巨大，对于多数家庭来说是最大资产。国民的住宅需求可以形成巨大的生产力，房地产开发可以带动土地、建材、设计、建筑施工、家具等众多产业，成为国民经济的支柱产业。从社会角度看，自古以来不同等级的住宅同时是房主

---

① 《全球最拥堵城市排行榜，看看你的城市上榜了吗?》，光明网国际频道，http://world.gmw.cn/2015-04/07/content_15298953.htm，最后访问日期：2015 年 4 月 10 日。

不同阶级的象征,关系房主的幸福与否。贫富差距、阶级鸿沟时常是玉石俱焚的社会动乱的根源。中国由于土地公有制、户籍制度、计划经济体制等妨碍了各类经济要素的流通,从1949年新中国成立到改革开放前的30年间,重视了工业建设而忽视了城市建设,包括住房建设。住房建设量远远不能满足大量增加的人口的需求,因此城市住房十分紧缺。在决定走社会主义市场经济道路后,在1998年住房制度改革中,取消福利分房、推行货币安置后,房地产市场被激活,住宅建设量大增,市民居住条件改善较快,但是出现了房价过高、住房上贫富不均、住房保障滞后的问题。出于对市场经济的片面理解,对教育、医疗等都实行市场化改革,社会政策缺位,影响社会的安定团结和长治久安。

无论东西方,平等始终是正义的主要内容之一,对于绝大多数人的最大幸福而言,权利差异悬殊的危害可能更甚于普遍贫困,中国先贤就提出"不患寡而患不均"。因此,即使在崇尚自由主义的西方,住宅问题也没有被完全视作个人私事而放任民间自行解决,而是公共力量与市场力量互相配合,在居住水平普遍提高的同时,阶级差异也呈缩小趋势。尤其是日本,其社会阶级差异在西方国家中最小。关于国家与市场的关系,如杨栋梁教授指出,近代以来日本经济发展虽然尊重市场原理,但表现出"组织性市场经济"特征,国家对国民经济的"计划性"干预贯彻始终。[①] 在国民住宅问题的解决上,政府并未完全将其视作个人私事而放任不管,而是积极介入问题的解决。1955年《经济白皮书》承认"基本生活恢复到战前水平,但三大生活条件之一的住宅明显滞后,生活结构不合理是老大难问题"。因此当年日本政府开始制订"住宅建设十年规划",建立住宅公团,开展大规模的住宅小区建设。经济高速发展带来乡村人口向都市大规模转移,都市住宅需求激增,于是1966年日本政府制定了《住宅建设计划法》,确定了包括民间开发在内的全国住宅建设发展方向和长远目标,并且据此制订了"住宅建设五年计划"。同年建设省颁布了"国土建设的长期构想",计划于1966~1985年投资100万亿日元建设道路、河川、住宅。战后发展轨迹显示,日本在经济发展的同时或者稍后,大规模

---

① 杨栋梁:《日本近现代经济史》,世界知识出版社,2010,第316页。

投资基础设施和社会保障事业,成为缩小地域差距、阶层差距的有力手段,成为社会平等化因而也是和谐稳定的基础。

近代国家的基本职能是向国民征税然后为国民提供公共服务,以保护公民的生命、财产和自由等权利。通过社会政策调节资源分配,以维护整体的社会稳定秩序。因此,20世纪社会保障和福利事业在先进国家获得长足发展。日本通过公营住宅制度保障低收入者的居住需求,面对产业化、城市化过程中出现的大量工薪族的住房需求,则通过住宅金融公库、住宅公团、住宅公社等多种制度组合的住宅政策,与市场机制密切配合,既促进了国民居住条件的改善,又促进了经济发展。对于保障产业和城市需要的劳动力发挥了积极作用。住宅与小区的建设改善了旧城区的面貌,带动了建设业的发展,促进了投资和消费。

世界上各个国家都有自己的问题,从全球范围看,日本在经济发展、科技进步、社会平等和谐(有"一亿总中流"的说法)等方面,都是表现良好的,住宅政策、社会政策只是日本社会系统中的一个分支。中国与日本是近邻。开放的中国在建立适合自己国情的住房制度方面,肯定可以从日本的做法中得到借鉴和启示。

后　记

　　本书是天津社会科学院重点课题结项成果。课题于2017年完成，2017年11月申请院学术著作出版基金资助，得到院学术委员会的支持，由社会科学文献出版社出版。

　　我国日本研究队伍庞大、成果众多，但关于日本住宅保障和政策的研究十分稀少，根据中国国家图书馆目录检索结果，本书可能是第一部中国学者的专著。受资料和时间的局限，本书只是初步成果，包括了住宅保障和住宅政策的主要方面，如果条件允许，书中每章都可以展开独立研究。

　　人生的任务是使生活过得舒适些，观察世界、寻找问题并研究解惑之道是学者的使命。学术研究基于个人的好奇心，探索事物的真相和规律，把研究成果发表成学术论文、出版为专著，但学术研究的根本目的是解决问题。当今中国正在发生的社会变迁，就其规模、速度、复杂性而言，在人类历史上可谓空前绝后。作为一个研究者生在这样的时代是幸运的，因为中国提供了无数可供研究的问题、机会。政府、企业或者国民，公私部门都在社会变迁中面临许多困惑，在思考原因，在寻找答案，社会期待学者做出自己的贡献。本人在思考中国问题中选择日本研究课题，于是有了本书的诞生。期待本书对于读者思考中国住宅保障、住宅政策等问题时有所启发。

　　当代中国的进步不仅表现为工业化发展使生产效率提高，全社会物质财富极大增长，而且表现在中国人的精神、待人接物的方式上。每次收到包装完好的快递邮件时，都体会到中国人做事方式在精细化。这次书稿编校过程中，责任编辑桂芳、李秉羲的出色工作令人印象深刻。他们核实了文稿中每个数据、每条注释，纠正了我没有发现的错误。严谨细致的工作态度也鞭策我今后不能有丝毫懈怠，任何事情、每个细节都不可忽视。编辑出版部门在知识生产、传播过程中做出了重要贡献。我对他们的辛勤劳动表示诚挚的谢意。

在课题的立项、研究和结项过程中，给予了大力支持和帮助的有天津社会科学院院长史瑞杰教授；秘书长李同柏先生；科研组织处处长蔡玉胜研究员，陈静、刘家宁、梁爽诸位女士；社会学研究所张宝义所长、王光荣研究员；经济分析与预测研究所卢卫研究员；南开大学社会学系赵万里教授；天津理工大学社会工作系杨云娟教授。在此向他们表示衷心感谢！

图书在版编目(CIP)数据

日本住宅保障与住宅政策研究/周建高著.--北京：社会科学文献出版社，2018.10
（天津社会科学院学者文库）
ISBN 978-7-5201-2786-8

Ⅰ.①日… Ⅱ.①周… Ⅲ.①住宅-社会保障制度-研究-日本 Ⅳ.①D731.37

中国版本图书馆CIP数据核字（2018）第103610号

·天津社会科学院学者文库·
日本住宅保障与住宅政策研究

著　　者 / 周建高

出 版 人 / 谢寿光
项目统筹 / 邓泳红　桂　芳
责任编辑 / 桂　芳　李秉羲

出　　版 / 社会科学文献出版社·皮书出版分社（010）59367127
　　　　　 地址：北京市北三环中路甲29号院华龙大厦　邮编：100029
　　　　　 网址：www.ssap.com.cn
发　　行 / 市场营销中心（010）59367081　59367018
印　　装 / 三河市尚艺印装有限公司

规　　格 / 开　本：787mm×1092mm　1/16
　　　　　 印　张：13.5　字　数：216千字
版　　次 / 2018年10月第1版　2018年10月第1次印刷
书　　号 / ISBN 978-7-5201-2786-8
定　　价 / 89.00元

本书如有印装质量问题，请与读者服务中心（010-59367028）联系

▲ 版权所有 翻印必究